Bibliotheca Mesopotamica

Primary sources and interpretive analyses for the study of Mesopotamian civilization and its influences from late prehistory to the end of the cuneiform tradition

Edited by Giorgio Buccellati

Volume Nine

Published Under the Auspices of
IIMAS
The International Institute for Mesopotamian Area Studies

Gli eponimi medio-assiri

by Claudio Saporetti

Undena Publications
Malibu 1979

Library of Congress Card Number 79-63267
ISBN: 0-89003-037-5

a K. Deller
maestro ed amico

INDICE

PREMESSA

Il lavoro che presentiamo è stato elaborato presso l'Istituto per gli Studi Micenei ed Egeo-Anatolici (Consiglio Nazionale delle Ricerche, Roma).

Siamo grati a J. Nicholas Postgate e ad Helmut Freydank per averci messo a disposizione, prima ancora che fossero pubblicati, i dati relativi ad alcuni testi TR (J. P. Postgate, OA 13, 67 *sgg.*) ed ai testi MARV (H. Freydank, MARV = VS 19 NF 3).

Abbiamo potuto raccogliere anche i dati relativi ad alcuni testi del Vorderasiatisches Museum di Berlino (ancora inediti e prossimamente pubblicati con altri in MARV II), che abbiamo avuto modo di studiare nel corso di un lavoro sull'onomastica, eseguito in collaborazione con Helmut Freydank. Siamo per questo molto grati alla Signora Liane Jakob-Rost ed allo stesso Dr. Freydank. Il lavoro comprende anche gli eponimi di altri testi ancore inediti, alcuni proveniente de Tell Šēḫ-Ḥmad/Dūr-katlimmu, e cortesemente comunicati da W.Röllig, altri giacenti nei Musei di Ginevra e del Louvre, e in corso di pubblicazione su "Assur" a cura rispettivamente di J.N. Postgate e di M.-J.Aynard e J.M.Durand.

Karlheinz Deller e Giovanni Pettinato hanno letto criticamente il manoscritto del lavoro, soprattutto il Capitolo I, e li ringraziamo per i suggerimenti che hanno dato.

Siamo infine particolarmente riconoscenti a Giorgio Buccellati che ha voluto accettare con tanta cortesia ed amicizia questo lavoro per la collana 'Bibliotheca Mesopotamica', e a Marie Louise Penchoen e Judith Paul che si sono occupate della stampa con la massima cura.

C. S.

INTRODUZIONE

Scopo di questo lavoro è fornire un manuale di rapida consultazione ove si possano agevolmente rinvenire gli eponimi medioassiri in ordine cronologico.[1]

Abbiamo deciso di dividere gli eponimi in quattro parti (contrassegnate con numeri romani) al Capitolo II, corrispondenti press'a poco ai quattro secoli che interessano il periodo medioassiro, e poi, all'interno di queste, in parti minori (contrassegnate con numeri arabi) corrispondenti ad un periodo cronologico più breve, a volte definito (per esempio il periodo di regno di un re), a volte necessariamente più vago. In queste parti minori gli eponimi sono riportati in ordine alfabetico; quando però si verifica il felice caso in cui siamo in grado di conoscere una successione cronologica, abbiamo preferito trattare a parte gli eponimi interessati in questa successione, riportando comunque il loro nome nell'elenco alfabetico, con un rinvio.

Di ogni eponimo diamo tutte le attestazioni di cui siamo a conoscenza, seguite dalle prove che hanno indotto a datarlo nel particolare periodo in cui l'abbiamo collocato, con la citazione dello studio che ha fornito queste prove.[2] Spesso tuttavia più che di prove si tratta di indizî, ed a volte bisogna ricorrere addirittura ad ipotesi, per cui è necessario tenere sempre presente che le probabilità di esatta datazione variano sensibilmente da eponimo ad eponimo.

Il nostro lavoro non vuole tuttavia limitarsi a datare i testi che hanno il *līmu*,[3] ma comprende altri testi, anche frammentarî, che si possono datare o comunque tentare di datare.[4] Questo manuale vuole servire infatti anche a chi voglia studiare i documenti (nel medioassiro molto spesso contratti) nella loro successione cronologica, per individuarne eventuali modificazioni di tipologie. Si è imposta quindi la necessità di indici, non solo di eponimi ma anche di testi, per favorire una rapida ricerca.

La parte sostanziale del lavoro è quindi sotto il Capitolo II. Nel Capitolo I abbiamo invece raccolto in tre parti alcune notizie e considerazioni. La prima parte è dedicata agli studî e alle fonti, la seconda alle reali o ipotetiche liste, la terza infine alla figura degli eponimi stessi, nel tentativo di ricercare, fin dove possibile, quali fossero le cariche che ricoprirono, con la breve aggiunta di qualche isolata notizia sull'attività di alcuni di essi.

[1] Il periodo che abbiamo preso in considerazione va dal regno di Aššur-nīrārī II (1424-1418) al regno di Tiglat-pileser I (1114-1076) compresi.

[2] Di regola abbiamo considerato come unica persona quegli eponimi che hanno lo stesso nome ma che, a rigore, potrebbero essere persone diverse perché nessuno (o uno solo) di essi è accompagnato dal nome del padre. Nella maggior parte dei casi tale identificazione è favorita da numerose prove che testimoniano la contemporaneità di questi omonimi. In qualche caso ci sono state invece ragioni sufficienti per separarli in due eponimi distinti.

[3] *līmu*, o *limmu* è il termine accadico che indica appunto l'eponimato; ved. *AHw*, 554*a*, *CAD* L, 194.

[4] I testi storici sono riportati quando hanno l'eponimo, per il fondamentale apporto che danno allo studio della datazione. I testi storici senza eponimo non sono invece riportati. Rimandiamo per essi a A. K. Grayson, *Assyrian Royal Inscriptions* I (Wiesbaden 1972) e II (Wiesbaden 1976); ved. anche A. R. Millard, "Iraq" 32 (1970), 167 sgg.

ABBREVIAZIONI

Abbreviazioni bibliografiche

AfK	Archiv für Keilschriftforschung
AfO	Archiv für Orientforschung
AHw	W. von Soden, *Akkadisches Handwörterbuch,* 1-1352 (Wiesbaden 1965-1977)
AIUON	Annali dell'Istituto Orientale di Napoli
AKA	E.A.W. Budge - L. W. King, *Annals of the Kings of Assyria* (London 1902)
ANLR	Rendiconti dell'Accademia Nazionale dei Lincei. Classe di Scienze morali, storiche e filologiche
AO 17-18	O.Weber, *Altorientalische Siegelbilder* (Leipzig 1920)
AOF	Altorientalische Forschungen
AOTU	Altorientalische Texte und Untersuchungen
ARI	A. K. Grayson, *Assyrian Royal Inscriptions,* I (Wiesbaden 1972); II (Wiesbaden 1976)
ARMT	Archives royales de Mari
ARu	M. David - E. Ebeling, *Assyrische Rechtsurkunden* (Stuttgart 1929)
BE	The Babylonian Expedition of the University of Pennsylvania
BiOr	Bibliotheca Orientalis
CAD	*The Assyrian Dictionary of the University of Chicago*, A/I, A/II, B, D, E, G, Ḫ, I/J, K, L, M/I, M/II, Ṣ, Z (Chicago-Glückstadt 1956-1977)
Cat. Sup. 2	W. Lambert - A. R. Millard, *Catalogue of the Cuneiform Tablets in the Kouyunjik Collection of the British Museum, Second Supplement* (London 1968)
CT	Cuneiform Texts from Babylonian Tablets in the British Museum
EA	J.A.Knudtzon-O.Weber-E.Ebeling, *Die El-Amarna-Tafeln* (Leipzig 1915)
EAK	R. Borger, *Einleitung in die assyrischen Königsinschriften. Erster Teil: Das zweite Jahrtausend vor Chr.* Handbuch der Orientalistik (Leiden-Köln 1964)
Fine	H. A. Fine, *Studies in Middle-Assyrian Chronology and Religion*, I, *HUCA* 24 (1952-1953), 187 sgg.; II, *HUCA* 25 (1954), 107 sgg.
HUCA	Hebrew Union College Annual
IAK	E. Ebeling—B. Meissner—E. F. Weidner, *Die Inschriften der altassyrischen Könige*, Altorientalische Bibliothek 1 (Leipzig 1926)
IAMY	Istanbul Arkeoloji Müzeleri Yilliği
ITN	E. F. Weidner, *Die Inschriften Tukulti-Ninurtas I und seiner Nachfolger*, AfO Beih. 12 (Graz 1959)
JCS	Journal of Cuneiform Studies
JNES	Journal of Near Eastern Studies
JRAS	Journal of the Royal Asiatic Society of Great Britain and Ireland
JSOR	Journal of the Society of Oriental Research
KAH	*Keilschrifttexte aus Assur historischen Inhalts* (I: L. Messerschmidt, *WVDOG* 16, Leipzig 1911; II: O. Schroeder, WVDOG 37, Leipzig 1922)
KAJ	E. Ebeling, *Keilschrifttexte aus Assur juristischen Inhalts, WVDOG* 50 (Leipzig 1927)
KAR	E. Ebeling, *Keilschrifttexte aus Assur religiösen Inhalts, WVDOG* 28 e 34 (Leipzig 1915 e 1923)
KAV	O. Schroeder, *Keilschrifttexte aus Assur verschiedenen Inhalts, WVDOG* 35

	(Leipzig 1920)
KUB	*Keilschrifturkunden aus Boghazköi*
LTBA 1	L. Matouš, *Die lexikalischen Tafelserien der Babylonier und Assyrer in den Berliner Museen...* (Berlin 1933)
MAOG	Mitteilungen der Altorientalischen Gesellschaft
MARV	H. Freydank, *Mittelassyrische Rechtsurkunden und Verwaltungstexte* (I), *VS* 19 = NS 3 (Berlin 1976); II (ancora inedito).
MCS	Manchester Cuneiform Studies
MKT	O. Neugebauer, *Mathematische Keilschrifttexte,* I-II (Berlin 1935)
MVAG	Mitteilungen der Vorderasiatischen Gesellschaft
NKRUA	P. Koschaker, *Neue keilschriftliche Rechtsurkunden aus der El-Amarna Zeit* (Leipzig 1928)
NTA	V. Donbaz, *Ninurta-tukulti-Aššur* ..., Türk Tarik Kurumu Yayinlari 19 (Ankara 1976)
OA	Oriens Antiquus
OIP	Oriental Institute Publications
OLZ	Orientalistische Literaturzeitung
OMA I-II	C. Saporetti, *Onomastica Medio-Assira,* Studia Pohl 6 (Roma 1970)
OR	Orientalia
PRU 4	T. Nougayrol, *Le palais d'Ugarit IV...*(Paris 1956)
RA	Revue d'Assyriologie et d'Archéologie orientale
RIAA	L. Speleers, *Recueil des inscriptions de l'Asie Antérieure des Musées Royaux du Cinquantenaire* (Bruxelles 1925)
RLA	Reallexikon der Assyriologie
SD	Studia et documenta ad jura Orientis Antiqui pertinentia
SMEA	Studi Micenei ed Egeo-Anatolici
Stelenreihen	W. Andrae, *Die Stelenreihen in Assur,* WVDOG 24 (Leipzig 1913)
TCL	Musée du Louvre, Département des Antiquités Orientales, Textes cunéiformes
TIM	Texts in the Iraq Museum
VDI	Vestnik drevnej istorii
VS	Vorderasiatische Schriftdenkmäler der staatlichen Museen zu Berlin
WVDOG	Wissenschaftliche Veröffentlichungen der Deutschen Orient-Gesellschaft
YOS	Yale Oriental Series
ZA	Zeitschrift für Assyriologie

Sigle dei testi

A.	testi nel Museo di Istanbul
AO	testi nel Museo del Louvre, Parigi
Assur	testi rinvenuti ad Aššur (Qala'at Šerqāt)
Billa	sigla usata per i testi di tell Billa, secondo la numerazione in *JCS* 7, 148 sgg.
BM	testi nel British Museum, Londra
Bo	testi rinvenuti a Boğaz-köy
F	testi rinvenuti a Tell Fakhariyah
IM	testi dello Iraq Museum di Baghdad
K	testi della collezione Kouyunjik, British Museum

LB	testi della collezione de Liagre Böhl, Leiḍen
MAH	testi del Musée d'Art et d'Histoire, Genève
RM	testi della collezione Rassam, British Museum
RS	testi rinvenuti a Ras Šamra / Ugarit
Sm	testi della collezione Smith, British Museum
T	testi rinvenuti a Tulūl ʿAqīr / Kār-Tukultī-Ninurta
TR	testi rinvenuti a Tell al-Rimāḥ/Qaṭara
UM	testi dello University Museum, Philadelphia
VAT	testi del Museo di Berlino, Vorderasiatische Abteilung

Altre abbreviazioni

Aub	Aššur-uballiṭ
Cap	Capitolo
cf.	confrontare
cit.	citato, citazione
coll.	collazione
EAd	Erība-Adad
es.	esempio
geneal.	genealogia
ib.	*ibidem*
n.	*nota*
N., Nr.	Numero
ND	nome di divinità
NM	nome di mese
NP	nome di persona
p., pp.	pagina, pagine
para.	paragrafo
prob.	probabile, probabilmente
ras.	rasura
rec.	recto
Sa	Salmanassar
sgg.	seguenti
s.v.	*sub voce*
Tav., Tavv.	Tavola, Tavole
TN	Tukultī-Ninurta
var. varr.	variante, varianti
ved.	vedere

CAPITOLO I

FONTI E STUDI

PARTE I

I TESTI E GLI STUDI SULLA CRONOLOGIA MEDIOASSIRA

I documenti del periodo medioassiro, specialmente i testi economici, sono stati quasi sempre datati dagli scribi che li hanno redatti. Si tratta di un uso ora particolarmente utile agli studiosi, purtroppo non riscontrabile in altre raccolte di documenti (si pensi, ad esempio, ai contemporanei testi di Nuzi.)

Di regola la data è composta del nome del mese, seguito dal numero del giorno e dal nome dell'eponimo (*līmu*). Talvolta (ma raramente) manca il giorno; in alcune epigrafi rimane però lo spazio, perché era previsto aggiungerlo in un secondo tempo.[1] L'eponimo è citato talvolta con l'aggiunta del nome del padre, per una maggior distinzione che si rivela particolarmente utile nei casa di omonimia.

La data-tipo è dunque la seguente:

ITU + nome di mese U_4 + numero del giorno KAM/KÁM
li-mu + nome dell'eponimo
(DUMU + nome del padre dell'eponimo)

I primi eponimi medioassiri di cui si è venuti a conoscenza coincidono con quelli che si possono inserire con sicurezza nell'arco del periodo di regno di un sovrano: con il nome di questi eponimi sono stati infatti datati numerosi testi storici, che sono stati pubblicati in gran parte assai prima dei testi economici.[2] Nel 1920 e nel 1927 sono state pubblicate due fondamentali raccolte di testi medioassiri non "storici": *KAV* e *KAJ*. Nella prima raccolta, che si deve a O. Schroeder, è compreso un certo numero di testi medioassiri (specie lettere) quasi sempre con la data; la seconda, che si deve a E. Ebeling, è composta quasi esclusivamente di testi medioassiri (in gran parte contratti), frequentemente datati. A breve distanza di tempo sono state pubblicate trascrizioni, traduzioni e trattazioni dei testi, con i nomi degli eponimi e le prime indicazioni di datazione nel regno di un preciso sovrano, sulla base dei confronti con i testi storici;[3] alcune indicazioni più specifiche sono state date da O. Schroeder in un breve ma specifico studio sulla datazione di alcuni eponimi dei testi in *KAJ*, pubblicato in *MAOG* 4/1-2.[4]

Un primo elenco degli eponimi medioassiri, con l'indicazione di alcune presumibili liste[5] è stato dato da A. Ungnad in *RLA*,[6] insieme ad una analisi delle stele di Assur,[7] che riportano i nomi di funzionarî eponimi.

Altri interessanti dati sono stati offerti in seguito da uno studio di E. A. Speiser sulla datazione dei testi che nel frattempo erano stati rinvenuti a Tell Billa,[8] e dalla pubblicazione, da parte di E. F. Weidner, dei testi dell'archivio di Ninurta-tukul-Aššur, datati con due eponimi.[9]

Allo stesso E. F. Weidner si devono anche due studi fondamentali, pubblicati poco dopo in *AfO* 13.[10] Nel primo, l'autore ha riportato l'elenco degli eponimi del periodo di Tukultī-Ninurta, con l'elenco dei nomi e dei testi sicuramente, probabilmente e forse risalenti al regno di questo re ed anche di Salmanassar, con aggiunta di preziose notizie sui numeri di archivio dei testi e su testi inediti. Nel secondo lavoro ha invece integrato l'elenco già dato da A. Ungnad, con molte notizie tratte da testi ancora inediti.

[1] Ved. a questo proposito A. K. Grayson, *Assyrian and Babylonian Chronicles*, "Texts from Cuneiform Sources" 5 (Glückstadt/New York 1972), Chron. 1 i 25.

[2] Es. *AKA* (1902); *KAH* I (1911); *KAH* II (1922); *IAK* (1926).

[3] P. Koschaker, *NKRUA* (1928); M. David, E. Ebeling, *ARu* (1929); E. Ebeling, *MAOG* 7/1-2 (1933).

[4] O. Schroeder, *Etliche limus der Zeit Tukulti-Ninurtas I*, *MAOG* 4/2 (1929), 199; già in *ZA* 35 (*Drei Lieferungsbelege aus dem Proviamtamt von Assur*, *ZA* 35 [1924], 48) si era già pronunciato sulla datazione di qualche testo poi riportato in *KAJ*.

[5] Ved. oltre, Parte II.

[6] s.v. *Eponymen*, *RLA* II (1938).

[7] Pubblicate da W. Andrae, *Die Stelenreihen in Assur*, *WVDOG* 24 (Leipzig 1913).

[8] E. A. Speiser, *Gleanings from the Billa Texts*, in *Festschrift Koschaker*, *SD* 2 (Leiden 1939), 142 *sgg.* (*The Date of the Texts*).

[9] In *AfO* 10 (1935-36), 9 *sgg.* Parte di questi testi erano già usciti in copia in *KAJ*.

[10] *Studien zur Zeitgeschichte Tukulti-Ninurtas I*, *AfO* 13 (1939-40), 109 *sgg.*; *Die assyrischen Eponymen*, *ib.*, 308 *sgg.*

Al medesimo autore si deve anche un altro importante studio, pubblicato in *AfO* 16,[11] sulla biblioteca di Tiglat-pileser I, con l'elenco dei testi e degli eponimi con cui sono datati.[12]

Il lavoro fondamentale sulla cronologia medioassira è dovuto a H. A. Fine, che lo ha pubblicato in *HUCA* 24 (con un seguito, meno importante ai nostri fini, in *HUCA* 25).[13] In quest'opera l'autore ha datato la maggior parte dei testi medioassiri procedendo mediante continui confronti. Sulla base di datazioni sicure mediante il confronto con i testi storici, è stato infatti possibile al Fine procedere ad ulteriori datazioni, grazie alla presenza, in testi non ancora datati, di una o più persone sicuramente identificabili con altre, già attestate in testi datati.[14] Il Fine ha inoltre raccolto i testi in cui sono documentate le attività di persone di particolare preminenza, riuscendo quindi a rilevare il periodo di durata di queste attività. Il presente lavoro si basa fondamentalmente sullo studio del Fine, che infatti, si vedrà, è spesso citato nelle brevi trattazioni che abbiamo dedicato ai singoli eponimi.

Dopo il lavoro del Fine sono state pubblicate due importanti raccolte di testi, insieme ad altre raccolte minori ed a testi sia isolati sia pubblicati a pochi esemplari per volta.[15]

Le raccolte minori sono due: una dei testi di Tell Fakhariyah[16] e l'altra, meno importante, dei testi di Tell Bazmusian.[17] Di particolare interesse sono le due collezioni maggiori, la prima delle quali è quella dei testi di Tell Billa di cui, si è visto, erano già state date anticipazioni dallo Speiser e di cui in parte il Fine aveva tenuto conto. I testi sono stati pubblicati da J. J. Finkelstein, [18] che ha ripreso l'argomento della datazione.

La seconda collezione è quella dei testi di Tell al-Rimāḫ, pubblicati da Saggs e Wiseman, con copie anche di Postgate e Hawkins.[19] D. J. Wiseman ha affrontato anche l'argomento della datazione,[20] e chi scrive ha cercato poi di portare un piccolo contributo alla lettura dei nomi degli eponimi ed alla datazione più precisa di qualche testo.[21] Ulteriori precisazioni si devono ad una recente collazione di Postgate.[22]

E' recente infine la pubblicazione di una settantina di testi del Museo di Berlino, ad opera di H. Freydank (*MARV*).[23] Nell'elenco dei testi divisi secondo il numero di inventario di scavo[24] lo stesso Freydank ha proposto la datazione per quasi tutti i documenti. Altri 32 testi sono in corso di pubblicazione in *MARV* II.

Chi scrive ha poi tentato di fare il punto sulla datazione dei testi di Tell Billa e di Tell al-Rimāḫ,[25] con la conclusione che per i primi la datazione nei regni di Adad-nīrārī e di Salmanassar è senz'altro la più probabile, nonostante la presenza di un testo datato con un eponimo del regno di Tukultī-Ninurta, mentre per i secondi è senz'altro più probabile la datazione nei regni di Salmanassar e di Tukultī-Ninurta, nonostante la presenza di un eponimo (o forse due) nel regno di Adad-uballiṭ e di un altro

[11] E. F. Weidner, *Die Bibliothek Tiglatpilesers I*, *AfO* 16 (1952-53), 197 *sgg.*

[12] *Ib.*, 213 (*Die Eponymen der Zeit Tiglatpilesers I*).

[13] H. A. Fine, *Studies in Middle-Assyrian Chronology and Religion*, *HUCA* 24 (1952-53), 187 *sgg.*

[14] Nella sua opera il Fine ha tenuto conto, oltre ai testi storici ed a quelli citati in *KAJ* e *KAV*, anche di altre pubblicazioni di alcuni testi, datandone uno medioassiro riportato da L. Speleers in *RIAA* (1925), i due riportati da L. W. King in *CT* 33 (1912), oltre a undici di Tell Billa. Non sono stati invece datati altri testi, quali quelli pubblicati da H. Radau in *BE* 17/1 (1908), da G. Contenau in *TCL* 9 (1926), da F. Thureau-Dangin in "Syria" 16, 188 (1935), e gli altri in *RIAA*.

[15] Tra i testi pubblicati isolati o in numero molto limitato ricordiamo le due lettere pubblicate da T. Fish in *MCS* 2 (1952), 14; la lettera pubblicata da W. von Soden in *AfO* 18 (1957-58), 368; il contratto pubblicato da N. B. Jankowska in *VDI* 80/2 (1962), 67; altri due testi pubblicati da E. F. Weidner in *AfO* 20 (1963), 121; un altro contratto pubblicato da J. J. A. van Dijk in *TIM* 4, 45 (1967); il documento pubblicato da H. Hirsch in *AfO* 23 (1970), 79; qualche testo pubblicato da A. R. Millard in "Iraq" 32 (1970), da J. N. Postgate in "Iraq" 35 (1973), 13 *sgg.*, e da H. Freydank in *AOF* 1 (1974), 55 *sgg.* e 361 *sgg.* (= MARV 1, 9, 28) e AOF 5 (1977), 255. *sgg.* (= MARV II, 28; con W. Farber).

[16] Pubblicati da H. G. Güterbock in *Soundings at Tell Fakariyah*, *OIP* 79 (1958), 86 *sgg.* (*The Cuneiform Tablets*).

[17] Pubblicati da J. Laessøe in "Sumer" 15 (1959), 15 *sgg.* (*The Bazmusian Tablets*).

[18] J. J. Finkelstein, *Cuneiform Texts from Tell Billa*, *JCS* 7 (1963), 111.

[19] H. W. F. Saggs, *The Tell al Rimah Tablets, 1965*, "Iraq" 30 (1968), 154; D. J. Wiseman, *The Tell al Rimaḫ Tablets*, 1966, *ib.*, 175.

[20] "Iraq" 30, 175

[21] In *OA* 8/3 (1969), 186 *sgg.*; *SMEA* 11 (1970), 148 *sgg.*

[22] Rec. a *OMA*, in *OA* 8/1 (1974), 65 *sgg.*

[23] Freydank, *Mittelassyrische Rechtsurkunden und Verwaltungstexte*, *VS* 19= *NF* 3 (Berlin 1976).

[24] *MARV*, pp. 9-10.

[25] *Gli eponimi medioassiri di Tell Billa e di Tell al-Rimāḫ*, "Mesopotamia" 8-9 (1973-74), 167.

eponimo forse del regno di Adad-nīrārī. Ne consegue che gli eponimi citati sia nei testi di Tell Billa sia nei testi di Tell al-Rimāḥ sono da inserire automaticamente nel periodo di regno di Salmanassar.

Prendendo l'avvio dal lavoro del Fine abbiamo recentemente cercato di portare anche un ulteriore contributo alla datazione dei testi medioassiri di Assur[26] tenendo conto del numero di archivio ("Fundnummer") delle singole tavolette, grazie a notizie dovute al Weidner.[27] Abbiamo cioè raccolto tutti i testi di ogni archivio e controllato le datazioni del Fine, per vedere se risalissero tutte ad un medesimo periodo. Lo studio ha portato a concludere che per gli archivi *Assur* 6096, 11018, 11019, 14327, 14410 e 14445 i testi risalgono ad un periodo ben definito, comprendente i regni di due o tre re. E' risultato infatti che le datazioni del Fine di qualche isolato testo in un periodo diverso da quello degli altri appartenenti al medesimo archivio non avevano solida consistenza.

Per gli archivi 14446, 14886 e 14987 bisogna dire invece che appartengono a periodi diversi.

Come risultato del lavoro è scaturita la possibilità di datare con una certa sicurezza i testi non ancora datati ed appartenenti ad uno dei sei archivi inseribili in un periodo di tempo ben delimitato.[28]

Un ulteriore tentativo di portare un contributo alla conoscenza della cronologia medioassira è stato fatto alla luce dei nomi attestati nelle stele di Assur.[29] Poiché in queste stele il nome del funzionario-eponimo è riportato frequentemente insieme a quello del padre e del nonno, abbiamo cercato di vedere se i nomi di questi ultimi corrispondessero a nomi di altri eponimi accertati altrove, in modo da supporre una identificazione. Ne sono così nate ipotetiche genealogie, per la maggior parte delle quali la cronologia non contrasta;[30] inoltre è stato fatto il punto su alcune genealogie sicure, da cui risulta che padre e figlio furono effettivamente eponimi tutti e due.[31]

L'ultimo studio sugli eponimi è dovuto a Claus Wilcke.[32] Egli ha diviso le persone di una medesima famiglia attestate nei documenti di Tell al-Rimāḥ in 6 generazioni (prima generazione il capostipite Atḫī-nādā), e ha elencato gli eponimi con cui sono datati i documenti di ogni singola generazione. Dal

[26] In *OMA* II, 31 (*Datazione sulla base dei numeri di archivio*)

[27] In *AfO* 13, 111-112 e in *Festschrift für V. Christian* (1956) 111 *sgg.* (*Amts- und Privatarchive aus mittelassyrischer Zeit*).

[28] Di questi testi, di quelli la cui datazione proposta dal Fine è stata modificata, e di altri tre di cui abbiamo tentato una datazione sulla base di qualche indizio nel contesto, è dato un indice in *OMA* II, 50-51. Per l'archivio *Assur* 21101 ved. oltre, capitolo II, parte III, 6, s.v. Mudammeq-Bēl.

[29] In *OMA* II, 52 *sgg.* (*Ricostruzione di ipotetiche genealogie di eponimi*).

[30] Alle ipotetiche genealogie in *OMA* II, 52 *sgg.* aggiungiamo ora la seguenti:

Šuzub-[
|
Aššur-kēna-īde — *KAJ 6*; *KAV 212* (Aub); TR 2033 (cf. *OMA* II, 58)
|
]-Marduk — *TR 2033* (Sa-TN)

Šūzub-Marduk
(ved. *OMA* II,58) *Stelenreihen* 98

Adad-mušēzib (ved. *OMA* II,58) Aub — Aššur-kabta?-erība? *Stelenreihen 98*

Bābu-a[ḫa?-iddina?] — *Billa 37* (Adn-Sa); TR 3006
|
Ana/Ina-pî-[Aššur-lišlim] — *TR 3006*; *KAJ 190*; *KAJ 274*; *OIP 79*, *Tav.84,7* e *8* (Sa-TN)

Erība-Adad
¦
Ilī-iḫadda — *testo sconosciuto* (cf. *AfO* 13, 315*a*)
sukkallu rabi'u, *šar* Ḫanigalbat

Ninurta-apil-Ekur *šarru* — Mardukīja *šakin* Kutmuḫi — *Stelenreihen 129*

[31] Ved. oltre, parte III.

[32] C. Wilcke, *Assyrische Testamente; Excursus: Zur Chronologie der Eponymen von Tell al-Rimāḥ*, *ZA* 66 (1977), 229 *sgg.*

parallelo con un'altra generazione (*OA* 8/3, 58), in rapporto con quella di Atḫī-nādā mediante il contratto *TR* 115, il Wilcke ha poi potuto inserire l'eponimo Abī-ilī nella V generazione. Ne è risultato un elenco di eponimi posto grosso modo in ordine di sequenza cronologica. In conclusione del suo lavoro, il Wilcke pone i due eponimi della VI generazione nel regno di Tukultī-Ninurta, mentre la V ha svolto la sua attività a cavallo dei regni di Salmanassar e Tukultī-Ninurta, la quarta durante la seconda metà del regno di Salmanassar, la III nei primi due terzi del medesimo regno. Riportiamo qui sotto l'elenco degli eponimi dato dal Wilcke secondo le generazioni studiate, mettendo a destra la datazione per ogni singolo eponimo, scaturita da altri studi fatti precedentemente:

Generazione	Eponimo	Datazione secondo altre fonti
II	x (*TR* 2037)	Salmanassar o Tukultī-Ninurta
	Ibašši-ilī *mār šarri*	Salmanassar o Tukultī-Ninurta
III	x (*TR* 2037)	Salmanassar o Tukultī-Ninurta
	Ištar-ēriš figlio di Šulmānu-qarrād	sicuramente Salmanassar
	Ṣilli-Adad	Salmanassar o Tukultī-Ninurta
	Šamaš-tukultī	Salmanassar o Tukultī-Ninurta
IV	Adad-šumu-lēšir	Salmanassar o Tukultī-Ninurta
	Ištu-ili-ašāmšu	Salmanassar o Tukultī-Ninurta
	Qibi-Aššur (cf. geneal. V)	sicuramente Tukultī-Ninurta [33]
	]AN[figlio di Šamaš-tukultī[34]	Salmanassar o Tukultī-Ninurta
V	Aššur-da''ān	quasi sicuram. Tukultī-Ninurta
	Aššur-nādin-apli	quasi sicuram. Tukultī-Ninurta
	Aššur-zēra-iddina (cf. geneal. VI)	sicuramente Tukultī-Ninurta
	Ellil-ašarēd	quasi sicuramente Salmanassar
	Ilī-qarrād	quasi sicuramente Salmanassar
	Ina-pî-[Aššur-lišlim]	Salmanassar o Tukultī-Ninurta
	Mušallim-Adad	sicuramente Tukultī-Ninurta[35]
	Nabû-bēla-uṣur	sicuramente Tukultī-Ninurta
	Qibi-Aššur (cf. geneal. IV)	sicuramente Tukultī-Ninurta
	Šunu-qardū	Salmanassar o Tukultī-Ninurta
	Mār-Sīki[36]	Salmanassar o Tukultī-Ninurta
	Abī-ilī	Salmanassar[37]
VI	Aššur-zēra-iddina (cf. geneal. V)	sicuramente Tukultī-Ninurta
	Bēr-šumu-lēšir	Salmanassar o Tukultī-Ninurta

[33] Anno successivo a quello del sovrano.

[34] C. Wilcke, *cit.*, 230, da *OMA* I, 252: Ilī-tukultī.

[35] Secondo anno successivo a quello del sovrano.

[36] C. Wilcke, *cit.*, 230-231: x-x-DI.

[37] Ma cf. anche un omonimo nel periodo di Tukultī-Ninurta.

Dalla tabella riportata risulta chiaro che la disposizione cronologica a gruppi fatta dal Wilcke sulla base delle generazioni seguenti il capostipite Atḫī-nādā conferma le datazioni che sono state ottenute con altri metodi (ved. sotto ogni singolo eponimo nel Capitolo II). Alcuni eponimi genericamente collocati nell'arco di tempo che comprende i regni sia di Salmanassar I che di Tukultī-Ninurta I possono trovare tuttavia, grazie al Wilcke, una collocazione più precisa.

Nel presente lavoro abbiamo accettato le conclusioni del Wilcke, con qualche leggera modifica: per la VI generazione, alcuni dati sembrano collocare Bēr-šumu-lēšir nel periodo di regno di Salmanassar, per cui manteniamo una datazione dubbia (Cap. II, Parte III, 8), ed inoltre per la IV generazione ci sembra che le probabilità siano sì per Salmanassar, ma senza assoluta esclusione del regno di Tukultī-Ninurta.

PARTE II

GLI ELENCHI DI EPONIMI

Nel periodo medioassiro esistono pochi elenchi di eponimi, ed anzi nemmeno tutti sono attendibili. Li considereremo qui uno per uno.

a. Il più importante 'elenco', anche se il termine qui è improprio, è costituito dalla sequenza delle stele rinvenute ad Assur. Queste stele sono state pubblicate da W. Andrae[1] con le trascrizioni e traduzioni, in parte modificate in seguito.[2] Su ciascuna stele è inciso, dopo il termine *ṣalmu*, "stele", allo stato costrutto (*ṣalam*, "stele di...") il nome di un re o di un funzionario, spesso seguìto, oltre che dalla titolatura, dal nome del padre e del nonno. Escludendo tre stele (di cui due con nomi di re), quelle che interessano il periodo medioassiro sono state rinvenute in una medesima zona circostanziata, alcune sotto un muro di Salmanassar III. Nonostante la suddivisione di A. Ungnad in *RLA* II in gruppi risalenti a periodi definiti, anche se necessariamente ampi,[3] non sembra che le stele che sono state rinvenute in fila mantenessero, se mai ci fu, l'originaria sequenza cronologica.[4] Il termine *līmu* non è mai riportato, per cui, a rigore, si potrebbe anche pensare che lo scopo delle stele non fosse quello di immortalare gli eponimi. Le identità di nomi tra funzionarî delle stele ed eponimi conosciuti da altre fonti sono comunque numerose, per cui tutti i funzionarî delle stele saranno qui considerati eponimi, anche se alcuni in forma dubitativa.

b. Lista di eponimi medioassiri in *KUB* 4,93.[5] A Boghaz-köy è stato rinvenuto un frammento di tavoletta con un elenco di nomi che sono stati riconosciuti come eponimi del periodo di Aššur-uballiṭ.[6] I nomi sono i seguenti:

Recto?	1. [...]	Verso?	1. [...]
	2. Aššur-mu/MU[...]		2. [...]ili[...]
	3. Ellil-mudammeq		3. Aššur-[...]
	4. Adad-mušēzib		4. Aššur-[...]
	5. Aššur-šuma-uṣur		5. [...]a[...]
	6. Aššur-nādin-šumē		6. [...]
	7. Ibašši-ilī		
	8. Libūr-[...]		
	9. (lettura incerta: Ibašši!-[ilī]oppure Niru![(a)bi])		

c. Eponimi citati nell'interno dei testi. Alcuni elenchi sicuri (ma anche qui il termine 'elenco' non è appropriato) sono dati dalla successione di più eponimi in un testo, da cui si deduce una successione cronologica. Diamo qui di seguito i casi in cui si verifica questo fatto:

1. *AfO* 10, 33 N. 50:

40-44 Ištu NM ... līme Aššur-šēzibanni mār Pa'uzi adi NM ...
līme Sîn-šēja mār Urad-ilāni

[1] Cit., *WVDOG* 24.

[2] Ved. il citato lavoro di Ungnad in *RLA* II, le singole voci in *OMA* I ed anche la nostra *Nota sulla lettura di tre stele di Assur*, *AIUON* 33 - NS 23 (1973),277. Il lavoro di E. Unger, *Zu den Beamtenstelen von Assur*, *ZA* 30/1-2 (1915), non riguarda le stele che ci interessano.

[3] Ungnad, *cit.*, 437 (*Die Eponymen der Stelenreihe*).

[4] Ved. C. Saporetti, *Some Considerations on the Stelae of Assur*, "Assur" 1/2 (1974).

[5] Il testo è il N.93 = Bo 4349, e denota certo un particolare interesse della cancelleria ittita per la cronologia assira.

[6] O. Schroeder, *Eine altassyrische līmu-Liste aus Boghazköi*, *AfK* 1 (1923), 54; cf. Ungnad, *RLA* II, 414, 437 e Fine I, 199, 202.

2. *AfO* 19, Tav. 7 Nr. 1:
   4 ... ša līme Ištar-ēriš
   7-8 ... ša lime Aššur-da'issunu
   18-19 ... līmu Usāt-Marduk

3. *Assur* 16308 (non pubblicato):
   Verso 6-8 ... ša līme Bēr-bēl-līte ša ina līme Lullāje

4. *Billa* 21:
   2. ... ša? līme x x -ilāni
   13. ... līmu
   14. Aššur-šad-nišēšu

5. *KAJ* 80:
   2-3 ... ištu līme Erībtāje adi NM līme Ellil-ašarēd
   33-34 ... līmu Ellil-ašarēd

6. *KAJ* 113:
   5-6 ... ina līme Abī!-ilī mār Aššur-šumu-lēšir
   13-14 ... ina līme Aššur-ālik-pāni
   38 ... līmu Mušallim-Aššur

7. *KAJ* 240:
   1-2 ... ša līme Ubri
   4 ... ša līme Tukultī-Ninurta
   11-13 ... ša līme U[bri] [adi] līme Tukultī-[Ninurta] u līme Qibi-[Aššur]
   19 ... ša līme Qibi-Aššur
   26 ... līmu Mušallim-Adad

8. *T.* 232 (non pubblicato):
   Verso 2 ... līmu Adad-uma''i
   3 -ša ištu līme [...]
   4 Abatte u līme Etel-pî-Aššur
   6 ... līmu Bēr-[...]

(con gli eponimi Sarniqu e Erīb-Marduk citati nello stesso testo)

9. *MARV* 51:
   2 ... līme Ātammar-dēn-Aššur
   Verso 10′ ... līme Ātammar-dēn-Aššur
   11′ ... līme Adad-mušabši

10. *MARV* 56:
   54 ... ša līme Aššur-nīrārī
   55 ana līme Šulmānu-aḫa-iddina

11. *VAT* 18007 (inedito; prossimamente pubblicato in *MARV* II, 17):
   79 ... līme Šulmānu-šuma-uṣur ...
   89-90 ištu NM ... līme Abī-ilī adi ITU [NM ...] līme Šulmānu-šuma-uṣur ...
   93 ištu NM ... līme Abī-ilī adi NM [...

12. *VAT* 18065 (inedito; prossimamente pubblicato in *MARV* II, 14):
Verso 1-2 ištu NM ... līme Ātammar-den-Aššur adi NM ... līme annī'ema ...
5-6 ištu NM ... līme Aššur-bēl-līte adi NM ...
8 [ištu] NM ... lī[me Aššur-bē]l-līte [

13. *VAT* 18901 (inedito; prossimamente pubblicato in *MARV* II, 22):
24-26 ... ša ištu NM ... līme Ninurta-apla-iddina adi NM ... līme Ragiššāni
28 līmu Ragiššānu

14. *VAT* 19193 (inedito; prossimamente pubblicato in *MARV* II, 19):
15 ... līmu Usāt-M[arduk]
Verso 9′ ... līmu Ellil-qarrād

15. *VAT* 19195 (inedito; prossimamente pubblicato in *MARV* II, 23):
23 ...l]īme Bēr-bēl-līte [
24 ...] līme Aššur-da['issunu?]
25]je Adad-[(eponimi?)
Verso 14′ riḫte telit ebūri ša līme Aššur-[
15′ mār Abī-ilī ša ina līme Bēr-bēl-lī[te]
16′ u līme Ištar-ēriš mār Šulmānu-q[arrād]
17′ ša līme Lullāju mār Adad-šuma-iddina ...
22′ ana muḫḫi še'i labēri ša līme Adad-šamšī
23′ Mār Adad-šumu-lē<šir> u līme Kidin-Sîn
24′ mār Adad-tēja tabik
25′-26′ ... līmu Aššur-[...] mār Lullāje

d. Lista di eponimi, solo in parte medioassiri, in *KAV* 21-24. Si riferiscono al periodo preso in esame solo gli eponimi della colonna III di *KAV* 21. I pochi nomi rimasti non sono nemmeno completi (due sono comunque ricostruibili), ed appartengono ad eponimi degli ultimi anni del periodo di regno di Tiglat–pileser I (1115-1077).[7] I nomi sono i seguenti:

]PAP
]dí
]nu
]x[AŠ?]-DU
]-Aššur
]daumti
]šakin?[māti?]
]sunu
Šul]mānu-šuma-iddina
Pa]'uzu
]ibši

e. Elenchi incerti. Alcuni testi medioassiri riportano elenchi di nomi di persone, e si è pensato che si trattasse di elenchi di eponimi. Si impone dunque un confronto con l'elenco degli effettivi e documentati eponimi medioassiri.

[7] Cf. A. Ungnad, *RLA* 2, 435 (= "Die Eponymenliste C[c]"); cf. *p.* 414, N.17; E. Weidner, *AfO* 16 (1952-1953), 214; ved. per la trattazione più oltre, Cap. II, parte IV, 5.

1. *KAV* 19.

Presentato da O. Schroeder[8] come "altassyrische[9] *limu*-Liste." Inteso come elenco di eponimi anche da Ungnad.[10] Già in *OA* 8/3[11] abbiamo avvicinato il testo a *Billa* 55, per cui si veda oltre. Diamo qui sotto l'elenco dei nomi:

Recto.	1′	Šam]aš?-u[balliṭ]?
	2′	]su[ ]ni
	3′	]-bēl-mub[alliṭ m]ār Adad-tē[ja]
	4′	]-šimânni mār MUL[
	5′	]-kēna-uṣur aḫu[šu]
	6′	] Ilī-iḫadda mār Rīš-[
	7′	] Ubru mār Uballiṭ-[
	8′	] Šamaš-šuma-iddina mār Mušu[
	9′	] Aššur-bēl-ilāni mār [
	10′	] Mār-Adad mār Adad-ku[
	11′	] r a s u r a
	12′	] Mār-Šerū'a aḫušu
	13′	] Adad-murabbi mār Rīš-[
	14′	]-Adad mār[
Verso.	4′	] Adad-ubal[liṭ mār
	5′	] Šamaš-ilu-aš[arēd mār
	6′	] Bēr-[mār
	7′	] Mudammeq-[mār
	8′	] Sutī'u [mār
	9′	] Ittabši-[mār
	10′	] Šamaš-šuma-iddina m[ār
	11′	] Epir-Adad mā[r
	12′	] Adad-bēl-ilāni mār[
	13′	] Dalluqu mār[
	14′	] Atḫī-nādā aḫu[šu
	15′	] Urad-Tiri mār Aš[šur
	16′	] Aššur-abī mār[
	17′	] Iddin-Bēr mār[
	18′	] [Adad]-šar m[ār
	19′	] Ša-Aššur-dam[qā mār
	20′	] Adad-da'iq [mār
	21′	] Bēr-mudammeq [mār
	22′	] Ilī-da''ān [mār
	23′	] Bēr-m[u mār

Tra i nomi integralmente leggibili, solo tre[12] trovano riscontro tra gli eponimi: Ilī-iḫadda (Rec. 6′), Aššur-bēl-ilāni (Rec. 9′) ed Adad-uballiṭ (Ver.4′). Ilī-iḫadda è eponimo in un testo non pubblicato e non databile (cf. s.v. Ili-pada in *AfO* 13, 315*a*); se lo si vuole identificare con Ilī-iḫadda padre dell'eponimo

[8] O. Schroeder, *KAV*, *p*. VII*b*, e *p*. 26.

[9] "Altassyrisch" di Schroeder corrisponde al periodo attualmente chiamato "medioassiro".

[10] A. Ungnad, *RLA* 2, 437 (="Die Eponymenliste C^{e}") cf. *p*. 414, N. 19.

[11] *Alcuni probabili elenchi di scribi*, *OA* 8/3 (1969) 187-188.

[12] Ubru (Rec. 7′), non può essere identificato con l'eponimo Ubru, sia perché quest'ultimo compare in una sequenza come immediatamente precedente Tukultī-Ninurta e non, come qui, Šamaš-šuma-iddina (cf. Ungnad, *RLA* 2, 437*a*), sia perché era probabilmente figlio di Šamaš-aḫa-iddina, non di Uballiṭ-[...]. A. Ungnad (*cit.*) identifica altri due eponimi (Ver. 20′ e 23′); alla lettura Adad-dammeq in Ver. 20′ è però preferibile la lettura Adad-da'iq (cf. *OMA* I, 42), mentre per il nome in Ver. 23′ l'integrazione Bēr-šu[ma-iddina] è ipotetica.

Mardukīja e "re" di Ḫanigalbat[13] risalirebbe al periodo di regno di Aššur-nīrārī III. Aššur-bēl-ilāni e Adad-uballiṭ risalgono invece al periodo di regno di Tukultī-Ninurta. I dati per identificare in *KAV* 19 un elenco di eponimi sono dunque insufficienti, anche se si tiene conto di indicazioni di minor peso, quali quelle fornite dal confronto con nomi di persone che non sono attestate come eponimi, ma che *potrebbero esserlo stati*: Adad-murabbi (Rec. 13′) potrebbe essere identificato con Adad-murabbi *bēl pāḫete* di *KAJ* 189 e 212 (periodo di regno di Ninurta-tukul-Aššur); Šamaš-ilu-ašarēd (Ver. 5′) con l'omonimo *ṭupšarru* di *KAJ* 74 (regno di Erība-Adad o Aššur-uballiṭ); Sutī'u (Ver. 8′) con l'omonimo *ṭupšar šarri* di *KAR* 4 e *CT* 24, 46*a* (biblioteca di Tiglat-pileser I) ove è citato come padre di uno scriba; Adad-šar (Ver. 18′) con l'omonimo *abarakku* da *KAJ* 47 (regno di Erība-Adad o Aššur-uballiṭ); Ša-Aššur-damqā (Ver. 19′) con l'omonimo *ṭupšarru* di *KAJ* 35 e 146 (regno di Erība-Adad o Aššur-uballiṭ); Adad-da'iq (Ver. 20′) con il padre dell'eponimo di *KAJ* 162 (regno di Aššur-bēl-nišēšu *ante quem non*). La discordanza cronologica tra le varie persone è infatti tale che i paralleli proponibili, già ipotetici, non hanno alcun fondamento (oltretutto, vedremo poi che agli scribi non toccava la funzione dell'eponimato). La presenza di due scribi attestati nel medesimo periodo può invece costituire un piccolo indizio che *KAV* 19 sia un elenco di scribi (in tal caso del periodo Erība-Adad—Aššur-uballiṭ), anche in considerazione del fatto che i nomi degli scribi che conosciamo sono in numero considerevolmente minore rispetto a quelli degli eponimi,[14] per cui le probabilità sono a favore di questa ipotesi. A maggior ragione dunque il testo può essere avvicinato a *Billa* 55, come avevamo supposto in *OA* 8/3, 187-188.

2. *Billa* 53.

Definito da J. J. Finkelstein "possibly a *limmu*-list"[15] Ved. *Billa* 55.

3. *Billa* 54.

Definito da J. J. Finkelstein "possibly a fragment of *Bi*(*lla*) 55."[16] Ved. *Billa* 55.

4. *Billa* 55.

J. J. Finkelstein: "Possibly a *limmu*-list; the form is similar to *KAV* 19. None of the individuals in either text, however, can be identified with any known eponym."[17] In *OA* 8/3, 187-188, abbiamo avanzato l'ipotesi che sia un elenco di scribi, perché un Ubru figlio di Kidin-Sîn (cf. linea 7) compare come scriba in *TR* 2069A-2908:16-17.[18] Diamo qui di seguito la trascrizione di *Billa* 53, 54, e 55:

Billa 53.	1.	Šamaš-rēsūja mār Erīb-ilī ^{URU}Būrātu
	2.	Šamaš-dugul mār Šulmānu-nāṣir ^{URU}Ekallātu
	3.	MU[ ] mār [ ] ^{URU}Ša-bānīšu
	4.	[
	5.	[ ] na$^{?}$ [
	6-7.	[
Billa 54.	1.	] tu$^{?}$ [
	2.	]MULḫanu[
	3.	U]RU KI.MIN
	4.	]^{URU}Kibate
	5.	] ^{URU}Ḫa[
Billa 55	1.	[
	2.	]zu mār A[
	3.	]ḫab$^{?}$ḫa mār Būr-Adad$^{?}$ ^{UR}[^{U}

[13] Ved. "Assur" 1/2 (1974),2 *sgg.*
[14] Cf. *OMA* 2, 233-239 e 246-249.
[15] J. J. Finkelstein, *JCS* 7, 133.
[16] J. J. Finkelstein, *ib.*
[17] J. J. Finkelstein, *ib.*
[18] Cf. H. W. F. Saggs, "Iraq" 30, 170.

4. Ubru aḫušu ^{URU}[
5. Kaššû mār Kidin-Mārat-Ani
6. Uzabe-AN mār Šamaš-šuma-iddina ^{URU}Kurruli$^{?}$
7. Ubru mār Kidin-Sîn ^{URU}Ḫušarše$^{?}$ [19]
8. Šulmānu-le'i mār Šulmānu-rabi ^{URU}Bīt $^{?}$-[ ]me
9. Adad-ēriš mār Ṣilli-Šemet ^{URU}Ḫašuanu
10. Kidin-Sîn mār Munnabittu URU KI.MIN
11. Šimega-atta$^{?}$ mār Nudiba ^{URU}Burmetu
12. Šamaš-da''ān mār Ellil-šuma-iddina ^{URU}Ali[
13. Šēpē-Digla aḫušu URU KI.MIN
14. Ninurta-šuma-iddina mār Zēr[ ]-lēšir ^{U}[^{RU}]be
15. Zēr-ketti-lēšir mār [ ]-tukultī ^{URU}[
16. Sīqi-Adad mār Ṣilli-Ištar ^{URU}[
17. Adad-tē$^{!}$ja mār Ni$^{?}$ku$^{?}$[
18. Šēlubu mār Adad-mušallim$^{?}$ [

Nessuno dei nomi attestati in *Billa* 53, 54, e 55 appartiene ad eponimi[20] per cui l'ipotesi di Finkelstein non può essere sostenuta. Di riflesso dunque abbiamo un ulteriore motivo per scartare questa ipotesi anche a proposito di *KAV* 19 (già visto al N.1), considerando il parallelismo dei testi, che presentano nomi seguiti dal nominativo del padre, ed in qualche caso dall'indicazione che il personaggio citato è fratello del precedente. Nei testi di Tell Billa segue anche l'indicazione della città, ma non si può escludere che tale indicazione fosse presente anche in *KAV* 19, perché tale testo è corrotto. Un altro testo parallelo ai sopra citati è Assur 13058 ft,[21] che presenta un elenco di persone, senza nomi dei padri ma con l'indicazione delle città; frequente è anche l'indicazione che due personaggi sono fratelli. In un caso al nome del padre segue quello del figlio. E. Nassouhi, che ha pubblicato il testo, pensa possa forse trattarsi di "gouverneurs"; il titolo che segue il nome (scomparso) dell'ultimo (*rab eširte*, "capo di un gruppo di dieci persone"), da una parte escluderebbe che le persone nominate siano alle dipendenze dell'ultima, dato che sono più di dieci, e dall'altra che siano dei funzionarî di alto rango, oltre che degli eponimi.[22]

5. *AfO* 13, Tav. 5.

Secondo E. F. Weidner[23] si tratta di un elenco di funzionarî che dovevano svolgere una particolare attività a corte. Non si tratta infatti di un elenco di eponimi in ordine cronologico, perché ad ogni nome viene preposta l'indicazione di un giorno. Ne diamo qui sotto la trascrizione:

Recto.	1.	[^{II}]^{U}Ḫibur U_4 VI KÁM	
	2.	[U_4 N.] KÁM ša erib[	
	3.	[ ]x ib G[A]L$^{?}$ U_4 I KÁM x[	
	4.	[ ]x[	
	5.	U_4 II KÁM	Nabû-bēla-uṣur
	6.	U_4 III KÁM	Šunu-qardū
	7.	U_4 IV KÁM	Iddin-Aššur
	8.	U_4 V KÁM	Aššur-da''ān
	9.	U_4 VI KÁM	Šamaš-dīnanni
	10.	U_4 VII KÁM	Bēr-ilī

[19] O forse Libbi-āli, come in *TR* 2069A-2908.

[20] Anche i due Ubru delle linee 4 e 7 non possono essere avvicinati all'eponimo Ubru, dato che quest'ultimo era probabilmente figlio di un Šamaš-aḫa-iddina.

[21] Pubblicato de E. Nassouhi, *MAOG* 3/1-2 (1927), 37-38.

[22] *rab eširte* non è un titolo attestato fra quelli degli eponimi. D'altronde su 27 nomi leggibili solo tre appartengono anche a eponimi attestati.

[23] *AfO* 13, 115.

11. U$_4$ VIII KÁM Qibi-Adad
12. U$_4$ IX KÁM Libūr-zānin-Aššur
13. U$_4$ X KÁM Masuku
14. U$_4$ XI KÁM Bēr-ilī
15. U$_4$ XII KÁM Aššur-iddin
16. U$_4$ XIII KÁM U$_4$ XIV KÁM Bēr-ilī
17. U$_4$ XV KÁM Aššur-ilī'a
18. U$_4$ XVI KÁM Aššur-bēl-ilāni
19. U$_4$ XVII KÁM Gazru
20. U$_4$ XVIII KÁM Bēr-ilī
21. [U$_4$ XIX KÁM] Rīš-Adad
22. [U$_4$ XX KÁM]x

Verso.
1. [Bēr[?]]-bēl-līte
2. [-n]i-ja
3. [Mušal]lim-Marduk
4. [I]qsu
5. [ ]x+I KÁM Ittabši-dēn-Aššur
6. [ ] Ibri-šaḫurna
7. U$_4$ III KÁM Šarru-emūqāja
8. U$_4$ IV KÁM Adad-mušēzib Erīb-Sîn
9. U$_4$ V KÁM Rēmanni-Marduk
10. U$_4$ VI [KÁM] Ša-Aššur-rabâ
11. U$_4$ VII KÁM Asīri
12. U$_4$ VIII KÁM Adad-apla-uṣur Ṭāb-šār-Aššur
13. U$_4$ IX KÁM Libūr-bēlu Adad-nāṣir Ḫīqu
14. U$_4$ X KÁM Ekur-rēṣūssu Šamaš- dīnanni
15. [U$_4$ XI KÁM] Buḫunu
16. [U$_4$ XII KÁM] Uṣur-ša-pî-šarri Ta[?]ku[?]du Mutakkil-Marduk
17. [U$_4$ XIII KÁM] Iddin-Aššur
18. [U$_4$ XIV KÁM] U$_4$ XV KÁM Aššur-šuma-iddina
19. [Bēr[?]-bēl[?]-l]īte [U$_4$[?] XVI[?] KÁM[?]]
20. [U$_4$ XVII KÁM] U$_4$ XVIII KÁM [
21. [U$_4$ X KÁM] Šun[u-qardū
22. [ ]xx[

23-24. [

25. [U$_4$ XI KÁM] U$_4$ XII [KÁM U$_4$ XIII KÁM U$_4$ XIV KÁM U$_4$ XV KÁM
26. [U$_4$ XVI] KÁM U$_4$ XVII K[ÁM
27. [U$_4$ X] KÁM ŝa qāt [
28. [ITU] Kalmartu U$_4$ VIII KÁM līmu Qibi-Aššur

Il Weidner[24] ha analizzato i nomi riportati ed ha constatato che molti di essi appartengono anche ad alti funzionarî, come pure ad eponimi del periodo di regno di Tukultī-Ninurta. Riassumiamo brevemente questi confronti, aggiungendo qualche nuovo dato e qualche precisazione:

Nabû-bēla-uṣur	confrontabile con l'eponimo del periodo di Tukultī-Ninurta
Šunu-qardū	confrontabile con l'eponimo e *rab šaqi'ē* del periodo di Salmanassar o Tukultī-Ninurta
Iddin-Aššur	nessun parallelo con funzionarî
Aššur-da''ān	confrontabile con l'eponimo del periodo di Tukultī-Ninurta

24 In *AfO* 13, 116-117.

Šamaš-dīnanni	nessun parallelo (*hapax*)
Bēr-ilī	nessun parallelo con funzionarî
Qibi-Adad	nessun parallelo con funzionarî
Libūr-zānin-Aššur	confrontabile con l'eponimo del periodo di Salmanassar o Tukultī-Ninurta, che a sua volta può essere identificato con l'omonimo *ša rēš šarri*
Masuku	nessun parallelo con funzionarî
Aššur-iddin	confrontabile con l'eponimo Aššur-iddin, del periodo di Aššur-uballiṭ
Aššur-ilī'a	nessun parallelo (*hapax*)
Aššur-bēl-ilāni	confrontabile con l'eponimo del periodo di Tukultī-Ninurta, che a sua volta è probabilmente identificabile con l'omonimo *šakin māti* e *qīpu ša šarri* (e forse altrove anche *bēl pāḫete*).
Gazru	nessun parallelo con funzionarî
Rīš-Adad	confrontabile con il *qīpu ša šarri* (*OA* 13, 70)
Bēr?]-bēl-līte	confrontabile con l'eponimo del periodo di Salmanassar (nel caso che l'integrazione sia esatta)
Mušallim-Marduk	nessun parallelo con funzionarî
Iqsu	nessun parallelo con funzionarî (solo con un esattore)
Ittabši-dēn-Aššur	confrontabile con l'eponimo del periodo di Salmanassar o Tukultī-Ninurta, che a sua volta può essere identificato con l'omonimo *qīpu*
Ibri-šaḫurna	nessun parallelo con funzionarî
Šarru-emūqāja	nessun parallelo (*hapax*)
Adad-mušēzib	confrontabile con l'eponimo del periodo di Aššur-uballiṭ
Erīb-Sîn	confrontabile con l'eponimo del periodo di Aššur-nādin-apli, che a sua volta può essere identificato con l'omonimo *rab alāni* (in testi del periodo di Tukultī-Ninurta)
Rēmanni-Marduk	confrontabile con l'eponimo del periodo di Aššur-uballiṭ
Ša-Aššur-rabâ	nessun parallelo (*hapax*)
Asīri	nessun parallelo con funzionarî
Adad-apla-uṣur	nessun parallelo (*hapax*)
Ṭab-šār-Aššur	nessun parallelo con funzionarî
Libūr-bēlu	nessun parallelo con funzionarî
Adad-nāṣir	confrontabile con l'eponimo del periodo di Aššur-uballiṭ
Ḫīqu	nessun parallelo con funzionarî
Ekur-rēṣussu	nessun parallelo (*hapax*)
Buḫunu	nessun parallelo con funzionarî
Uṣur-ša-pî-šarri	nessun parallelo con funzionarî (solo con uno scriba)
Takudu?	nessun parallelo (incerta lettura; forse *hapax*)
Mutakkil-Marduk	nessun parallelo con funzionarî
Aššur-šuma-iddina	confrontabile con il *rab alāni* di *Billa* 48 (periodo di Adad-nīrārī o Salmanassar)

Come si può constatare, ci sono dodici persone che potrebbero corrispondere ad altrettanti eponimi. Ci sono inoltre due persone che potrebbero corrispondere ad alti funzionarî, e quindi forse (non certo necessariamente) ad eponimi. Vi fanno riscontro 22 persone che non hanno corrispondenza alcuna (se non con uno scriba ed un esattore: troppo poco per pensare ad alti funzionarî). Tenendo presente che delle dodici corrispondenze quattro non possono essere considerate valide, perché quattro eponimi risalgono ad un periodo di tempo molto precedente a quello degli altri (cioè al regno di Aššur-uballiṭ), restano dunque solo otto nomi, più uno incerto, che corrispondono ad altrettanti nominativi di eponimi.

Ci sembra, a questo punto, che potrebbero essere valide ambedue le tesi: 1. *AfO* 13, Tav. 5 è un elenco di persone qualsiasi, non necessariamente funzionarî, impiegate singolarmente o a gruppi per una *corvée* giornaliera; ed in tal caso qualcuna avrebbe per pura coincidenza lo stesso nome di un eponimo. 2. Altrimenti si tratta di un elenco di alti funzionarî, anch'essi singolarmente impiegati per una qualsiasi ragione, alcuni dei quali furono anche eponimi in epoca sia contemporanea sia immediatamente seguente e precedente quella in cui fu redatto il testo.[25]

6. *KAJ* 116.

Nel verso di questa tavoletta compare una lista di nomi, che qui trascriviamo:

3.		Libū]r-zānin-[Aššur š]a rēši
4.	šarri	]-šamšī LÚtar⌈ta⌉nu x?[26]
5.		]-mušabši mār Iddin-Bēr!?
6.		]-turī-PAP mār Kurbāni
7.		Mu]šallim-Aššur mār Aššur-mušabši
8.		Ur]ad-Šerū'a mār Meli-Saḫ
9.		]Aššur-bēl-ilāni mār Ittabši-dēn-Aššur
10.		[LÚ?]qīpu ša šarri
11.		]-šu-mušallim ṭupšarru
12.		] x x x x x [

Il testo è purtroppo rovinato, ma ha il vantaggio di offrire nomi di persone sicuramente identificabili con altre attestate altrove, grazie al fatto che vengono riportati anche i nomi dei padri. Così possiamo identificare Libūr-zānin-Aššur citato alla linea 3 (se la ricostruzione è giusta) con il *ša rēš šarri* di due testi dell'epoca di Salmanassar o Tukultī-Ninurta, datati proprio con l'eponimo Libūr-zānin-Aššur, che potrebbe essere la stessa persona; Mušallim-Aššur della linea 7 è sicuramente il padre di una persona che fu eponimo (Etel-Aššur); Urad-Šerū'a della linea 8, pur non essendo noto con un titolo ben definito, svolse sicuramente un ruolo di primaria importanza e fu forse eponimo, mentre suo padre Meli-Saḫ fu *bēl pāḫete*; Aššur-bēl-ilāni fu sicuramente *qīpu ša šarri* e *šakin māti*, padre di un eponimo (Urad-Kūbe) e probabilmente eponimo lui stesso; infine si può supporre che il *tartānu*]-šamšī sia Adad-šamšī di un testo dell'epoca di Tukultī-Ninurta[27] in tal caso forse identificabile con l'eponimo Adad-šamšī.[28]

Possiamo dunque concludere che le persone citate furono sicuramente funzionarî di alto rango, alcuni dei quali probabilmente eponimi.

Conclusioni

I testi considerati come elenchi incerti non sembrano essere assolutamente elenchi di eponimi. *KAV* 19, *Billa* 53, *Billa* 54, e *Billa* 55 sono forse liste di scribi oppure (cf. anche *Assur* 13058 ft = *MAOG* 3/1-2,36-37) di funzionarî di limitata importanza. Per *AfO* 13, Tav. 5 e *KAJ* 116 (verso) la questione è diversa, perché sono due testi che riportano forse (primo testo) o sicuramente (secondo testo) nomi di grandi personaggi, alcuni dei quali furono probabilmente anche eponimi; la natura dei documenti esclude

[25] Ved. su questo testo anche Fine I,247; R. Frankena, *BiOr* 13 (1956),141*a*; C. Saporetti, *OA* 8/2 (1969),186-187.

[26] Collazione H. Freydank, *AOF*, 1,77 *n*. 19.

[27] H. Freydank, *AOF*, 1,77.

[28] Preferibilmente con Adad-šamšī del periodo di Salmanassar o Tukultī-Ninurta (se le lettura Adad-šamšī di *TR* 2058 è giusta, ved. Cap. II, parte III, 8), piuttosto che con Adad-šamšī del periodo di Salmanassar (Cap. II, parte III, 6).

tuttavia che siano elenchi di eponimi, perché il primo è piuttosto una lista di persone addette ad un servizio quotidiano, mentre il secondo sembra essere (cf. il recto) un documento economico o giuridico.

Oltre agli esempi riportati (beninteso quelli validi), non esistono molti altri mezzi per verificare la precedenza cronologica di un eponimo rispetto ad un altro, quando si conosce solo che sono attestati ambedue in un periodo all'incirca coincidente.

Un certo aiuto è dato dalle parentele (per cui ved. la parte III): ad esempio è certo che Aššur-nādin-šumē fu eponimo durante il regno di Salmanassar, per cui si può supporre che suo figlio Bēr-nādin-apli sia stato eponimo in un periodo successivo. Così è per Abī-ilī ed Aššur-dammeq, rispettivamente padre e figlio, ambedue eponimi nel regno di Salmanassar, per cui si può supporre che l'eponimato del figlio abbia seguito (non si sa di quanto) quello del padre. Purtroppo però i casi di parentela sicura si fermano qui, per cui si possono fare numerose congetture simili solo sui casi di parentela opinabile.

Un altro suggerimento potrebbe essere dato dalle liste neoassire (anche per queste si veda il para. 3): si ricava da esse che i primi anni di regno di un sovrano erano datati con il nome di chi ricopriva in quel momento alcune cariche ben precise; se, come si può supporre, anche precedentemente vigeva lo stesso uso, potremmo inquadrare nei primi anni di regno di un re, anteponendoli nella cronologia ad altri, quegli eponimi che rivestivano una di queste cariche particolari. Purtroppo però quasi tutti i pochi eponimi che rivestono con sicurezza queste cariche e che ci sono noti, non sono inseribili con certezza nel preciso periodo di regno di un sovrano.

Un ulteriore aiuto poteva essere prestato dai casi di omonimia. Sono infatti attestati alcune volte due eponimi che risalgono a periodi diversi e che portano lo stesso nome. Abbiamo voluto allora verificare se l'eponimo che seguiva nella cronologia portava sempre il nome del padre, per distinguerlo da quello precedente (che poteva portarlo o no); ci sembrava infatti che dovesse essere questa una precauzione necessaria, per evitare confusioni e contestazioni specie nei casi dei contratti di prestito, che prevedono una scadenza precisa. Se fosse stata in uso una simile consuetudine, avremmo potuto stabilire automaticamente una priorità cronologica nei casi di due eponimi distinti, ma aventi lo stesso nome ed attestati nello stesso periodo di tempo: ad esempio ci sono due Ibašši-ilī, ambedue del regno di Aššur-uballiṭ (cf. anche sopra, lista b, linee 7 e 9, e anche Cap. II, parte II, 5); ci sono inoltre due distinti Ištar-ēriš, ambedue risalenti al regno di Salmanassar (Cap. II, parte III, 6). Purtroppo la circostanza sperata non si verifica,[29] e non si possono quindi trarre deduzioni, anche se resta pur sempre il sospetto che nel caso specifico di due eponimi con lo stesso nome e pressocché contemporanei, l'eponimo riportato senza il patronimico debba essere considerato come colui che precede nella cronologia, anche se non sappiamo quale sia dei due.

Altrettanta difficoltà richiede il tentativo di inquadrare gli eponimi in un preciso momento del regno di un sovrano. Già abbiamo visto il suggerimento che ci possono dare le liste neoassire per i primissimi anni di regno. Un altro aiuto ci è dato dai testi storici, quando sono datati con il nome di un eponimo: è certo infatti che l'anno del suo eponimato, se non può essere fissato con precisione, è caduto almeno dopo il verificarsi degli episodi narrati. Purtroppo gli eponimi con cui sono datati i testi storici sono pochi, mentre dai testi economici si ha ancor meno, perché non vi si fa quasi mai cenni ad avvenimenti; tuttavia qualche indizio esiste, come la citazione di genti hurriche deportate durante il regno di Salmanassar (e quindi l'anno di composizione del documento è posteriore alla vittoria su Ḫanigalbat), o di prigionieri cassiti durante il regno di Tukultī-Ninurta (e quindi l'anno di composizione è posteriore alla vittoria su Kārduniaš), o della città Kār-Tukultī-Ninurta (e quindi l'anno di composizione è posteriore alla sua fondazione da parte di Tukultī-Ninurta).

[29] Ad esempio due Aššur-dammeq, eponimi uno sotto Adad-nīrārī e l'altro sotto Salmanassar, sono ambedue riportati talvolta senza il nome del padre; ugualmente due Aššur-ēriš, uno eponimo sotto Aššur-uballiṭ e l'altro sotto Adad-nīrārī, e così via.

PARTE III
CHI ERANO GLI EPONIMI?

A. Re e familiari

1. Re

Diamo qui di seguito l'elenco dei re e dei documenti in cui sono citati come eponimi:[1]

Aššur-nīrārī II	1424-1418	non attestato come eponimo
Aššur-bēl-nišēšu	1417-1409	non attestato come eponimo
Aššur-rīm-nišēšu	1408-1401	non attestato come eponimo
Aššur-nādin-aḫḫē II	1400-1391	non attestato come eponimo
Erība-Adad I	1390-1364	incerto se eponimo in *KAJ* 35
Aššur-uballiṭ I	1363-1328	non attestato come eponimo
Ellil-nīrārī	1327-1318	eponimo in *KAJ* 156
Arik-dēn-ili	1317-1306	non attestato come eponimo
Adad-nīrārī I	1305-1274	non attestato come eponimo
Salmanassar I	1273-1244	eponimo in *Billa* 25, *IAK* 154, *KAJ* 75
Tukultī-Ninurta I	1243-1207	eponimo in *KAJ* 138, *KAJ* 144, *KAJ* 238, *KAJ* 240, *KAJ* 272, *KAV* 196, *MCS* 2 14 N.2, *VAT* 16377
Aššur-nādin-apli	1206-1203	forse eponimo in Assur 11017d, *KAJ* 128, *KAV* 169, *OIP* 79, Tav. 84,9, *TCL* 9,59, *TR* 2069A + 2908, *MARV* 7,e in Dūr-Katlimmu.
Aššur-nīrārī III	1202-1197	non attestato come eponimo
Ellil-kudurri-uṣur	1196-1192	non attestato come eponimo
Ninurta-apil-Ekur	1191-1179	non attestato come eponimo
Aššur-dān I	1178-1133	non attestato come eponimo
Ninurta-tukul-Aššur		non attestato come eponimo
Mutakkil-Nusku		non attestato come eponimo
Aššur-rēša-iši I	1132-1115	non attestato come eponimo
Tiglat-pileser I	1114-1076	eponimo in *AfO* 22, 61, *MARV* 49, *MARV* 70, *MARV* 73 e in altri testi non pubblicati

Come si può vedere dalla statistica riportata, i re di età medioassira attestati in funzione di eponimi sono veramente pochi, ma bisogna aggiungere che sono quasi sempre gli stessi re sotto il cui regno è stata redatta la maggior parte dei testi che possediamo; non c'è quindi ragione di dubitare che siano stati eponimi anche i re non attestati come tali.

L'uso che il re desse il proprio nome ad un anno doveva essere infatti costante, come è chiaro dagli elenchi degli eponimi neoassiri,[2] né può sorgere il dubbio che i pochi sovrani attestati come eponimi fosseri stati tali quando non erano ancora saliti al trono, cioè in un anno qualsiasi del regno del padre. Risultano infatti i seguenti dati: Ellil-nīrārī: attestato un volta come eponimo, accompagnato anche dal titolo *uklu*. Salmanassar: attestato tre volte; in una ha anche il titolo *šarru*. Tukultī-Ninurta: attestato otto volte; in quattro ha anche il titolo *uklu*. Aššur-nādin-apli (identificazione con il re non sicura):

[1]Elenco e date tratti da J. A. Brinkman, *Mesopotamian Chronology of the Historical Period*, in A. L. Oppenheim, *Ancient Mesopotamia* (Chicago 1977) 345.

[2] Ved. in *RLA* 2,418 sgg.

attestato varie volte; senza titoli.[3] Tiglat-pileser: attestato varie volte; tre volte ha anche il titolo *šar māt* Aššur; è possibile che il titolo fosse anche in altre attestazioni, che sono rovinate alla fine. Due volte l'attestazione *līmu šarri* (da Weidner, *AfO* 16, 215*a*).

Ci sono dunque casi sicuri in cui il re fu eponimo quando era assurto al trono, e poiché non c'è alcun fatto che possa far nascere il sospetto che qualcuno degli illustri personaggi citati sia stato eponimo due volte (cioè prima come principe e poi come re), siamo propensi a credere che l'anno datato con il nome di un re senza l'aggiunta di alcun titolo regale coincidesse con l'anno datato con il nome dello stesso re, accompagnato dagli epiteti *uklu* o *šarru*. Di conseguenza sembra che nessun principe ereditario sia stato eponimo.

Nessun dato dell'epoca medioassira ci suggerisce quale sia stato l'anno dell'eponimato del sovrano; mancano infatti per questo periodo esempi di liste del tipo di quelle attestate nel periodo neoassiro. Non ci resta dunque che rifarci a quanto suggeriscono queste ultime, pur avendo presente che esse sono notevolmente posteriori, e che non può esserci la certezza che l'uso in vigore nel periodo neoassiro risalisse molto avanti nel tempo. Da queste liste neoassire risulta comunque evidente che il sovrano dava il proprio nome al primo anno del suo regno (o per meglio dire all'anno successivo, perché l'anno dell'intronizzazione aveva già il suo eponimo). Per queste ragioni, sia pure con le riserve sopra espresse, abbiamo considerato i re medioassiri come eponimi nel primo anno completo del loro regno. Nel Capitolo II, quando ci sono delle sequenze cronologiche all'interno del regno di un singolo sovrano, abbiamo spostato il nome del re nella parte dedicata alle sequenze cronologiche. In mancanza di sequenze cronologiche, abbiamo viceversa mantenuto il nome del sovrano tra gli eponimi riportati secondo l'ordine alfabetico.

2. Familiari del re.

Figli del re in funzione di eponimi:

Abu-ṭāb (parte II, 5) è figlio del re Erība-Adad
Adad-bēl-gabbe (parte III, 8) è *mār šarri* (cioè "figlio del re")
Bēr-nādin-aḫḫē (parte I, 3) è figlio del re Aššur-nīrārī
Bērūtu (parte II, 8) è figlio del re Erība-Adad
Ibašši-ilī (parte III, 6) è *mār šarri*
incerto [NP ?] (parte II, 3), figlio del re Erība-Adad

Altri parenti del re in funzione di eponimi:

Ilī-iḫadda (parte III, 13) è forse un discendente del re Erība-Adad, ed inoltre padre del re Ninurta-apil-Ekur
Mardukīja (parte III, 14) è forse un discendente del re Erība-Adad, ed inoltre fratello del re Ninurta-apil-Ekur
Ša-Adad-nēnu (parte III, 1) è nipote del re Erība-Adad.

I figli dei re sopra riportati erano cadetti. Abbiamo d'altronde visto sopra (parte I) che non sembra che i principi ereditari siano mai stati eponimi. Poiché le liste neoassire suggeriscono, come vedremo, che l'onore di essere eponimo spettava ai funzionarî statali di alto rango, ci sembra che i figli e gli altri

[3] Un caso particolare è costituito da Aššur-nādin-apli. Nelle nove attestazioni dell'eponimo che porta questo nome manca sempre la qualifica *šarru* o *uklu*; non è detto quindi che si tratti del re. La sua attestazione in una tavoletta di Tell al-Rimāh, i cui testi risalgono soprattutto ai regni di Salmanassar e di Tukultī-Ninurta, sembra però a favore di questa interpretazione, perché lo inquadra cronologicamente in un periodo in cui grosso modo il suo eponimato sarebbe possibile. Si crea però un problema sul preciso momento del suo eponimato: la mancanza di ogni qualifica induce infatti a pensare che egli fu eponimo prima ancora di essere re (cioè sotto il regno del padre Tukultī-Ninurta), ma questa ipotesi contrasta con quanto detto sopra (si veda anche oltre, al N. 2). Se dunque Aššur-nādin-apli non fu un semplice omonimo del re (ed in tal caso sarebbe stato eponimo sotto il regno di Salmanassar o Tukultī-Ninurta), i casi sono due: o fu eponimo dopo l'ascesa al trono, e cioè nel primo anno del suo regno (sicché la mancanza di titoli sarebbe un puro caso), oppure fu eponimo durante il regno di Tukultī-Ninurta, ed in tal caso si dovrebbe dedurre che questo principe non era destinato alla successione.

parenti del re fossero eponimi perché rivestivano una carica particolarmente importante [4] e non perché fossero familiari del re, anche se, ovviamente, la parentela con il re era stata la ragion prima che aveva procurato loro la carica. Il principe ereditario non rivestiva probabilmente nessuna di tali cariche, sicché non dava il proprio nome ad un anno, se non quando saliva al trono.[5]

B. Funzionarî statali.

Diamo qui sotto l'elenco dei funzionarî statali attestati come eponimi (compresi gli incerti) in ordine cronologico:

Bēr-nādin-aḫḫē	*uklu* (non re)?	parte I, 3
Aššur-iddin	*sukkallu*?	II, 5
Ibašši-ilī	*abarakku*	II, 5
Aššur-šēzibanni	*tartānu*, *šakin* Ninu'a, Kutmuḫi, Niḫri'a	II, 6
Ana-Aššur-qālā	*rab ekalli*	III, 1
Aššur-šumu-lēšir	*šakin māti*	III, 1
Adad-šamšī	*tartānu*?	III, 3 o III, 8
Bābu-aḫa-iddina	*sukkallu?*	III, 3
Rīš-Aššur	*sukkallu*	III, 3
Ištar-idāja?	*šakin* Tušḫan	III, 4
Ninurta-apla-iddina	*rab kiṣri*?	III, 4
Adad-šuma-iddina	*tartānu*	III, 5
Aššur-kāšid	*hassiḫlu ša halṣi* Bīt-zāmâni? *ḫassiḫlu ša* Šibanibe?	III, 6
Aššur-nādin-šumē	*šakin*[	III, 6
Bēr-šumu-lēšir	*qīpu ša šarri*?	III, 8
Kidin-Sîn	*bēl pāḫete* Šuduḫi	III, 6
Lullāju	*tartānu*	III, 6
[ ]	*tartānu*, *rab ekalli*, *abarakku rabi'u*, *šakin* Ab[	III, 7
Ittabši-dēn-Aššur	*qīpu*? *šakin māti*?	III, 8
Libūr-zānin-Aššur	*ša rēš šarri*?	III, 8
Šunu-qardū	*rab šaqi'ē*	III, 8
Urad-Šerū'a	(alto funzionario)	III, 8
Aššur-bēl-ilāni	*qīpu ša šarri*? *šakin māti*? *bēl pāḫete* Aššur?	III, 9
Erīb-Marduk	*bēl pāḫete* Rīšē/Tal[mu]še	III, 9
Kaštiliašu	ex re cassita, *ša rēši*	III, 9
Uṣur-namkūr-šarri	*bēl pāḫete* Kār-Tukultī-Ninurta?	III, 9
Qibi-Aššur	*sukkallu rabi'u*, šar Ḫanigalbat?	III, 9
Urad-Kūbe	*šakin māti*	III, 10
Erīb-Sîn	*rab alāni*?	III, 11
Aššur-mudammeq	*šakin* Ninu'a	III, 12
Ilī-iḫadda	*sukkallu rabi'u*, *šar* Ḫanigalbat?	III, 13
Mardukīja	*šakin* Kutmuḫi	III, 14
Eru-apla-uṣur	*sukkallu rabi'u*, *šakin*/*bēl pāḫete ša* Ḫalaḫḫi	IV, 2
Ištar-tūra?	*abarakku*, *ukil ekalli*	IV, 1

[4] Per Ilī-iḫadda e Mardukīja le cariche rivestite ci sono note.

[5] Gli altri figli, eponimi in grazia della carica rivestita, non erano designati re ma, in teoria, non si poteva escludere che il trono potesse toccare proprio ad uno di loro (in conseguenza della morte o della ribellione del principe ereditario) e che quindi si verificasse il caso di un "doppione" cioè di due anni aventi come eponimo la stessa persona. Pur essendo sempre possibile, noi crediamo che questa eventualità fosse assai remota per i figli di re attestati come eponimi. Oltretutto, ci sono casi di figli di re che furono eponimi sotto il regno non del padre, ma del fratello, quando cioè la linea dinastica aveva già assunto una precisa direzione, che li escludeva.

Ibri-Šarri	*tartānu rabi'u*	IV, 4
Aššur-kettī-šēṣi	*šakin māti?*	IV, 5
Berê	*šakin* Arbā-ili	IV, 5
Erīb-Aššur	*šakin māti*; *šakin* Isani?	IV, 5
Ina-ilīja-allak	*rab šaqi'ē*	IV, 5
Ipparšidu	*rab kiṣri*	IV, 5
Ninurta-apla-iddina	[*rab*?] ^{LÚ}UDU.AMAR^{MEŠ} *ša ekalli*	IV, 5
[ ]	*sukkallu*	IV, 5
Ninu'āju	*rab mākisi*^{MEŠ}	IV, 5
[ ]	*šakin māti*	IV, 5
Šulmānu-šuma-iqīš?	*šakin* Aššur	V

A questo elenco possiamo aggiungere, anche se un po' fuori dal periodo qui considerato:

Ninurta-apla-iddina *rab kiṣri, rab? ḫurādē rabi'ē* [6]

Nonostante le incertezze (alcune delle quali sono tuttavia quasi certezze) possiamo dunque avere un panorama, limitato ma sufficiente, dei funzionarî a cui era concesso l'onore dell' eponimato. Sicuramente era eponimo il *tartānu* ("generale in capo"?; anche *tartānu rabi'u* ["grande"]), il *rab šaqi'ē* ("capo dei coppieri"), lo *šakin māti* ("governatore del paese"), lo *šaknu* ("governatore") di questa o quella città, il *sukkallu* ("ministro"; anche *sukkallu rabi'u* ["grande"]), il *rab* (anche *ukil*) *ekalli* ("sovrintendente del palazzo"), il *rab kiṣri* ("capo della truppa"), il *bēl pāḫete* ("governatore del distretto") di questa o quella città, l'*abarakku* ("amministratore," anche *abarakku rabi'u* ["grande"]) ed altri di minore importanza (il *rab mākisi*^{MEŠ} "capo degli esattori"); il [*rab*?] ^{LÚ}UDU.AMAR^{MEŠ} [7] *ša ekalli* "[capo?] di pastori? del palazzo." Dall'elenco è evidente che né scribi né sacerdoti erano eponimi.[8]

Dagli elenchi neoassiri, che già abbiamo citato a proposito dell'anno di eponimato del re, vediamo che il funzionario che dava il nome al secondo anno di regno di un sovrano era di solito il *tartānu*; seguivano il *rab šaqi'ē* e il *nāgir ekalli* (o viceversa), l'*abarakku*, lo *šakin māti* e poi via via i vari *šaknū* di questa o

[6] Ninurta-apla-iddina è attestato nella stele 17761 (*Stelereihen* 67), che qui riportiamo interamente (cf. anche *RLA* 2,438*b*-439*a*):

ṣa-lam
$^{\text{I d}}$[MAŠ-A-SUM]
GAL [*ki-i*]*ṣ-ri*
x *ḫu-ra-de* [GAL^{e}]
A SU-*Aš+šur*
ša-kín KUR
KUR ^{URU}*I-sa-ni*

Il titolo *rab? ḫurādē rabi'ē* (attestato sempre con il titolo *rab kiṣri*) è più chiaro nella stele 17707 (*Stelenreihen* 57), che riporta il nome di suo figlio Marduk-uballissu, un funzionario (il titolo è perduto) di tiglat-pileser, secondo il testo che riportiamo interamente (cf. anche *RLA* 2,439*a*):

ṣa-lam
^{d}*Marduk*-TI.LA-[*s*]*u*?
šá [ ] *a*
šá $^{\text{I?}}$*Tu*[*ku*]*lti-a*[*pi*]*l*-[É.ŠÁR.R]A
MAN ^{KUR}[O?] [*Aš+šur*]
ša-kìn [^{URU}*I*]-[*sa*]-⌈*ni*⌉
A ^{d}MAŠ-A-SUM^{na}
GA[L]? *ḫu-ra-de* GAL^{e}
G[AL] *ki-iṣ-ri*
A SU-^{d}*A-šur*
ša-kìn ^{URU}[*I-s*]*a-ni-ma*

La datazione di Ninurta-apla-iddina è incerta; si può comunque presupporre che il padre sia l'eponimo Erīb-Aššur, che sembra essere (ved. Cap. II, parte IV, 5) del periodo di Tiglat-pileser I. Ninurta-apla-iddina sarebbe, anche se di poco, posteriore, per cui Marduk-uballissu della stele 17707 sarebbe un funzionario (titolo perduto) di Tiglat-pileser II (ved. linea 4). Cf. in *Assur* 1/2,7.

[7] La citazione è in *AfO* 16, 215*b* N.30, da un testo non pubblicato.

[8] Dalla mancanza di attestazioni di scribi e di sacerdoti deriva che l'ipotesi di lettura *ṭupšarru* o *šangû* per Aššur-iddin della parte II, 5 (cf. in Fine I, 206; *OMA* I,114) è errata.

quella città. Tavolta però compare un *tartānu* anche in un anno posteriore al secondo[9] e d'altra parte i funzionarî che seguono il *tartānu* possono anche mancare. Possiamo dunque considerare gli eponimi medioassiri che portano questi titoli come immediatamente seguenti (almeno con probabilità) il primo anno di regno del re, anche se non possiamo stabilire con sicurezza di quale anno preciso si tratti. Possiamo inoltre (perquanto in casi assai rari) supporre quale fosse la carica da qualche eponimo attestato con il solo nome: ad esempio Qibi-Aššur, eponimo nel secondo anno di regno di Tukultī-Ninurta, era forse un *tartānu rabi'u*, mentre Mušallim-Adad, che dà il nome all'anno successivo, era forse un *rab šaqi'ē* o un *nāgir ekalli*.[10]

Nelle stele di Assur più titoli accompagnano talvolta il nome di alcuni eponimi. Meritano dunque una considerazione a parte. I casi di funzionarî delle stele che hanno più titoli sono i seguenti:
1. Aššur-šēzibanni, il cui nome è seguito dai titoli *tartānu* e *šaknu* di Ninive, Kutmuḫi e Niḫri'a.
2. Un anonimo che fu *tartānu*, *rab ekalli*, *abarakku rabi'u* e *šaknu* di Ab[.
3. Eru-apla-usur, *sukkallu rabi'u* e *šaknu* (altrove *bēl pāḫete*) di Ḫalaḫḫi.
4. Ištar-tūra, *abarakku* e *ukil ekalli*.
Ad essi possiamo aggiungere auche Ninurta-apla-iddina, *rab kiṣri* e *rab*? *ḫurādē rabi'ē*, che abbiamo considerato sopra (ved. *nota* 6).

Di fronte a tale assommarsi di cariche viene da chiedere quale sia stata quella che ha dato all'illustre personaggio il diritto di essere eponimo.

Ci sembra, anzitutto, che i funzionarî qui sopra citati non abbiano avuto queste cariche contemporaneamente; è piuttosto dubbio infatti che potessero essere conciliabili i diversi impegni che ne derivavano. Ogni carica era quindi una tappa di una fortunata carriera, sicché i casi riportati costituiscono quasi un esempio di *cursus honorum* dell'epoca. Se è così, è probabile che le cariche siano riportate in ordine di importanza, e quindi anche in ordine cronologico di acquisizione. Due eponimi hanno infatti come primo titolo quello di *tartānu*, che rappresenta, abbiamo visto, la carica più importante dopo il re, tanto che il *tartānu*, stando alle liste neoassire, dava il nome al secondo anno del regno.

Possiamo così dunque ricostruire la carriera degli eponimi che abbiamo citato. Scegliendo, come esempio, il primo, vediamo che costui fu prima governatore di Niḫri'a, città situata presso Kutmuḫi,[11] poi del più vasto Kutmuḫi, poi della più importante Ninive, ed infine "generale in capo". Così possiamo fare per gli altri, tre dei quali partirono dalla carica di *šaknu* (di una città o di un paese), che era certamente assai importante ma che costituiva però anche il punto di partenza per ulteriori e più ambiti onori.

Di solito l'eponimo apparteneva ad una famiglia illustre, che aveva già dato alti funzionarî al paese. Ciò risulta chiaramente dalle stele di Assur, di cui riportiamo alcuni esempi:
1. Urad-Kūbe, *šakin māti*, era figlio di un *šakin māti* (altrove *qīpu ša šarri*) e nipote di un *šakin māti*.
2. Aššur-mudammeq, *šaknu* di Ninive, era pronipote? di un *sukkallu rabi'u* e *šar* Ḫanigalbat.
3. Mardukīja, *šaknu* di Kutmuḫi, era figlio di un *sukkallu rabi'u* e *šar* Ḫanigalbat.
4. Eru-apla-usur, *sukkallu rabi'u* e *šaknu* di Ḫalaḫḫi, era figlio di uno *šaknu* di Ninive.
5. Un anonimo *sukkallu* era figlio di un *sukkallu rabi'u*.

Gli esempi non si fermano qui, se aggiungiamo i dati probabili, anche se non assolutamente certi (es. l'eponimo Lullāju, *tartānu*, era forse figlio dell'eponimo Adad-šuma-iddina, *tartānu*); interessante anche il caso di Marduk-uballissu, anche se costui fu eponimo in un periodo successivo a quello qui considerato:[12] era un *šaknu* di Isani, figlio di un *rab kiṣri* e *rab ḫurādē rabi'ē*, e nipote di un *šaknu* di Isani.

Accanto ai casi riportati, ci sono però nelle stele anche casi in cui il nome del padre del funzionario-eponimo non è accompagnato da titoli. Non è detto, con ciò, che il padre non fosse un personaggio illustre, perché l'uso di riferire i titoli dei padri non doveva essere necessariamente una norma; ci sono

[9] Ved. *RLA* 2, soprattutto a p. 430.

[10] Tra gli eponimi medioassiri non è attestato alcun *nāgir ekalli*, noto comunque in questo periodo da altre fonti: ved. ad es. in *AfO* 17,276:49.

[11] Cf. *ARMT* 15,130.

[12] Ved. *nota* 6.

anzi casi in cui non viene riportato nemmeno il titolo del funzionario-eponimo.[13] Interessante è comunque il caso di un funzionario nella cui stele è riportato, molto probabilmente, il nome della madre, non del padre.[14]

Data l'importanza della primogenitura, è ovvio che molto spesso gli eponimi erano i primogeniti. Di solito infatti il termine "figlio" è rappresentato nelle stele con l'ideogramma A (*aplu*, "primogenito"); i pochi casi in cui l'ideogramma è DUMU (*māru*, "figlio")[15] sembrano dunque indicare che il funzionario-eponimo era un cadetto. Nei contratti, invece, quando il nome dell'eponimo è accompagnato dal nome del padre, il termine "figlio" è sempre DUMU, che viene usato quindi in questi casi senza uno specifico valore distintivo. Ci saranno stati comunque altri casi di funzionarî cadetti, oltre a quello già citato a proposito delle stele; ad esempio sarà stato cadetto (se non vogliamo pensare ad un caso di gemellanza)[16] uno dei due fratelli eponimi Ištar-ēriš e Qibi-Aššur; anzi, se fu eponimo, come sembra, anche un terzo fratello (Ubru), i cadetti furono due.

Un caso particolare è dato dal testo *Assur* 14886 i:[17] l'eponimo è Kaštiliašu, il cui nome ricorda immediatamente Kaštiliaš IV, il re cassita di Babilonia vinto e catturato da Tukultī-Ninurta. Il Weidner[18] ha formulato l'ipotesi che l'eponimo fosse lo stesso re, assurto con l'andar del tempo ad un elevato grado di importanza presso la corte assira. Di diverso parere è H. A. Fine, che attribuisce il testo al periodo di regno di Ninurta-tukul-Aššur.[19] Questa datazione è da escludere, perché l'archivio *Assur* 14886, cui appartiene il testo, conteneva documenti non successivi al regno di Tukultī-Ninurta;[20] la citazione della città Kār-Tukultī-Ninurta alla linea 6 fa escludere a sua volta ogni periodo precedente al regno di questo re. E' quindi certo che il testo è stato redatto all'epoca di Tukultī-Ninurta, dopo la fondazione della sua città e quindi dopo la vittoria sui Cassiti di Kaštiliaš IV. Inoltre un testo *VAT* inedito (ved. *sub* Kaštiliašu Cap. II parte III, 9) sembra fare propendere per l'identificazione dell'eponimo con il re sconfitto, piuttosto che con un suo omonimo (cioè un cassita presente da tempo alla corte del re assiro, presso cui divenne funzionario grazie a particolari meriti acquisiti).[21]

Poiché è la carica importante che fa acquisire l'onore dell'eponimato, ne deriva che altre persone, attestate con i titoli che abbiamo riportato ma non in funzione di eponimi, potrebbero essere state eponimi anch'esse.

Si può ricostruire dunque un ulteriore ma ipotetico elenco di eponimi, che qui non è il caso di riportare.[22]

Un altro elenco di possibili eponimi potrebbe essere ricostruito in via del tutto ipotetica dal nome dei padri di eponimi. Abbiamo appena visto infatti che dalle stele di Assur si nota che padri (ed anche nonni) di eponimi hanno rivestito una carica politica particolarmente importante, che in certi casi risulta corrispondente a quella del figlio (o nipote). Viene dunque da pensare che, se toccò al figlio l'onore di dare il proprio nome ad un anno in grazia dell'alta carica rivestita, anche il padre e il nonno, che rivestitono anch'essi la stessa (o un'altra) carica, possono aver avuto in precedenza il medesimo onore. In numerosi casi abbiamo constatato inoltre che sono attestati nomi di eponimi identici a quelli di padri di eponimi. Si aggiunga che ci sono due casi sicuri da cui risulta che sia il padre che il figlio furono eponimi:[23]

[13] Es. *Stelenreihen* 61, 71, 79, 86 ecc.

[14] Eponimo Ninurta-apla-iddina; ved. *AIUON* 33 = *NS* 23, 280-281.

[15] Ved. *AIUON* 33 = *NS* 23, 279.

[16] Se consideriamo che le persone affidate a Ištar-ēriš, Ubru e Qibi-Aššur (ved. H. Hirsch, *Zwei mittelassyrische Protokolle über die Gestellung von Dienstmannen*, *AfO* 23 [1970] 79 sgg.) possono essere state parti di eredità proporzionalmente divise (cf. H. Freydank, *Das mittelassyrische Protokoll VAT 15536*, *AOF* 1 [1974], 263; C. Saporetti, *Nota su una divisione di eredità*, *AIUON* 35 =NS 25 [1975], 254) è escluso il caso di due primogeniti gemelli, perché a Ištar- ēriš è affidato un numero di persone assai più elevato che ai fratelli.

[17] Pubblicato in *AfO* 13, Tav. 7.

[18] E. F. Weidner, *Studien zur Zeitgeschichte Tukulti-Ninurtas I*, *AfO* 13 (1939-41),122-123.

[19] Fine II, 127-128.

[20] *OMA* II, 33, 38-39 (archivio *Assur* 14886).

[21] O addirittura un assiro, figlio di un assiro e di una cassita. Cf. il caso di un importante funzionario di nome cassita, Meli-Saḫ, *bēl pāḫete* di Naḫur, *ANLR* 25/7-12 (1970), 449.

[22] Cf. l'elenco in *OMA* II, 230 sgg.

[23] Cf. *OMA* II,72.

1. Aššur-nādin-šumē (*šaknu*, figlio di Aššur-le'i) e suo figlio Bēr-nādin-apli.
2. Abī-ilī (figlio di Aššur-šumu-lēšir) e suo figlio Aššur-dammeq.

Possiamo aggiungere il caso molto indicativo, anche se di poco posteriore al periodo qui considerato, di Ninurta-apla-iddina (*rab? ḫurādē rabi'ē* e *rab kiṣri*, figlio di Erīb-Aššur) e suo figlio Marduk-uballissu, *šaknu* di Isani come il nonno.[24] Ci sono inoltre parentele che possiamo considerare probabili, anche se non certe: ad esempio Lullāju e Adad-šuma-iddina (rispettivamente figlio e padre), ed Urad-Kūbe, Aššur-bēl- ilāni e Ittabši-dēn-Aššur (rispettivamente figlio, padre e nonno). Possiamo infine considerare come ugualmente indicativi anche i casi di eponimi fratelli, quali Ištar-ēriš e Qibi-Aššur (e forse anche Ubru), che abbiamo avuto già modo di nominare, senza contare i casi, già trattati a parte, dei figli dei re.

Non è certo impossibile dunque che molti padri di eponimi siano stati eponimi anch'essi; in particolare non è da escludere che coincidano con quegli eponimi che portano lo stesso nome, quando si verificano questi casi di omonimia e quando, naturalmente, la cronologia lo permette.[25]

Nella maggior parte dei casi gli eponimi rimangono per noi (se non sono, ovviamente, dei re) solo pure e semplici denominazioni di anni, non molto diverse dai numeri che usiamo ora. Al di fuori di un contesto, essi ci appaiono dunque assai meno vivi e reali di tante altre persone contemporanee, di cui conosciamo azioni ed affari. I titoli che per qualcuno di essi ci sono noti non servono naturalmente molto a personalizzarli, anche se l'incarico particolare rivestito da ognuno riesce almeno a caratterizzarlo e distinguerlo dagli altri. Un po' di più (ma sempre con molta insufficienza) servono le genealogie con i titoli del padre (e talvolta anche del nonno), che inquadrano l'eponimo nel contesto di una famiglia, di cui viene delineata, sia pure in modo estremamente sintetico, la storia. Sono invece scarsissime altre notizie, che ci possano permettere di considerare un eponimo più come uomo che come fredda denominazione di un anno. Riportiamo qui sotto i pochi dati certi che ci danno qualche luce sull'attività pubblica e privata di alcuni eponimi:

1. Kidin-Sîn, figlio di Adad-tēja, citato come eponimo in *Billa* 1 e funzionario nelle stele 19318 (*Stelereihen* N.132). In *KAJ* 109, nella qualità di *bēl pāḫete* di Šuduḫi riceve orzo dal *bēl pāḫete* da Naḫur per distribuirlo a persone hurrite deportate, giunte a Šuduḫi.[26]

Lo stesso Kidin-Sîn è citato anche in *KAJ* 275, un testo rovinato, che ci offre ben poco. Si tratta di un elenco di beni[27] cui seguono nomi di persona. Poiché i beni sembrano sempre gli stessi, o comunque della stessa natura, potrebbero essere offerte portate per una occasione particolare, anche religiosa. Kidin-Sîn è appunto tra questi offerenti (forse a nome di tutto il distretto di Šuduḫi?).

2. Due interessanti documenti riguardano tre fratelli, che abbiamo già avuto modo di nominare:[28] Ištar-ēriš, Qibi-Aššur e Ubru, figli di Šamaš-aḫa-iddina. Ad essi sono affidati diversi contingenti di persone, tra cui anche donne e bambini, dei quali devono rendere conto ad incaricati del re.
3. Eru-apla-uṣur, che nella stele 19152 (*Stelenreihen*, N. 128) oltre al titolo *sukkallu rabi'u* porta quello di *šakin* Ḫalaḫḫi, è evidentamente lo stesso Eru-apla-uṣur *bēl* di Ḫalaḫḫi di *KAJ* 191. Questo testo registra due offerte di montoni a Ninurta-tukul-Aššur. Come già sopra Kidin-Sîn, vediamo ora anche Eru-apla-uṣur in veste di offerente.

Assai più circonstanziate e di portata più ampia potrebbero essere invece altre notizie su eponimi, ma non siamo sicuri che le persone a cui si riferiscono e gli eponimi che portano lo stesso nome debbano essere identificati. Ne riportiamo qui sotto, brevemente, qualche esempio:

1. Se l'eponimo Bābu-aḫa-iddina fosse effettivamente l'importante funzionario che aveva lo stesso nome, attivo al tempo di Salmanassar, conosceremmo molto della sua attività soprattutto grazie alle numerose lettere che lo vedono come mittente, o che ebbero come mittenti e destinatari persone a lui legate.[29]
2. Se l'eponimo Urad-Šerū'a fosse effettivamente l'importante funzionario che aveva lo stesso nome,

[24] Ved. *nota* 6.
[25] Ved. parte I con *nota* 30.
[26] Ved. *ANLR* 25/7-12, 437-439.
[27] Leggibili GIŠ.ŠE.ḪAR (ved. *ŠL* 367, 199-200), KUŠ ("pelle") e UDU.MÁŠ^{MEŠ} ("agnelli").
[28] Ved. bibliografia alla *nota* 16.
[29] Ved. E. Ebeling, *MAOG* 7/1-2 (1933), 1 sgg.; Fine I, 259 sgg.; C. Saporetti, *AIUON* 30=NS 20 (1970), 143 sgg.

attivo al tempo di Salmanassar, conosceremmo molti aspetti dell'attività sua e di alcuni suoi familiari grazie ai documenti dell'archivio Assur 14327.[30]
3. Se l'eponimo Aššur-kāsid fosse effettivamente l'importante funzionario che aveva lo stesso nome, attivo al tempo di Salmanassar, conosceremmo molti aspetti dell'attività sua e di alcuni suoi familiari grazie ai documenti rinvenuti a Tell Billa.[31]

A questi casi vanno naturalmente aggiunti numerosi altri, dai quali potremmo trarre notizie sull'attività di alcuni eponimi, anche se di portata assai minore: ad esempio è possibile che l'eponimo EN.TI-nāṣir sia l'omonimo personaggio citato nello stesso testo datato con il suo nome, perché l'antroponimo EN.TI-nāṣir è presente solo qui; si aggiungano tutti i casi di ipotetiche identificazioni tra eponimi e alti funzionarî che portano lo stesso nome: Aššur-bēl-ilāni, Libūr-zānin-Aššur, Ilī-iḫadda, ecc. Si tratta però di ipotesi in attesa di conferma, sicché gli spiragli sulla vita di qualche eponimo rimangono necessariamente limitati a qualche caso particolare.

[30] Ved. Fine I, 230 sgg.; C. Saporetti, *SMEA* 11 (1970), 149 e *ANLR* 25/7-12, 444 sgg.
[31] Ved. J. J. Finkelstein, *JCS* 7 (1953), 116 sgg.

CAPITOLO II

GLI EPONIMI E I DOCUMENTI

PARTE I

EPONIMI E DOCUMENTI DEL XV SECOLO A. C.

I, 1

Periodo di regno di Aššur-nīrārī II

(1424-1418)

AŠŠUR-MUTAKKIL figlio di Adad-ēriš

Eponimo in *KAJ* 177 = *Assur* 14446. Linee 18-20 (data):

> ITU *Qar-ra-a-tu*$_4$ U$_4$ X KÁM
> *li-mu* ^{I} ^{d}*A-šur-mu-ta-ki-il*
> DUMU ^{d}IM-KAM^{iš}

Datazione in Fine I, 189-190. Il documento è una assegnazione di terreno del re Aššur-nīrārī II. cf. anche *NKRUA*, 6.

I, 2

Periodo di regno di Aššur-bēl-nišēšu *ante quem non*,

o Periodo posteriore (1417-...)

Elenco degli Eponimi in ordine alfabetico

BĒL-QARRĀD figlio di Ašāmša?

Eponimo in *KAJ* 22 = *Assur* 14446. Linee 23-25 (data):

> ITU *ša ke-na-ti* U$_4$ XXIII KÁ[M]
> *li-mu* ^{I}EN-UR.SAG
> D[UMU] *A-šam*$^{?}$*-ša*$^{?}$

Datazione in Fine I, 192, basata sulla comunanza di persone con *KAJ* 50 e *KAJ* 162 (ved. oltre s.v. Šamaš-kidinnu); cf. *OMA* II, 36. La lettura del nome del padre è incerta.

MANNU-BAL-AŠŠUR[1]

Eponimo in *KAJ* 172 = *Assur* 14987. Linee 21-22 (data):

> ITU *Mu-ḫur*-DINGIR^{MEŠ} U$_4$ XXVI KÁM
> *li-mu* ^{I}*Ma-nu-bal*$^{!}$-^{d}*A-šur*

[1] Riguardo al nome di persona del tipo Mannu-  -ND, siamo propensi a seguire il Weidner (*AfO* 24, 121). In *OMA* avevamo seguito invece *CAD* (*G*, 63*b*: Mannu-gír-GN per *KAJ* 172:22) e *AHw* (287*a*: *gér*!, con riferimento ai nomi in *MAOG* 13/1, 58), scrivendo BAL (perché tale è il segno), che poteva forse trovare una vaga giustificazione in lú.<ga>.ba.al.dù = *ga-ru-ú* *CT* 19,17 II 31. Se da una parte la scrittura Mannu-*ba-al/la*-ND non è attestata in mA, mentre è attestata la scrittura Mannu-*ge-er*-ND, è anche vero che non esiste alcuna persona che abbia il proprio nome scritto nell'una e nell'altra maniera; si aggiunga che il valore *gír* non è attestato in mA (ved. *AS* 9) e che quand'anche lo fosse, sembra veramente strano che in tutti i casi troviamo scritto *bal* e non *gír*, giacché i segni sono sì molto simili, ma non tali da giustificare una confusione costante in testi diversi. Il parállelo dei nomi di Nuzi, menzionato dal Weidner, oltre naturalmente a quelli forniti da tutta l'onomastica accadica (cf. *CAD B*, 71*a* e *G*, *cit.*), permette dunque uno sdoppiamento, anche in considerazione del fatto che la preposizione *balu* in mA è in genere ben attestata.

Datazione in Fine I,190, nel regno di Aššur-bēl-nišēšu, basata sull'attestazione del nome del re alla l.3. In *OMA* II, 39, abbiamo notato che questa attestazione non prova necessariamente che il testo risalga a questo sovrano: si tratta infatti della cessione di un documento di proprietà donato tempo prima dal sovrano. Si aggiunga la comunanza della persona Būr-šar figlio di Bēlīja con *KAJ* 175:10, testo fatto risalire dallo stesso Fine al periodo di Aššur-uballiṭ. Tali considerazioni giustificano la datazione, più vaga ma più prudente "regno di Aššur-bēl-nišēšu *ante quem non*", non posteriore comunque al regno di Aššur-uballiṭ.

ŠAMAŠ-KIDINNU figlio di Adad-da'iq

Eponimo in *KAJ* 162 = *Assur* ? Linee 29-31 (data):

[ITU *A-bu*?]-LUGAL $^{?meš}$ U$_4$ XVIII KÁM
[*li-mu* ^{Id}]UD-*ki-di-nu*
[DUM]U ^{d}IM-*da-iq*

Datazione in Fine I, 190, nel regno di Aššur-bēl-nišēšu, basata sulla attestazione del nome del re alle linee 2 e 8. In *OMA* II, 36, è notato che questa attestazione non prova necessariamente che il testo risalga a questo sovrano, perché fa riferimento a due tavolette precedentemente stilate e recanti il sigillo del re. La datazione "regno di Aššur-bēl-nišēšu *ante quem non*" è quindi più giusta e più prudente. Conseguentemente, la medesima datazione è da applicare a *KAJ* 22 (ved. sopra) e *KAJ* 50 (ved. oltre) che hanno comunanza di persone con *KAJ* 162.

[NP] figlio di]di

Eponimo in *KAJ* 50 = *Assur* 14446. Linee 23-24 (data):

[ITU NM] U$_4$ XXIX KÁM
[*li-mu* NP DUMU]-*di*

Datazione in Fine I, 192, basata sulla comunanza di persone con *KAJ* 162 (e *KAJ* 22), ved. sopra. Cf *OMA* II,36.

I, 3

Periodo di regno di Aššur-rīm-nišēšu

(1408-1401)

Elenco degli Eponimi in ordine alfabetico

BĒR-NĀDIN-AḪḪĒ *uklu*[2]

Eponimo in *KAJ* 174=*Assur* 14446. Linee 9'-11' del verso (data):

ITU *Qar-ra-a-tu*$_4$ U$_4$ II KÁM
li-mu ^{Id}*Be-er-na-din*-ŠEŠ^{MEŠ}
DUMU ^{d}*A-šur-ni-ra-ri* UGULA^{li}

Eponimo in *VDI* 80, 71. Linee 13-14 (data):

[ITU *ša*] *ke-na-ti* U$_4$ XII KAM
[*li-mu* ^{Id}]*Be-er-na-din*-ŠEŠ^{MEŠ}

Eponimo nel testo non pubblicato *Assur* 9840, citato in *AfO* 13, 313*b*.

2 Il titolo *uklu* è strano, perché viene dato ai re e Bēr-nādin-aḫḫē non fu tale. Non vorremmo quindi escludere che in *KAJ* 8, testo in cui gli viene attribuito questo titolo, sua stato dimenticato il nome del padre, cioè del re Aššur-nīrārī (cf. *KAJ* 174). Sull'ipotesi che sia stato re, non menzionato nelle liste dei re assiri, ved. *ARI* 1,37 *n*.89a.

Eponimo in *AO* 19228>Linea 34 (data):

^{d}*Be]-er-na-din*-*ŠEŠ* (Bēlat-ekalli,2).

Identificabile con il padre di Ibašši-ilī[3] ed *uklu* in *KAJ* 8 = *Assur* 14446. Linee 24-26 (testimoni):

KIŠIB (s i g i l l o) $^{I\,d}$UD-*ki-di-ni*
IGI ^{d}UD-*ki-di-nu* DUMU Ì.GÁL-DINGIR
DUMU ^{d}*Be-er*-SUM-*a-ḫe* UGULA

Cf. le linee 33-34 (scriba):

IGI ^{d}EN.LÍL-////SIG$_5$ DUB.SAR
DUMU ^{d}UD-*ki-di-ni* DUMU Ì.GÁL-DINGIR

Padre di Ibašši-ilī in *KAJ* 64 = 68 = *Assur* 14446. Linea 3 (contraente):

^{I}Ì.GÁL-DINGIR DUMU ^{d}[*B*]*e*-⌜*er*⌝-*n*[*a-d*]*in*-ŠEŠ^{MEŠ}

Dai dati sopra riportati si ricava la seguente genealogia (cf. *OMA* I,178-179):

Aššur-nīrārī *uklu*
|
Bēr-nādin-aḫḫē *uklu* e *līmu*
|
Ibašši-ilī contraente (presta 12 *emārū* di orzo)
|
Šamaš-kidinnu, testimone
|
Ellil-mudammeq *ṭupšarru*

Datazione in Fine I, 190, basata sulla identificazione del padre dell'eponimo con Aššur-nīrārī II anziché Aššur-nīrārī III, dietro considerazione del fatto che *KAJ* 8 (attestati nipote e pronipote dell'eponimo) risale al regno di Aššur-uballiṭ I (ved. Parte II, 5) e *KAJ* 64 = 68 (attestato il figlio dell'eponimo) risale al regno di Erība-Adad I. (ved. Parte II, 2). La contemporaneità del testi *KAJ* 174 e *KAJ* 132 (ved. oltre, Ṭāb-Aššur), porta a datare l'eponimo sotto il regno di Aššur-rīm-nišēšu. In via ipotetica, tra i varî omonimi si potrebbe pensare al padre dell'eponimo Kidin-Kūbe (Parte II, 5) per una identificazione; inoltre il figlio Ibašši-ilī potrebbe essere il padre dell'eponimo Ellil-qarrād; ved. *OMA* II,53-55 per la ricostruzione di ipotetiche genealogie. Possibile forse l'identificazione con l'eponimo Bēr-nādin (ved. s.v. Bēr-nādin-apli, parte III, 7).

IQ[IŠ-]

Eponimo in *KAJ* 46 = *Assur* 14886. Linee 18-19 (data):

ITU *ša sa-ra-ti* U$_4$[ ]KÁM
li-mu ^{I}*I-q*[*í*-][4]

Datazione in *OMA* II,39, basata sul fatto che una persona citata nel testo è attestata anche in *KAJ* 37 e *KAJ* 85 (ved. oltre, Ṭāb-Aššur e Ṭāb-Ištar).

ŠAMAŠ-BĒLA-UṢUR ?

Incerto se eponimo in *KAJ* 139 = *Assur* 14446. Linea 22′, sotto una impronta di sigillo:

[ ] ^{d}UD-EN-*ú-ṣur*

[3] E. Ebeling, *MAOG* 13/1, 23; E. F. Weidner, *AfO* 13,313b; Fine I, 190 *nota* 7.
[4] Possibili le letture Iqīš+nome di divinità, Iqīšēja e Iqīšanni.

Datazione in Fine I, 191, basata sulla comunanza di persone con *KAJ* 132 (ved. oltre, Ṭāb-Aššur).

ṬĀB-AŠŠUR

Eponimo in *KAJ* 37 = *Assur* 14886. Linee 21-23 (data):

> ITU ᵈNIN-É.GAL*ˡⁱ*
> U₄ XXVII KÁM *li-mu*
> ᴵ*Ṭà-ab-ᵈA-šur*

Eponimo (o padre di un eponimo?) in *KAJ* 132 = *Assur* 14446. Linee 26-28 (data):

> [IT]U *Al-la-na-tu₄*
> [U₄] XVII KAM *li-mu*
> [ ] ᴵ*Ṭà-áb-ᵈA-šur*

Eponimo in *MARV* 41 = *Assur* 14446 c. Linee 14-16 (data):

> ITU ᵈNIN-É.GAL*ˡⁱ*
> U₄ VII KAM *li-mu*
> ᴵDÙG.GA-ᵈ*A-šur*

Prima datazione in Fine I, 191, 192 *nota* 10, basata sul fatto che *KAJ* 132 ha comunanza di scriba e di un nome geografico con *KAJ* 174 (eponimo Bēr-nādin-aḫḫē); cf. anche *OMA* II, 38. Poiché Bēr-nādin-aḫḫē era stato datato dal Fine nel periodo compreso tra i regni di Aššur-nīrārī II e Aššur-bēl-nišēšu, di conseguenza sia Ṭāb-Aššur che gli altri eponimi di questa Parte I, 3 sembravano risalire a questo stesso periodo, essendo i testi contemporanei. Il testo *MARV* 41, che si è aggiunto ultimamente alle nostre conoscenze, è una concessione di beni da parte del re Aššur-rīm-nišēšu, per cui l'eponimo Ṭāb-Aššur deve essere collocato nel periodo di regno di questo re. Tale datazione va estesa, di conseguenza, agli altri eponimo contemporanei, compreso Bēr-nādin-aḫḫē, anche se è sempre ammissibile per essi una collocazione cronologica nel periodo di regno di un sovrano immediatamente precedente o seguente.

ṬĀB-IŠTAR

Eponimo in *KAJ* 85 = *Assur* 14886. Linee 29-30 (data):

> [ITU] MÍ.EN-É.GAL U₄ XIV KAM
> *li-mu* ᴵ*Ṭà-bi-*ᵈ⌜XV⌝

Datazione in Fine I, 192 *nota* 10 e *OMA* II, 38, basata sulla comunanza di una persona (Rīš-Aššur, *OMA* I, 382) tra *KAJ* 85 e *KAJ* 37 (anche *KAJ* 46). Ved. sopra, Iq[iš- e Ṭāb-Aššur.

URAD-ŠERŪ'A ved. Parte III, 8 (al punto N. 3).

PARTE II

EPONIMI E DOCUMENTI DEL XIV SECOLO A. C.

II, 1

Periodo di regno di Erība-Adad *post quem non*

Elenco degli eponimi in ordine alfabetico

KIDIN-ELLIL ved. Parte III, 4 e s.v. Aššur-mušezib (Parte II, 2)

URAD-ŠERŪ'A ved. Parte III, 8 (al punto N. 4)

II, 2

Periodo di regno di Erība-Adad I

(1390-1364)

Elenco degli Eponimi in ordine alfabetico

AŠŠUR-BĒL-KALA ved. oltre, sequenza B.

AŠŠUR-LE'I figlio di Ibašši-ilī e nipote di Šūzub-[

Eponimo in *KAJ* 20 = *Assur* 14446. Linee 27-29 (data):

ITU *ša ke-na-ti* U_4 XI KAM
li-mu [I d]*A-šur-le-i*
DUMU Ì.GÁL-DINGIR DUMU *Šu-zu-u*[*b-*

Eponimo in *KAJ* 183 = *KAV* 93 = *Assur* 14446. Linee 8-9 (data):

ITU *A-bu*-LUGAL[MEŠ] U_4 XI KÁM
li-mu [I d]*A-šur-le-i*

Eponimo in *VAT* 9013 (testo inedito, già citato in *AfO* 13, 312*b*, prossimamente pubblicato in *MARV* II, 32; cortese informazione di H. Freydank). Linee 19-21 (data):

⌜ITU⌝ *Kal-mar-*⌜*tu*⌝
⌜U_4⌝ XXIX KAM *li-mu*
[I d]*A-šur-le-i* DUMU Ì.GÁL-DINGIR

Datazione in Fine I, 194, basata sul fatto che *KAJ* 183 = *KAV* 93 è una annotazione di cessione di orzo da parte del re Erība-Adad. Ragioni di cronologia portano ad escludere che l'eponimo sia il padre di Aššur-nādin-šumē (Parte III, 6) e il nonno di Bēr-nādin-apli (Parte III, 7); cf. comunque *OMA* II, 55 per le possibilità di parentele.

AŠŠUR-MU/ŠUMU/ŠUMA-[ved. Digla-[

AŠŠUR-MUŠAKŠID ved. oltre, sequenza B.

AŠŠUR-MUŠĒZIB figlio di Kidin-Ellil

Eponimo in *KAJ* 14 = *Assur* 14446. Linee 26-28 (data):

[IT]U *Al-la-na-tu₄* U₄ I KAM
[*l*]*i-mu* ¹ ᵈ*A-šur-mu-še-zi-ib*
DUMU *Ki-din*-ᵈEN.LÍL

Eponimo in *KAJ* 148 = *Assur* 14446. Linee 38-40 (data):

[ITU] *Kal-mar-tu*[1] U₄ XXVIII KÁM
[*l*]*i-mu* ¹ ᵈ*A-šur-mu-še-zi-ib*
DUMU *Ki-din*-ᵈEN.⌜LÍL⌝

Datazione in Fine I, 198, basata sulla comunanza dello scriba fra *KAJ* 14 e *KAJ* 20 (ved. sopra, Aššur-le'i) e di un testimone fra *KAJ* 14 e *KAJ* 64 (ved. sopra, Aššur-bēl-kala). Se suo padre è l'eponimo Kidin-Ellil (Parte III, 4), bisogna notevolmente anticipare la datazione di quest'ultimo (almeno alla Parte II, 1).

AŠŠUR-QARRĀD ved. Parte II, 3.

DIGLA-[

Eponimo in *KAJ* 1 = *Assur* 14446. Linee 35-36 (data):

ITU *Mu-ḫur*-DINGIRᴹᴱŠ U₄ XXIII [KAM/KÁM]
[*li*]*-mu* ¹ ᵈ ᴵᴰ⌜IDIGNA⌝-[

Datazione in Fine I, 197, basata sulla comunanza di una persona con *KAJ* 147 (ved. oltre). Nella copia in *KAJ* si legge ᵈ*A-šur*-MU-[(*AfO* 13, 313*a*). La lettura che riportiamo è dovuta ad una collazione di H. Freydank, eseguita in accordo con il Vorderasiatisches Museum di Berlino.

ELLIL-QARRĀD figlio di Ibašši-ilī

Eponimo in *KAJ* 160 = *Assur* 14446. Linee 25-26 (data):

ITU *Ku-zal-lu₄* U₄ V KÁM *li-mu*
¹ ᵈEN.L[Í]L-UR.SAG DUM[U] ⌜I⌝.[GÁ]L DINGIR

Datazione in Fine I, 194, con rinvio a Ebeling, *MAOG* 7/1-2, 77, basata sulla presenza del nome del re Erība-Adad alla linea 8. È nominato anche Aššur-uballiṭ in veste di principe. Forse il padre Ibašši-ilī è il figlio di Bēr-nādin-aḫḫē (cf. I, 2)? Cf. *OMA* II, 54-55.

ERĪBA-ADAD ved. oltre, sequenza A.

ERĪB-AŠŠUR

Eponimo in *KAJ* 179 = *Assur* 14446. Linee 30-32 (data):

ITU ᵈNIN!-⌜É⌝.GAL U₄ I KÁM
li-mu E-rib-ᵈ*A-šur*

Datazione in Fine I, 198, basata sulla presenza dello stesso testimone in questo testo e in *KAJ* 14 (ved. sopra, Aššur-mušēzib). Forse è padre dell'eponimo Išme-Aššur (Parte II, 5) e nonno dell'eponimo Aššur-nāṣir (Parte II, 4); cf. *OMA* II, 56. Non sappiamo se si tratta dello stesso eponimo di *MARV* 20, linee 25-26 (data):

ITU *ša ke-na-ti* U₄ XXIV KÁM
li-mu ¹*E-rib*-ᵈ*A-šur*

Cf. l'omonimo Erīb-Aššur nella Parte IV, 5.

[1] Per la lettura del nome del mese ved. V. Donbaz, *JCS* 24/1-2 (1971), 28.

[NP] figlio di]-Aššur-[

Eponimo in *KAJ* 147 = *Assur* 14446. Linee 32-34 (data):

> [ITU *ša/šá*] *ke-na-t*[*i* U_4 N. KAM/KÁM]
> [*li-mu* ¹] ᵈ[
> [DUMU x x ᵈ]*A-šur* [

Datazione in Fine I, 195-197, basata sul fatto che il venditore appartiene al ramo più antico della famiglia di Labūnīja (cf. anche in *OMA* I, 298), i cui componenti sono attestati nel periodo Erība-Adad—Aššur-uballiṭ.

Elenco degli Eponimi secondo la sequenza cronologica

A. Re Erība-Adad, presumibilmente eponimo nel suo primo anno di regno.

ERĪBA-ADAD *uklu*, **padre degli eponimi Bērūtu, Abu-ṭāb, Ellil-nīrārī** *uklu*; **nonno dell'eponimo Ša-Adad-nēnu**

Incerto se eponimo in *KAJ* 35 = *Assur* 14446. Ved. Parte II, 4, [NP] figlio di Erība-Adad.

B. La sequenza Aššur-mušakšid→Aššur-bēl-kala è dovuta al testo *KAV* 209, datato con Aššur-bēl-kala, che riporta una data precedente:

> l. 3: *ša* ⌜*li-me*⌝ ᵈ*A-šur-*ᵐᵘKUR*ᶦᵈ*
> l. 9(data) *li-mu* ¹ ᵈ*A-šur-*EN-*ka-la*

AŠŠUR-MUŠAKŠID

Eponimo in *KAV* 209. Linea 3 (data all'interno del testo; cf. sopra, B.):

> ⌜*li-me*⌝ ᵈ*A-šur-*ᵐᵘKUR*ᶦᵈ*

Datazione in Fine I, 195, basata sulla presenza del sigillo del re Erība-Adad (*KAV*, XI).

↓

AŠŠUR-BĒL-KALA

Eponimo in *KAJ* 64 = 68 = *Assur* 14446. Linee 24-26 (data):

> [ITU *Qa*]*r-ra'-t*[*i*]
> U_4 XXIII KAM *li-mu*
> ¹ ᵈ*A-šur-*EN-*k*[*a'-la*]

Integrazione anche in *AfO* 13,312; *RLA* II, 442*b*; Fine I, 195.

Eponimo in *KAV* 209. Linee 8-9 (data; cf. sopra; B.):

> ITU *ša sa-ra-ti* U_4 XXI KAM
> *li-mu* ¹ ᵈ*A-šur-*EN-*ka-la*

Datazione in Fine I, 195 (ved. Aššur-mušakšid).

II, 3

Periodo di regno di Erība-Adad I *ante quem non*

Elenco degli Eponimi in ordine alfabetico

AŠŠUR-MUŠABŠI figlio di Adad-bān-kala

Sua stele in *Stelenreihen* 119 = Stele 18915. Testo completo:

ṣa-lam
ᴵ*Aš+šur-mu-šab-ši*
A x-DÙ-*ka-la*

Collocabile in questa tabella solo nell'ipotesi che suo padre sia l'eponimo Adad-bān-kala (Parte II, 4). Forse è padre di Mušallim-Aššur (Parte III, 6) e nonno di Etel-Aššur (Parte III, 7), ma ved. anche l'omonimo eponimo della Parte III, 6. Per queste ipotetiche genealogie cf. *OMA* II, 62. La stele si trova in mezzo ad altre risalenti prevalentemente al periodo compreso tra i regni di Adad-nīrārī e Tukultī-Ninurta.

MUŠABŠI-AŠŠUR figlio di Da''ānīja

Sua stele in *Stelenreihen* 71 = Stele 17757. Testo completo:

ṣa-lam
ᴵ*Mu-šá-ab-ši-*
-ᵈ*Aš+šur*
DUMU DI.KU$_5$-*ja*

Collocabile in questa tabella solo nell'ipotesi che suo padre sia l'eponimo Da''ānīja della Parte II, 4 (cf. *OMA* II, 63).

II, 4

Periodo di regno di Erība-Adad I o di Aššur-uballiṭ I

(1390-1328)

per *KAJ* 22, 50, 162, 172 ved. Parte I, 2

Elenco degli Eponimi in ordine alfabetico

ABATTU

Eponimo in *VAT* 8867 = *Assur* 14446 (tavoletta non pubblicata; citazione in *AfO* 20,123 *n.* 6):

līmu A-ba-tu$_4$

La maggior parte dei testi dell'archivio *Assur* 14446 risale al periodo compreso tra i regni di Erība-Adad e Aššur-uballiṭ. La presenza di due eponimi di nome Abattu nel periodo di regno di Salmanassar e Tukultī-Ninurta fa però sospettare che l'Abattu di *VAT* 8867 sia uno di questi due.

ADAD-[figlio di Mušēzib-Marduk

Eponimo in *VAT* 8757 = *Assur* 14446 (tavoletta non pubblicata; citazione in *AfO* 20, 123 *n.* 6):

ᵈ*Ada*[*d*] DUMU [ᵐᵘ]KAR-ᵈAMAR.[UD

Datazione come Abattu.

ADAD-  (=-ṢĒRI ?)

Eponimo in *KAJ* 233 e *KAV* 207 (invol.) = *Assur* 14446. Linee 7-8 (data):

> ITU *Ku-zal-lu* U$_4$ XIII KÁM
> *li-mu* ^{Id}IM-EDIN

Datazione come Abattu.

ADAD-ASU'U figlio di Šamaš-bēl

Eponimo in *KAJ* 3 = *Assur* 14446. Linee 9'-10' del verso (data):

> [ITU *Ku*]-*zal-lu* <U$_4$ N. KAM/KÁM> *li-mu*
> [^{I}] ⌈$^{d!}$⌉⌈IM⌉-*a-su* DUMU ^{d}UD-EN

Datazione in *OMA* II, 43, basata sul fatto che quasi tutti i testi dell'archivio 14446 risalgono a questo periodo (cf. *OMA* II, 35 sgg.). L'elemento *Adad* nel nome è probabile (da coll.).

ADAD-BĀN-KALA

Eponimo in "Iraq" 35, Tav. 12, 2. Linee 4'-5' del verso (data):

> ITU *Kal-mar-tu* U$_4$ V$^?$ KÁM
> [*l*]*i-mu* ^{I}X-*ba-an-ka-l*[*a*]

Eponimo in *KAJ* 246 = *Assur* 14446. Linee 8-10 (data):

> ITU *Al-la-na-tu*
> U$_4$ I KÁM *li-mu*
> $^{I\,d}$IM-*ba-an*-⌈*kal*⌉-*la*

Eponimo in *Stelenreihen* 126 = Stele 18919. Linee 1-3 (testo completo):

> *ṣa-lam*
> $^{I\,d}$IM-*ba-an-*
> *-kal-la*

Datazione in *OMA* II, 44, basata sul fatto che quasi tutti i testi dell'archivio 14446 risalgono a questo periodo (cf. *OMA* II, 35 sgg.). Forse è padre dell'eponimo Aššur-mušabši (Parte II, 3), cf. *OMA* II, 62.

ADAD-DAMMEQ

Eponimo in *KAJ* 34 = *Assur* 14446. Linee 23-24 (data):

> ITU *Ḫu-bur* U$_4$ XVII KÁM
> *li-mu* ^{d}IM-*da-me-eq*

Datazione in Fine I, 215, basata sul fatto che il creditore è Bēl-qarrād, i cui documenti risalgono a questo periodo. La data in *KAJ* sembra apparentemente appartenere al N. 33, ma in effetti appartiene al N. 34 (contro *OLZ* 55, 141; cf. il sigillo del testimone con *KAJ* 34:18 ed il numero dell'ultima linea, che non si accorda con *KAJ* 33).

ADAD-QARRĀD figlio di Šamaš-mušēzib

Eponimo in *KAJ* 4 = *Assur* 14446. Linee 32-33 (data):

> ITU *Ṣi-ip-ú* U$_4$ X KÁ[M]
> [*l*]*i-mu* ^{d}IM-UR.SAG [DU]MU ^{d}UD-*mu-še-zi-ib*

Datazione in *OMA* II, 43, basata sul fatto che quasi tutti i testi dell'archivio 14446 risalgono a questo periodo (cf. *OMA* II, 35 sgg.).

AŠŠUR?-[figlio di Adad-[

Eponimo in *KAJ* 66 = *Assur* 14446. Linee 41-43 (data):

ITU ⌜*Ku*?⌝[*zal-lu* U$_4$ N. KAM/KÁM]
li-mu I ⌜d*A*?⌝[*šur*?-
DUMU dIM-[

Datazione in Fine I, 222, basata sul fatto che il creditore è Iddin-Kūbe i cui documenti risalgono a questo periodo (cf. anche *ib.*, 214 *n.* 36).

AŠŠUR-[figlio di Ellil-taklāk

Eponimo in *KAJ* 135 = *Assur* 14446. Linee 6'-8' del verso (data):

[ITU] *Kal-mar-tu$_4$* U$_4$ [N. KAM/KÁM]
[*li-mu*] I d*A-šur*-[
[DU]MU dEN.LÍL-⌜*ták*'?⌝*la*-[*ak*?

Datazione in Fine I, 211 nel periodo di regno di Aššur-uballiṭ, basata sulla comunanza di un nome di città con *KAJ* 154, testo appunto di questo periodo. Poiché lo stesso nome di città compare anche in *KAJ* 179, dallo stesso Fine datata nel periodo di Erība-Adad, riteniamo più giusto collocare *KAJ* 135 in un periodo più generico.

AŠŠUR-ĀMIRĪ figlio di Anu-šar-ilāni

Eponimo in *KAJ* 47 = *Assur* 14446. Linee 31-32 (data):

ITU *Mu-ḫur*-DINGIR[MEŠ(*ni*) U$_4$ N. KAM/KÁM]
li-mu I d*A-šur-a-mi-ri* DUMU AN-*nu*-LUG[AL]'-⌜DINGIRMEŠ⌝

Datazione in *OMA* II, 44, basata sul fatto che quasi tutti i testi dell'archivio 14446 risalgono a questo periodo (cf *OMA* II, 35 sgg.).

AŠŠUR-BĒL-APLI

Eponimo in *KAJ* 257 = *Assur* 14987. Linee 14-16 (data):

ITU *Ku-zal-lu*
U$_4$ XIII KAM *li-mu*
I d*A-šur*-EN-IBILA

Datazione molto incerta in *OMA* II, 46, basata sulla presenza di un nome raro (non è però provato che si tratti della stessa persona) in altri due testi di questo periodo e dello stesso archivio, e sulla possibilità che questo eponimo sia il padre di Ibašši-ilī, *līmu* del periodo di Aššur-uballiṭ, (Parte II, 5), cf. ipotetica genealogia in *OMA* II, 55.

AŠŠUR-MUŠĒŠIR

Eponimo in *KAJ* 236 = *Assur* 14446. Linee 13-15 (data):

ITU *Mu-ḫur*-DINGIRMEŠ
U$_4$ XVIII KÁM *li-mu*
I d*A-šur-mu-še-šìr*

Datazione in *OMA* II, 44, basata sul fatto che quasi tutti i testi dell'archivio 14446 risalgono a questo periodo (cf. *OMA* II, 35 sgg.).

AŠŠUR-NĀṢIR figlio di Išme-Aššur

Eponimo in *KAJ* 143 = *Assur* 14446. Linee 17-19 (data):

> ITU *Al-la-na-tu*$_4$ U$_4$ III KÁM
> *li-mu*
> $^{I\,d}$*A-šur*-PAP DUMU *Iš-me-*^{d}*A-šur*

Datazione molto incerta in Fine I, 212, nel regno di Aššur-uballiṭ, basata sull'ipotesi che una persona citata in questo testo sia l'eponimo di due tavolette del periodo di Aššur-uballiṭ. Cf. comunque *OMA* II, 35 sgg. e 43 per la datazione dell'archivio 14446 nel periodo Erība-Adad—Aššur-uballiṭ. Più precisamente è del periodo Aššur-uballiṭ se l'eponimo Išme-Aššur (Parte II, 5) è suo padre (cf. *OMA* II,56).

AŠŠUR-QARRĀD

Eponimo in *KAJ* 146 = *Assur* 14446. Linee 25-27 (data):

> ITU XXX U$_4$ VI K[AM] *li-mu*
> $^{I\,d}$*A-šur-*⌜UR⌝.S[AG]
> [DU]MU [ ] x [

Datazione in Fine I, 212, basata sullo stretto parallelo tra questo testo e *KAJ* 35 (ved. oltre, [NP] figlio di Erība-Adad). Forse Aššur-qarrād è il padre dell'eponimo Aššur-kēna-uṣur (Parte III, 4), cf. *OMA* II, 59.

BĒL-AŠARĒD

Eponimo in *KAJ* 87 = *Assur* 14446. Linee 17-19 (data):

> ITU *Al-la-na-tu*$_4$
> U$_4$ XX KAM *li-mu*
> ^{I}EN$^{!}$-MAŠ

Lettura del nome *Ši-me-Ninurta* in *ARu* 67. Datazione in *OMA* II, 44, basata sul fatto che quasi tutti i testi dell'archivio 14446 risalgono a questo periodo (cf. *OMA* II, 35 sgg.).

BĒL-BALĀṬA-UṢUR ved. oltre, EN.TI-nāṣir

BĒL-MUŠĒZIB

Eponimo in *KAJ* 40 = *Assur* 14446. Linee 22-23 (data):

> ITU *Ḫu-bur* U$_4$ XXVII KÁM
> *li-mu* ^{I}EN-*mu-še-z*[*i-ib*]

Datazione in *OMA* II, 44, basata sul fatto che quasi tutti i testi dell'archivio 14446 risalgono a questo periodo (cf. *OMA* II,35 sgg.).

DA''ĀNĪJA

Eponimo in *KAJ* 39 = *Assur* 14446. Linee 24-25 (data):

> ITU *ša sa-ra-ti*
> U$_4$ I KAM *li-mu* ^{I}DI.KU$_5$-*ja*

Datazione in *OMA* II, 44, basata sul fatto che quasi tutti i testi dell'archivio 14446 risalgono a questo periodo (cf. *OMA* II, 35 sgg.). Forse Da''ānīja è il padre dell'eponimo Mušabši-Aššur (Parte II, 3), cf. *OMA* II, 63.

ELLIL-DA'IQ

Eponimo in *KAJ* 18 = *Assur* 14446. Linee 25-26 (data):

ITU *Mu-ḫur*-DINGIR^{MEŠ} U_4 XI KÁM
li-⌈*mu*⌉ $^{I\,d}$EN.LÍL-SIG_5 DU[MU NP]

Datazione in Fine I, 199 basata sulla identificazione con l'eponimo Ellil-mudammeq (Parte II, 5) sicuramente attestato nel periodo di Aššur-uballiṭ. Questa identificazione non è certa; ved. comunque *OMA* II, 35 sgg. sull'archivio 14446 i cui testi risalgono quasi tutti al periodo Erība-Adad—Aššur-uballiṭ.

EN.TI-NĀṢIR[2] figlio di A'ilīja

Eponimo in *ARu* 16 = *AfO* 24, 141 = *Assur* 14446 ca. Linee 24-25 (data):

ITU *ša ke-na-ti* U_4 I KÁM *li-mu*
^{d}EN.TI-*na-ṣir* DUMU LÚ-*ja*

Datazione in *OMA* II, 43, basata sul fatto che quasi tutti i testi dell'archivio *Assur* 14446 risalgono a questo periodo (cf. *OMA* II, 35 sgg.).

ĒRIŠ-KŪBE

Eponimo in *KAJ* 74 = *Assur* 14987. Linee 11-13 (data):

ITU *A*[*l*]-*la-na-tu₄*
U_4 XXX KAM *li-mu*
^{I}KAM-*Ku-be*

Datazione (molto incerta) in *OMA* II, 46, basata sulla comunanza di nomi con un testo del periodo di Aššur-uballiṭ. Conferma questa datazione una recente collazione di E. F. Weidner (*AfO* 24, 141), secondo cui Būr-nāṣir della linea 3 è figlio di Zammuja, ed è quindi la stessa persona citata in *KAJ* 134:5 (eponimo Ilī-ēriš, ved. l'eponimo seguente).

ILĪ-ĒRIŠ figlio di Bēl-nāṣir

Eponimo in *KAJ* 16 = *Assur* 14886. Linee 24-25 (data):

⌈ITU *ša*⌉ *ke-na-ti* ⌈U_4⌉ [N. KAM/KÁM]
li-mu ^{I}DINGIR-KAM DUMU [EN-PAP]

Eponimo in *KAJ* 43 = *Assur* 14446. Linee 20-21 (data):

ITU *Qar-ra-a-tu*$_4$ U_4 III KÁM
li-mu ^{I}DINGIR-KAM DUMU EN-PAP

Eponimo in *KAJ* 134 = *Assur* 14987. Linee 19-21 (data):

ITU *Ku-zal-lu* ⌈U_4 XXII⌉ KÁM!
li-mu ^{I}DINGIR-KA[M$^{!?}$]^{š}
DUMU EN-*na-ṣir*

Eponimo in *KAJ* 294 = *Assur* 14987. Linee 7'-9' del verso (data):

ITU *A-bu*-LUGAL^{MEŠ} ⌈U_4 XIII KÁM⌉
[*l*]*i-mu* ^{I}DINGIR-KAM^{iš}
DUMU ⌈EN⌉-PAP

[2] La copia del testo (*AfO* 24, 141) permette di correggere la lettura Bēl-balāṭa-uṣur di *ARu* 16. Per EN.TI cf. *ŠL* 99,54. L'eponimo potrebbe essere identificato, data l'eccezionalità del nome, con EN.TI-nāṣir citato nello stesso testo.

Eponimo in *MARV* 38 = *Assur* 14446 b. Linee 17-19 (data):

ITU *Al-la-na-tu*$_4$
U_4 XI K[ÁM] *li-mu*
^{I}DINGIR-KAM^{iš} DUMU EN-P[AP]

Datazione in Fine I, 215, basata sul fatto che in *KAJ* 43 il creditore è Bēl-qarrād, i cui documenti risalgono a questo periodo.

IŠTAR?-LĀBA

Eponimo in *KAJ* 141 = *Assur* 14446. Linee 9-10 (data):

⌜ITU *A*⌝-*bu*-⌜DINGIR⌝$^{a\text{-}ni}$ U_4 II+[N. KAM/KÁM]
li-mu ^{I}⌜^{d}⌝*Iš*$_8$?-*tár*?-*la-ba* [

Lettura del nome molto incerta; così anche in Ebeling, *MAOG* 13/I, 50. Datazione in *OMA* II, 44, basata sul fatto che quesi tutti i testi dell'archivio 14446 risalgono al periodo qui considerato (cf. *OMA* II, 35 sgg.).

JĀKU-ḶIMMER

Eponimo in *KAJ* 25 = *Assur* 14446. Linee 23-24 (data):

ITU *ša ke-na-ti* U_4 VIII KAM
li-mu ^{I}*Ja-a-ku-li-me-er*

Eponimo in *KAJ* 52 = *Assur* 14446. Linee 27-28 (data):

ITU *Al-la-na-tu*$_4$ U_4 XIX K[ÁM]
li-mu ^{I}*Ja-ku*-ZALÁG^{er}

Datazione in Fine I, 197, basata sulla comumanza dello scriba tra *KAJ* 52 e *KAJ* 1, risalente al periodo di Erība-Adad (eponimo Digla-[, Parte II, 2). Poiché lo stesso scriba compare nel testo *KAJ* 176, risalente al periodo di Aššur-uballiṭ (eponimo Aššur-iddin, Parte II, 5), *KAJ* 52 e di conseguenza *KAJ* 25 non possono essere datati con maggiore precisione (cf. anche Fine I, 224 *n*.46[3]).

KIDIN-MARDUK figlio di Na'imti-ilī

Eponimo in *KAJ* 7 = *Assur* 14446. Linee 43-44 (data):

[ITU ^{d}NIN]-⌜É.GAL^{li}⌝ U_4 XVIII [KAM/KÁM *li-mu*]
⌜^{I}⌝*Ki-din*-^{d}[AM]AR.UD DUMU [

Eponimo in *KAJ* 167 = *Assur* 14446 re. Linee 27-29 (data, riportata in *KAJ* p. VIII e David-Ebeling, *ARu* N.7):

ITU *A-bu*-LUGAL^{MEŠ} U_4 XV KAM/KÁM
[*li-m*]*u* ^{I}*Ki-din*-^{d}AMAR.UD
[D]UMU *Na-im-ti*-DINGIR (da coll.)

Datazione in *OMA* II, 43, 44, basata sul fatto che quasi tutti i testi dell'archivio 14446 risalgono al periodo Erība-Adad—Aššur-uballiṭ (cf. *OMA* II, 35 sgg.).

MARDUK-LE'I

Eponimo in *MARV* 60 = *Assur* 14446 cx. Linee 14-16 (data):

ITU *Al-la-na-tu*$_4$
li-mu
$^{I\,d}$AMAR.UD-*le-i*

[3] *Corrige* la collocazione di Aššur-[iddin] *mār* Aššur-rēmanni.

Datazione basata sul fatto che quasi tutti i testi dell'archivio 14446 risalgono al periodo qui considerato (cf. *OMA* 2, 35 sgg.).

NABÛ-IMITTĪ

Eponimo in *VAT* 8899 = *Assur* 14446 (tavoletta non pubblicata; citazione in *AfO* 20, 123 *n.* 6):

līmu ᵈMUA]TI?-ZAG"

Da considerare probabilmente eponimo nel periodo qui considerato sulla base del numero di archivio (cf. *OMA* II, 35 sgg.).

ŠU.GÍD.DA

Eponimo in *KAJ* 44 = *Assur* 14446. Linee 21-22 (data):

ITU *ša sa-ra-ti* U_4 I KÁM
li-mu ˡŠU-GÍD.DA

Datazione in *OMA* II, 44, basata sul fatto che quasi tutti i testi dell'archivio 14446 risalgono a questo periodo. Incerta l'interpretazione del nome (cf. *OMA* I, 466).

TUR-KENI[4]

Eponimo in *AfO* 20, 122 = *Assur* 14446 ao. Linea 23 (data):

ITU *Ṣi-pu* U_4 VIII KÁM *li-mu* ˡ*Dur-k*[*e-ni*]

Eponimo in *MCS* 2, 14 N.1 = *Assur* ?. Linee 24-25 (data):

ITU x x U_4 II KÁM
li-mu ˡ*Tu-ur-k*[*e-ni*][5]

Eponimo nel testo *Assur* 13058 w, non pubblicato, citato in *AfO* 20, 123b.

Datazione in *OMA* II, 43, basata sul fatto che quasi tutti i testi dell'archivio *Assur* 14446 (*AfO* 20, 122) risalgono a questo periodo (cf. *OMA* II, 35 sgg.).

]-KĒNA-[

Eponimo in *KAJ* 45 = *Assur* 14446. Linee 22-24 (data):

[ITU NM]
[U_4] XV KÁM [*li*]-*mu*
⌜ˡ⌝[ ]-*ke-n*[*a*?-

Datazione in Fine I, 216, basata sulla comunanza di una persona con *KAJ* 34 e 41, testi di Bēl-qarrād risalenti a questo periodo.

]-NA

Eponimo in *KAJ* 38 = *Assur* 14446. Linee 24-25 (data):

ITU *Mu-*[*ḫur*]-⌜DINGIR^MEŠ⌝
U_4 VIII KÁM! *li-*[*mu* x] x *-na*

Datazione in Fine I, 214, basata sulla comunanza di una persona con *KAJ* 35 (ved. oltre, eponimo [NP] figlio di Erība-Adad)

[4] Hurrico? O con lettura Dūr-kēni?
[5] Ved. Postgate, *OA* 13/1 (1974), 69.

[NP] figlio di Erība-Adad?

Eponimo in *KAJ* 35 = *Assur* 14446. Linee 29-31 (data):

[ITU x x x]-*a-tu*$_4$
[U$_4$ N. KAM/KÁM] *li-mu*
[NP? DUMU SU-^{d}I]M UGULA^{li}

Datazione in Fine I, 212, basata sul nome del re Erība-Adad. Il testo risalirebbe al periodo di Erība-Adad nel caso che l'eponimo fosse il re (così anche Koschaker, *NKRUA*, 7), al periodo di Aššur-uballiṭ nel caso invece che l'eponimo fosse un suo figlio. Nell'incertezza è prudente collacare il testo nel periodo più generico Erība-Adad—Aššur-uballiṭ, e di conseguenza anche il testo *KAJ* 146 (eponimo Aššur-qarrād), intimamente connesso con *KAJ* 35.

TESTI SENZA EPONIMO

KAJ 9 = *Assur* 14446. Data scomparsa.
Datazione in *OMA* II, 44, basata sul fatto che quasi tutti i testi del l'archivio 14446 risalgono a questo periodo (cf. *OMA* II, 35 sgg.).

KAJ 33 = *Assur* 14446. Senza data.
Datazione in Fine I, 215, basata sul fatto che il creditore è Bēl-qarrād, i cui testi risalgono a questo periodo.

KAJ 42 = *Assur* 14446. Data scomparsa.
Datazione in Fine I, 222, basata sul fatto che il creditore è Iddin-Kūbe, i cui testi risalgono a questo periodo.

KAJ 170 = Assur 14446. Data scomparsa alla linea 29 (ITU [ ).
Datazione in Fine I, 199-200, basata sulla stretta realzione con *KAV* 211 (eponimo Adad-mušēzib, Parte II, 5). Il fatto che *KAJ* 170 preceda *KAV* 211 (cf. *OA* 7/1, 51 sgg.) ci induce a datare questo testo in un periodo più generico, che non escluda il regno di Erība-Adad.

KAJ 247 = *Assur* 14446. Nome dell'eponimo scomparso dalla data (linee 10-12):

ITU *ša ke-na-te*
U$_4$ XVII KÁM
[*li-mu* NP]

Datazione in *OMA* II, 44, basata sul fatto che quasi tutti i testi del l'archivio 14446 risalgono a questo periodo (cf. *OMA* II, 35 sgg.).

KAJ 309 = *Assur* 14446. Senza data.
Datazione in *OMA* II, 44, basata sul fatto che quasi tutti i testi dell'archivio 14446 risalgono a questo periodo (cf. *OMA* II, 35 sgg.).

MARV 33 = *Assur* 14446 a. Data scomparsa.
Per la datazione ved. *OMA* II, 32-33, 35, 43 (quasi tutti i testi dell'archivio *Assur* 14446 risalgono al periodo qui considerato).

MARV 36 = *Assur* 14446 d. Data scomparsa.
Per la datazione ved. sopra, *MARV* 33.

TESTI CON EPONIMO NON ANCORA NOTO

Assur 14446 aa. Citazione in *OMA* II, 44; datazione *ib.*, basata sul fatto che quasi tutti i testi dell'archivio 14446 risalgono a questo periodo (cf. *OMA* II, 35 sgg.).

Assur 14446 b. Citazione in *OMA* II, 44; datazione *ib.* come per *Assur* 14446 aa.

Assur 14446 dc. Citazione in *ZA* 47, 71 43 e *ZA* 52, 162.
Datazione in *OMA* II, 44, come per *Assur* 14446 aa.

VAT 8782, 8789, 8800,8970, 8973, 9007, 9014, tutti appartenenti all'archivio *Assur* 14446, su cui ved. sopra. Citazioni in *AfO* 20, 123 *n*.6.

II, 5

Periodo di regno di Aššur-uballiṭ I

(1363-1328)

Elenco degli Eponimi in ordine alfabetico

ABU-ṬĀB figlio di Erība-Adad *uklu*; **nipote di Aššur-bēl-nišēšu** *uklu*. **Fratello dell'eponimo Bērūtu.**

Eponimo in *KAJ* 8 = *Assur* 14446. Linee 35-38 (data):

> ITU *Al-la-na-tu$_4$* U$_4$ VI KAM
> *li-mu* ^{I}*A-bu*-DÙG.GA
> DUMU SU-^{d}IM UGULA
> DUMU ^{d}*A-šur-EN-ni-še-šu* UGULA

Eponimo in *TR* 3037. Linee 10'-12' del verso (data):

> [ITU *Ṣi-i*]*p-pu* U$_4$ II KÁM
> [*li-mu* ^{I}]*A-bu*-DÙG.GA
> [DUMU S]U-^{d}IM

Datazione in Fine I, 203, basata sul fatto che il padre dell'eponimo è il re Erība-Adad, e quindi il periodo è limitato ai regni di Erība-Adad e Aššur-uballiṭ;[6] Il periodo di quest'ultimo re è preferibile per non separare troppo nel tempo *KAJ* 8 da *KAJ* 10, testo che tratta della stessa questione di eredità di *KAJ* 8, e che è databile nel regno di Adad-nīrārī. In *OMA* II, 36-37, alla luce di una statistica che fa risalire la maggior parte dei testi dell'archivio 14446 ai regni di Erība-Adad e Aššur-uballiṭ, abbiamo avanzato l'ipotesi che anche *KAJ* 10 (archivio *Assur* 14446, come *KAJ* 8) risalga a questo periodo. Ne deriverebbe tuttavia la necessità di separare l'eponimo, Kurbānu, da un altro Kurbānu di epoca posteriore. Questo fatto, e l'appartenenza di altri testi di questo archivio (*KAJ* 307, anche *KAJ* 253) ad un periodo posteriore rendono comunque preferibile la datazione del Fine. La necessità di avvicinare nel tempo *KAJ* 8 e *KAJ* 10 non fa escludere comunque una datazione leggermente posteriore. Ved. anche sotto Kurbānu, parte III, 1. Per altre effettive o ipotetiche parentele dell'eponimo ved. *OMA* II, 57.

ADAD-MUŠEZIB ved. oltre, sequenza A.

ADAD-NĀṢIR

Eponimo in *KAJ* 36 = *Assur* 14446. Linee 5-6 del verso (data):

> ITU *ša sa-ra-*[*t*]i U$_4$ XXVI KÁM
> [*l*]*i-mu* $^{I d}$IM-PAP

Eponimo in *KAJ* 173 = *KAV* 210 = *Assur* 14446 cy. Linee 9-10 (data):

> ITU *ša ke-na-te*
> U$_4$ V KÁM *li-mu*
> $^{I d}$IM-PAP

[6] Non ci sembra da escludere, tuttavia, anche un periodo posteriore (cf. l'eponimato di Bērūtu, altro figlio di Erība-Adad, sicuramente sotto il regno di Arik-dēn-ili).

Datazione in Ebeling, *MAOG* 7/1-2, 88, basata sul fatto che *KAJ* 173 tratta di una donazione di Aššur-uballiṭ.

Forse Adad-nāṣir è padre dell'eponimo Aššur-le'i (Parte II, 6), ved. anche Aššur-šēzibanni, *ib*. Cf. *OMA* II, 55, per questa ed altre ipotetiche parentele.

AMURRŪ-MA-ILĪ

Eponimo in *CT* 33, 15b = *BM* 103395. Linee 13-14 del verso (data):

ITU ᵈXXX x U₄ XXI [K]AM
li-mu ᴵ ᵈMAR.TU-*ma*-DINGIR

Eponimo in *KAJ* 79 = *KAJ* 166 = *Assur* 14446. Linee 27-28 (data):

ITU *Ḫu-bur* U₄ XII KÁM
li-mu ᵈMAR.TU-*ma*-DINGIR

Datazione in Fine I, 208, basata sulla comunanza di una persona con *KAJ* 12 (eponimo Ibašši-ilī, periodo Aššur-uballiṭ).

AŠŠUR-ĒRIŠ

Eponimo in *KAJ* 157 = *Assur* 14446. Linee 3'-4' del verso (data):

ITU *Al-la-na-tu₄* U₄ XXVII KAM
li-mu ᴵ ᵈ*A-šur*-KAM

Eponimo in *AO* 20154. Linea 28: *līmu* ᴵᵈ*A-šur*-KAM (Ṣippu, giorno 20).

Eponimo anche in *KAJ* 251? ved. l'eponimo Aššur-ēriš nella Parte III, 1.
Datazione in Fine I, 208, basata sulla comunanza di una persona con *KAJ* 149 (eponimo Ibašši-ilī , di questo periodo).

AŠŠUR-IDDIN *sukkallu*? **figlio di Aššur-rēmanni**

Eponimo in *KAJ* 150 = *Assur* 14446. Linee 25-26 (data):

I ITU ᵈNIN-⸢É⸣.GALˡⁱ U₄ II KÁM
li-mu ᴵ ᵈ*A-šur-i-din*

Eponimo in *KAJ* 151 = *Assur* 14446. Linee 33-34 (data):

ITU *A-bu*-LUGALᴹᴱŠ U₄ [N. KAM/KÁM]
li-mu ᵈ*A-šur-i-din*(-)*na* x [(x= S[UKAL]?)

Eponimo in *KAJ* 165 = *Assur* 14446. Linee 31-32 (data):

ITU *Al-la-na-tu₄* U₄ VI KÁM
li-mu ᴵ ᵈ*A-šur-i-din* ᴸᵁ́SUKAL?[7]

Eponimo in *KAJ* 176 = *Assur* 14446. Linee 3-5 del verso (data):

ITU *Kal-mar-tu* U₄ XVIII KÁM
li-[*m*]*u* ᴵ ᵈ*A-šur*-⸢*i*⸣-[*din*]
DUMU ⸢ᵈ*A*⸣-*šur-re-ma-n*[*i*]

Eponimo in *KAJ* 229 = *Assur* 14446. Linee 7-9 (data):

ITU *Al-la-na*-[*tu₄*]
U₄ XXVIII KÁM
li-mu ᴵ ᵈ*A'-šur'-i-din* (incerto)

[7] SUKAL ci sembra il segno piu vicino a quello della copia, visto che non sono possibili le letture KIŠIB (inteso come confuso con DUB) e SANGA; ved. sopra, Cap. I, III B. (Funzionarî statali).

Per *KAJ* 176 cf. in *AfO* 13, 115 e 312*a*, *RLA* 2, 443*b*; per *KAJ* 22 cf. in *AfO* 13, 317*b*. Datazione in Fine I, 206, basata sulla comunanza di alcune persone dei testi suddetti con altri testi (*KAJ* 60, *KAJ* 26, *KAJ* 28, *KAJ* 153, *KAJ* 155) di questo periodo (eponimi Ellil-mudammeq, Ibašši-ilī, Aššur-mutakkil, Išme-Aššur).

Aššur-iddin precede cronologicamente l'eponimo Ṣinâ (ved. oltre, in questa stessa parte II, 5) se costui è suo figlio. Ragioni di cronologia fanno escludere che sia il padre degli eponimi Ninu'āju e Qarrād-Aššur, Parte III, 9).

AŠŠUR-KABTA?-ERĪBA? figlio di Šūzub-Marduk

Sua stele in *Stelenreihen* 98 = Stele 18133. Testo completo:

ṣa-lam
[I]*Aš+šur*-IDIM?-SU?
A KAR-d KU

Datazione basata sull'ipotesi che il padre sia lo stesso dell'eponimo Adad-mušēzib (ved. in questa stessa Parte II, 5). La lettura del nome del padre è comunque incerta.[8] La posizione della stele in mezzo ad altre risalenti prevalentemente al periodo Adad-nīrārī—Tukultī-Ninurta suggerisce questa datazione alternativa; ved. "Assur" 1/2, 4-5.

AŠŠUR-KĒNA-ĪDE figlio di Šūzub-[

Eponimo in *KAJ* 6 = *Assur* 14446. Linee 35-37 (data):

ITU *Al-la-na-a-tu*$_4$
U$_4$ XXIII KÁM *li-*<*mu*> I d*A-šur-ke-na-i-de*
DUMU *Šu-zu-ub-*[x] x [

Eponimo in *KAV* 212 = *Assur* ?. Linee 12-14 (data):

ITU *Ab-šar-a-nu*
U$_4$ XIX KÁM *li-mu*
I d*A-šur-ke-na-i-de*

Eponimo in *AO* 19229. Linea 30 (data): d*Aššur*?*-ke-na-i-*TE

Datazione in Fine I, 203, basata sul fatto che *KAV* 212 è una donazione di Aššur-uballiṭ, e sulla comunanza di una persona tra *KAJ* 6 e *KAJ* 36 (eponimo Adad-nāṣir, di questo periodo).

Per la possibilità di parentela con altri eponimi ved. *OMA* II, 58.

AŠŠUR-MUŠTĒPIŠ

Eponimo in *KAJ* 41 = *Assur* 14446 ao. Linee 23-24 (data):

[I]TU dNIN-É-GAL [U$_4$] VI KÁM
[*li*]*-mu* d*A-šur*!*-muš-ti-piš*

Eponimo in *KAJ* 69 = *Assur* 14886. Linee 21-22 (data):

ITU *ša sa-ra-ti* U$_4$ VI KÁM
li-mu I d!*A-šur*!*-muš*!*-ti-*<*piš*>

Datazione in Fine I, 210-211, basata sulla comunanza di una persona tra *KAJ* 41 e *KAJ* 154 (eponimo]-šerib, di questo periodo); la comunanza non è certissima (ved. anche *OMA* I, 507 s.v. Urad-Tešub), come non è certa la nostra lettura dell'eponimo di *KAJ* 69 (cf. *OMA* I, 131). Ved. comunque il numero di archivio di *KAJ* 41 (i cui testi sono quasi tutti del periodo Erība-Adad—Aššur-uballiṭ, cf. *OMA* II, 35 sgg.).

[8] Così in *RLA* 2, 438*a*. Come alternativa: dKu-<be>.

AŠŠUR-MUTAKKIL figlio di Aššur-da''ān

Eponimo in *KAJ* 28 = *Assur* 14446. Linee 28-29 (data):

ITU [x x x]-*tu₄* U₄ I KÁM
l[*i-mu* ¹ ᵈ*A-š*] *ur-mu-ta-kíl*

Eponimo in *KAJ* 65 = *Assur* 14446. Linee 28-30 (data):

ITU ⌜SU.EN⌝ U₄ XXIII KAM
li-mu ¹ ᵈ*A-šur-mu-ta-k*[*íl*]
DUMU ᵈ*A-šur*-DI.KU₅

Eponimo in *KAJ* 163 = *Assur* 14446. Linee 36-37 (data):

ITU *Ḫu-bur* U₄ VI KAM *li-mu*
¹ ᵈ*A-šur-mu-ta-kíl* DUMU ᵈ*A-šur*-[DI.KU₅]

Datazione in Fine I, 209, basata su una comunanza di persona tra *KAJ* 163 e *KAJ* 99 (eponimo Ellil-mudammeq, di questo periodo). Per la ricostruzione del nome in *KAJ* 28 ved. Fine. I, *ib*. Per l'identificazione con Aššur-mutakkil dei testi di Nuzi ved. H. Lewy, *Or. NS* 28 (1959), 9.

AŠŠUR-NĀDIN-ŠUMĒ ved. oltre, sequenza A.

AŠŠUR-ŠUMA-UṢUR ved. oltre, sequenza A.

BĒL-QARRĀD figlio di Erīb-ilī

Eponimo in *KAJ* 11 = *Assur* 14446. Linee 24-26 (data):

ITU *Ṣi-ip-pí* U₄ XXV KÁM
li-mu ¹EN-UR.SAG
DUMU *E-rib*-DINGIR

Datazione in Fine I, 204, basata sulla comunanza di almeno tre persone tra *KAJ* 11 e *KAJ* 60 (eponimo Ellil-mudammeq, di questo periodo). Per una ipotetica parentela, ved. Aššur-kāšid, Parte III, 6.

DĀN-AŠŠUR

Eponimo in *KAJ* 96 = *Assur* 14446. Linee 22-23 (data):

ITU *A-bu*-LUGAL^MEŠ [U₄] XXIII KÁM (oppure: [-ni] U₄ II KÁM)
li-mu ¹*Dan*-ᵈ*A-šur*

Datazione in Fine I, 207, basata sulla comunanza di una persona tra *KAJ* 96 e *KAJ* 60 (eponimo Ellil-mudammeq, di questo periodo).

Eponimo in *TR* 2016 ? Linea 3 del margine sinistro (collazione Postgate, *OA* 13/1, 69):

līmu ¹*Dan*?*-Aš+šur*

ELLIL-MUDAMMEQ ved. oltre, sequenza A.

GIMILLU figlio di Ibašši-ilī

Eponimo in *KAJ* 23 = *Assur* 14446. Linee 7-9 del verso (data):

ITU *Ku-zal-lu* U₄ XXII KAM
li-mu ¹*Gi*?*-mil-lu* x (ras.?)
DUMU Ì.GÁL-DINGIR

Datazione in Fine I, 209, basata sulla comunanza di due persone tra *KAJ* 23 e *KAJ* 163 (eponimo Aššur-mutakkil, di questo periodo).

Gimillu segue uno dei due Ibašši-ilī (ved. oltre), se è suo figlio. Per questa ed altre ipotetiche parentele ved. OMA II, 55.

IBAŠŠI-ILĪ figlio di Aššur-bēl-apli

Eponimo in *KAJ* 26 = *Assur* 14446. Linee 26-28 (data):

ITU [x x?] x-*ti* U_4 VIII KAM
li-m[*u* ˡÌ.G]ÁL-DINGIR
DUMU ⌜ᵈ*A*⌝-[*šur*-EN]-IBILA

Eponimo in *KAJ* 149 = *Assur* 14446. Linee 33-35 (data):

I[TU] *A-bu*-LUGAL ᴹᴱŠ U_4 VI KÁM
li-mu ˡÌ.GÁL-DINGIR
DUMU ᵈ*A-šur*-EN-IBILA

Eponimo in *KAJ* 152 = *Assur* 14446. Linee 29-31 (data):

ITU *Mu-ḫur*-DINGIRᴹᴱŠ U_4 XI KÁM
li-mu ˡÌ.GÁL-DINGIR
DUMU ᵈ*A-šur*-EN-IBILA

Datazione in Fine I, 207, basata sulla comunanza di una persona tra *KAJ* 152 e *KAJ* 60 (eponimo Ellil-mudammeq, di questo periodo); cf. anche ib., 201.

Per ipotetiche parentele con altri eponimi ved. *OMA* II, 53-55. Ved. anche Ibašši-ilī (senza nome del padre), che potrebbe essere identificato con questo.

IBAŠŠI-ILĪ figlio di Niru(a)bi

Eponimo in *KAJ* 12 = *Assur* 14446. Linee 28-30 (data):

ITU *ša ke-na-ti* U_4 IX K[ÁM]
li-mu ˡÌ.GÁL-DINGIR
DUMU *Ni-ru-a-bi*

Eponimo in *KAJ* 63 = *Assur* ? Linee 26-28 (data):

ITU ᵈNIN-É.GAL*ˡⁱ*
U_4 VII KAM *li-mu*
[ˡÌ.G]ÁL-DINGIR DUMU *Ni-ru-bi*

Datazione in Fine I, 207, basata sulla comunanza di tre persone di *KAJ* 12 e due persone di *KAJ* 63 con *KAJ* 29, *KAJ* 53 e *KAJ* 26 (eponimi Kidin-Kūbe, Išme-Aššur e Ibašši-ilī figlio di Aššur-bēl-apli, di questo periodo); cf. anche *ib.*, 201.

Per ipotetiche genealogie con altri eponimi ved. *OMA* II, 53-55. Ved. anche Ibašši-ilī (senza nome del padre), che potrebbe essere identificato con questo.

IBAŠŠI-ILĪ (senza nome del padre)

a. Eponimo in *ARu* 53 = *Assur* 14446 bs. Linee 24-25 (data):

[ITU ᵈNI]N-É.GAL[⁽⁻*ˡⁱ*⁾ U_4 N. KAM/KÁM]
[*li-mu* ˡÌ.G]ÁL-DINGIR

b. Eponimo in *KAJ* 142 = *Assur* 14987. Linee 22-23 (data):

ITU *Al-la-na-tu₄* U_4 XXVI KÁM
li-mu ˡÌ.GÁL-DINGIR

c. Eponimo in *KUB* 4, 93 Linea 6 (ved. oltre, sequenza A.)

d. Eponimo in *KUB* 4, 93 Linea 9 (ved. sequenza A., s.v. Ibašši-ilī/Niru(a)bi).

e. *abarakku*, eponimo in *MARV* 37 = *Assur* 14446 a (aa?). Linee 24-26 (data):

> ITU *Ḫi-bur* U₄ VIII KÁM *li-*⌜*mu*⌝
> ᴵÌ.GÁL-DINGIR
> ᴸᵁ́AGRIG

f. Eponimo in *VAT* 9019 (inedito, sarà prossimamente pubblicato in *MARV* II, 31; cortese informatione di H. Freydank). Linee 25-26 (data):

> ITU N]IN-É.GAL*ˡⁱ*
> *li-mu* ⌜Ì.GÁL-DINGIR⌝

Ognuno degli eponimi sopra riportati potrebbe essere sia Ibašši-ilī figlio di Aššur-bēl-apli sia l'omonimo figlio di Niru(a)bi.

Per la datazione di *KAJ* 142 ved. Fine I, 201 (*n.* 12), 208. Per un altro eponimo Ibašši-ilī ved. Parte III, 8.

IŠME-AŠŠUR figlio di Erīb-Aššur

Eponimo in *KAJ* 53 = *Assur* 14446. Linee 28-29 (data):

> ITU *ša ke-n[a-t]i* U₄ XIII KÁM
> *li-mu* ᴵ*Iš-me-*ᵈ*A-šur* DUMU *E-rib-*ᵈ*A-šur*

Eponimo in *KAJ* 153 = *Assur* 14446. Linee 27-29 (data):

> ITU *ša sa-ra-ti* U₄ VI ⌜KÁM⌝
> *li-mu* ᴵ*Iš-me-*ᵈ*A-šur*
> DUMU *E-rib-*ᵈ*A-šur*

Eponimo in *KAJ* 155 = *Assur* 14446. Linee 28-30 (data):

> ITU *ša sa-ra-ti* U₄ XII [+X KAM/KÁM]
> *li-mu* ᴵ*Iš-me-*ᵈ*A-sŭr*
> DUMU *E-rib-*ᵈ*A-šur*

Datazione in Fine I, 205, basata sulla comunanza di una persona tra *KAJ* 53 e *KAJ* 11 e 60 (eponimi Bēl-qarrād e Ellil-mudammeq, di questo periodo).

Išme-Aššur precede l'eponimo Aššur-nāṣir (Parte II, 4) se costui è suo figlio; forse è figlio dell'eponimo Erīb-Aššur (Parte II, 2); Per queste ed altre ipotetiche genealogie ved. *OMA* II, 56.

ITTABŠI-ILĪ ved. Ibašši-ilī

KIDIN-KŪBE figlio di Bēr-nādin-aḫḫē

Eponimo in *KAJ* 29 = *Assur* 14446. Linee 23-25 (data):

> ITU ᵈNIN-É.GAL*ˡⁱ* U₄ XIX KÁM
> *li-mu* ᴵ*Ki-di-Ku-bi*
> DUMU *Be-er-na-din-*ŠEŠᴹᴱŠ

Datazione in Fine I, 205, basata sulla comunanza dello scriba tra *KAJ* 29 e *KAJ* 11 e 60 (eponimi Bēl-qarrād e Ellil-mudammeq, di questo periodo). Una comunanza di persona con *KAJ* 64=68 (eponimo Aššur-bēl-kala, Parte II, 2) non fa escludere una datazione in un periodo leggermente precedente; cf. comunque *KAJ* 12 e 163 (eponimi Ibašši-ilī e Aššur-mutakkil, periodo di regno di Aššur-uballiṭ), in cui compare la stessa persona.

Forse il padre di Kidin-Kūbe è l'eponimo Bēr-nādin-aḫḫē (Parte I, 3); cf. *OMA* II, 53.

KURBĀNU figlio di Rīšēja e nipote di Ibašši-ilī ved. Parte III, 1.

LIBŪR-[ved. oltre, sequenza A.

MARDUK-LE'I

Eponimo in *MAR V* 60. Forse risale al periodo di Aššur-uballiṭ? (ved. *MAR V* pag.13). Ved. Parte II, 4.

MARDŪK-NĀDIN-AḪḪĒ

Eponimo in *KAJ* 175 = *Assur* 14987. Linee 45-46 (data):

I ITU *ša ke-na-ti* U_4 XVII KÁM
[*li-mu*] [I] [d]AMAR.UD-SUM-*a-ḫe*

Datazione in Fine I, 208, basata sulla comunanza di una persona tra *KAJ* 175 e *KAJ* 27 e 164 (eponimi Ellil-mudammeq e Aššur-iddin, di questo periodo).

NIRU(A)BI ? ved. altre, sequenza A.

RĒMANNI-IŠTAR figlio di Tuttaja

Eponimo in *KAJ* 24 = *Assur* 14446. Linee 27-29 (data):

ITU *Ḫu-bur* U_4 III KAM
li-mu [I]*Re-ma-ni-*[d]*Iš*$_8$*-tá*[*r*]
DUMU *Tu-ut-ta-ja*

Datazione in Fine I, 209, basata sulla comunanza di una persona tra *KAJ* 24 e *KAJ* 99 (eponimo Ellil-mudammeq, di questo periodo).

Da collazione la lettura dell'elemento *Ištar* piuttosto che l'elemento *Marduk*.

ṢINÂ figlio di Aššur-iddin

Eponimo in *KAJ* 67 = *Assur* 14446. Linee 26-28 (data):

ITU *A-bu-*LUGAL[MEŠ U_4 N. KAM/KÁM]
li-mu [I]*Ṣi-n*[*a-a*]
DUMU [d]*A-šur-i-di*[*n*

Eponimo in *KAJ* 86 = *Assur* 14987. Linee 18-19 (data):

ITU *Mu-ḫur-*DINGIR[MEŠ]
li-mu [I]*Ṣi-na-a*

Datazione in Fine I, 205, basata sulla comunanza di una persona tra *KAJ* 67 e *KAJ* 11 e 60 (eponimi Bēl-qarrād e Ellil-mudammeq, di questo periodo).

Segue l'eponimo Aššur-iddin se è suo figlio. Ved. *OMA* II, 58 per una ipotetica genealogia (da cui è da escludere Ninu'āju).

]ŠERIB

Eponimo in *KAJ* 154 = *Assur* 14446. Linee 28-29 (data):

[ITU NM U_4 x]+II KÁM
[*li-mu*]*-še-rib*

Datazione in Fine I, 210, basata sulla comunanza di una persona tra *KAJ* 154 e *KAJ* 1 (eponimo Digla-[, periodo di Erība-Adad) e *KAJ* 36 (eponimo Adad-nāṣir, periodo di Aššur-uballiṭ), di un'altra persona tra *KAJ* 154 e *KAJ* 58 (eponimo Adad-mušēzib, periodo di Aššur-uballiṭ) e *KAJ* 150 (eponimo Aššur-iddin, stesso periodo), infine di una terza persona tra *KAJ* 154 e *KAJ* 36, ved. sopra (oltre che, si aggiunga, con altri testi, sempre del periodo di Aššur-uballiṭ: *KAJ* 27, 152, 153, 155, eponimi Ellil-mudammeq, Ibašši-ilī, Išme-Aššur).

[NP] figlio di Adad-[

Eponimo in *KAJ* 70 = *Assur* 14446. Linee 25-27 (data):

> [IT]U SU-EN U_4 [N. KAM/KÁM]
> [*l*]*i-mu* [I] [d][
> DUMU [d]I[M-

Datazione in Fine I, 211, basata sulla comunanza di una persona tra *KAJ* 70 e *KAJ* 36, *KAJ* 152, *KAJ* 153, *KAJ* 155 (eponimi Adad-nāṣir, Ibašši-ilī, Išme-Aššur, di questo periodo; anche *KAJ* 21, ved. oltre).

[NP] figlio di Erība-Adad ved. Parte II, 4

TESTI SENZA EPONIMO

AfO 20, 123*b* = *Assur* 14446 dd. Nome dell'eponimo scomparso nella data (linee 20-22):

> ITU [*Mu-ḫ*]*ur*-DINGIR[MEŠ]
> [U_4 N. KAM/KÁM *li*]*-mu*
> [

Datazione in *OMA* II, 43, basata sul fatto che quasi tutti i testi dell'arcivio *Assur* 14446 risalgono ai regni di Erība-Adad o di Aššur-uballiṭ. Più precisamente il testo sembra collocabile nel regno di Aššur-uballiṭ perché lo scriba è lo stesso di *KAJ* 17 (eponimo Aššur-šuma-uṣur, periodo di Aššur-uballiṭ, ved.sequenza A.).

AO 17-18 N. 254. Citato Aššur-uballiṭ.

EA 15. Lettera di Aššur-uballiṭ ad Amenofi IV.

EA 16. Come sopra.

KAJ 2 = *Assur* 14446. Data scomparsa.
Datazione in Fine I, 223, basata sul fatto che la tavoletta è un documento di Kidin-Adad, figlio di Iddin-Kūbe, attestato in questo periodo. Poiché il nome del padre non è riportato, non è in realtà certissimo che il Kidin-Adad nominato sia da identificare con il figlio di Iddin-Kūbe; ved comunque il numero di archivio, dal quale si può dedurre con una certa sicurezza che il testo risale comunque ai periodi di regno di Erība-Adad o di Aššur-uballiṭ (cf. *OMA* II, 35 sgg. e 43 sgg.)

KAJ 21 = *Assur* 14446. Nome dell'eponimo scomparso dalla data (linea 32):

> ITU *A-bu*-LUGAL[MEŠ U_4 N. KAM/KÁM *li-mu* NP]

Datazione in Fine, I, 220, basata sulla comunanza di una persona tra *KAJ* 21 e *KAJ* 36, 70, 152, 153, 154 (eponimi Adad-nāṣir, NP figlio di Adad-[, Ibašši-ilī, Išme-Aššur e]-šerib, di questo periodo).[9]

[9] L'identificazione del Fine non si può dire totalmente sicura, perché manca una parte del nome del padre; la datazione comunque è conformata da una recente collazione del Weidner (*AfO* 24, 141), che permette di identificare lo scriba con quello di *KAJ* 151 (eponimo Aššur-iddin, di questo periodo).

KAJ 61 = *Assur* 14446. Data scomparsa.
Datazione in Fine I, 208, basata sulla comunanza di una persona tra *KAJ* 61 e *KAJ* 29 (eponimo Kidin-Kūbe, di questo periodo).[10]

KAJ 170 = *Assur* 14446. Data scomparsa alla linea 29.
Datazione in Fine I, 199, basata sulla stretta corrispondenza del testo con *KAV* 211, datato con l'eponimo ·Adad-mušēzib, del periodo di Aššur-uballiṭ. *KAJ* 170 è precedente a *KAV* 211, ved. *OA* 7/1 (1968) 51 sgg., per cui ved. anche Parte II,4.

MARV 3 = *Assur* 13319 f. Data scomparsa. Il re Aššur-uballiṭ è citato alla linea 7'.

Elenco degli Eponimi secondo la sequenza cronologica

A. La sequenza di eponimi Aššur-MU[⟶ Ellil-mudammeq ⟶ Adad-mušē zib ⟶ Aššur-šuma-uṣur ⟶ Aššur-nādin-šumē ⟶ Ibašši-ilī ⟶ Libūr-[⟶ Ibašši-ilī/Niru(a)bi è dovuta al recto(?) del testo *KUB* 4, 93 = *Bo* 4394, frammento che riporta un elenco di nomi di persona, identificati con eponimi del regno di Aššur-uballiṭ.[11]

AŠŠUR-MU/ŠUMA/ŠUMU[

Eponimo in *KUB* 4, 93 = *Bo* 4394, Linea 2' (in sequenza di eponimi; cf. sopra).

> [^{d}]*A-šur*-MU-x-[

ELLIL-MUDAMMEQ figlio di Asānu

Eponimo in *KAH* 2, 27 = *Assur* 13963, Linee 30-31 (data):

> ITU *Mu-hur*-DINGIR^{MEŠ}
> *lim-mu* $^{I\,d}$EN.LÍL-^{mu}SIG$_5$

Eponimo in *KAJ* 27 = *Assur* 14987. Linee 27-28 (data):

> ITU *A-bu*-LUGAL-DINGIR ^{MEŠ} [U$_4$ N. KAM/KÁM]
> *li-mu* $^{I\,d}$EN.[LÍL]-^{mu}SIG$_5$

Eponimo in *KAJ* 60 = *Assur* 14446. Linee 25-27 (data):

> ITU *Ḫu-bur* U$_4$ VIII KÁM
> *li-mu* $^{I\,d}$EN.LÍL-^{mu}SIG$_5$
> [D]UMU *A-sa-ni*

Eponimo in *KAJ* 99 = *Assur* 14446. Linee 28-30 (data):

> ITU *Qar-ra-a-tu$_4$*
> U$_4$ V KÁM *li-m*[*u*]
> $^{I\,d}$EN.LÍL-^{mu}SI[G$_5$]

Eponimo in *KUB* 4, 93 = *Bo* 4394. Linea 3 (in sequenza di eponimi; cf. sopra, A.):

> [$^{I\,d}$]EN.LÍL-^{mu}SI[G]$_5$

Datazione sicura in Fine I, 199, basata sul fatto che *KAH* 2, 27 è una iscrizione di Aššur-uballiṭ. Non è escluso che con questo eponimo debba essere identificato Ellil-da'iq della Parte II, 4.

[10] L'identificazione per il Fine è incerta, perché il nome del padre è in parte scomparso. In *CAD* A/2, 331*b*, al posto del nome del padre si legge una finale ipocoristica. Diamo tuttavia l'identificazione certa alla luce dello studio sulla genealogia di Labūnīja (cf. *KAJ* 61:5) in *OMA* II, 11 sgg. (cf. *OMA* I, 298); ne deriva che Kidin-Adad di *KAJ* 61:3, 16, è lo stesso che tratta numerose volte con la famiglia di Labūnīja (ved. Fine I, 222-223, per il periodo in cui è vissuto, che coincide con questa datazione).
[11] Ved. Cap. I, II b.

ADAD-MUŠĒZIB figlio di Šūzub-Marduk

Eponimo in *KAJ* 13 = *Assur* 14446. Linee 32-34 (data):

ITU *Ku-zal-lu* U_4 V KAM
li-mu $^{I\,d}$IM-''''KAR

Eponimo in *KAJ* 58 = *Assur* 14446. Linee 32-33 (data):

ITU *ša sa*] *-ra'-*⸢*a*⸣*-ti*
[*li-mu* $^{I\,d}$IM] *-mu-še-zi'-*[*ib*]
[DUMU *Šu*] *-zu-ub-*⸢^{d}⸣[AMAR.UD]

Eponimo in *KAJ* 161 = *Assur* 14446. Linee 22-24 (data):

ITU *Ku-zal-lu* U_4 VII KAM
li-mu $^{I\,d}$IM-''''KAR
DUMU KAR-^{d}AMAR.UD

Eponimo in *KAV* 211 = *Assur* 14446 bn. Linee 8'-10' del verso (margine; data);

ITU *Kal-mar-tu*
U_4 XXIV KÁM *li-mu*
$^{I\,d}$IM-''''KAR

Eponimo in *KUB* 4, 93 = *Bo* 4394. Linea 4 (in sequenza di eponimi; cf. sopra, A.)

[$^{I\,d}$I]M-''''KAR

Eponimo in *MARV* 19 = *Assur* 15147. Linee 22-24 (data):

ITU *Ḫu-bur* U_4 I KÁM
li-mu
$^{I\,d}$IM-''''KAR

Datazione sicura in Fine I, 199 basata sul fatto che *KAV* 211 è una disposizione del re Aššur-uballiṭ. Cf. *ib.*, 209 per *KAJ* 58. Forse Adad-mušēzib è il padre dell'eponimo seguente e forse anche fratello di Aššur-kabta-erība (in questa stessa parte II, 5); cf., *OMA* II, 59 per questa ed altre ipotetiche genealogie.

↓

AŠŠUR-ŠUMA-UṢUR figlio di Adad-mušēzib

Eponimo in *KAJ* 17 = *Assur* 14446. Linee 22-23 (data):

I[T]U *Ḫu-bur* U_4 XIX [KAM/KÁM]
li-mu ^{d}*A-šur-*MU*-ú-ṣ*[*ur*]
DUMU ^{d}IM-''''KAR

Eponimo in *KAJ* 19 = *Assur* 144446. Linee 22-23 (data):

ITU *Ku-zal-lu* U_4 XXIX KÁM
li-mu $^{I\,d}$*A-šur-*MU*-ú-ṣur*

Eponimo in *KAJ* 164 = *Assur* 14987. Linee 27-28 (data):

ITU *Kal-mar-tu₄* U_4 IV KÁM
li-mu $^{I\,d}$*A-šur-*MU*-ú-ṣur*

Eponimo in *KUB* 4, 93 = *Bo* 4394. Linea 5 (in sequenza di eponimi; cf. sopra, A.).

[$^{I\,d}$]*A-šur-*MU-PAP

Datazione in Fine I, 200-201, basata sul fatto che lo scriba è lo stesso di *KAJ* 170 (Parte II, 4, senza eponimo). Più precisamente collocato nel regno di Aššur-uballiṭ per la sequenza di eponimi di *KUB* 4, 93. Forse Aššur-šuma-uṣur è il figlio dell'eponimo precedente (ved.)?

↓

AŠŠUR-NĀDIN-ŠUMĒ

Eponimo in *KUB* 4, 93 = *Bo* 4394. Linea 6 (in sequenza di eponimi; cf. sopra, A).

[I]⌈d⌉*A-šur*-SUM-M[UMEŠ]

Datazione basata sulla sequenza di eponimi di *KUB* 4, 93.

↓

IBAŠŠI-ILĪ

Eponimo in *KUB* 4, 93, per cui ved. Ibašši-ilī senza nome del padre tra gli eponimi riportati in ordine alfabetico in questa stessa Parte II, 5, in quanto esistono due diversi Ibašši-ilī contemporanei.

↓

LIBŪR-[

Eponimo in *KUB* 4, 93 = *Bo* 4394. Linea 8 (in sequenza di eponimi; cf. sopra, A.).

I*Li-bur-*[

Datazione basata sulla sequenza di eponimi di *KUB* 4, 93.

↓

IBAŠŠI-ILĪ/NIRU(A)BI ?

Eponimo in *KUB* 4, 93 = *Bo* 4934. Linea 9 (in sequenza di eponimi). Letture possibili:

a. IÌ.GÁL!-[DINGIR] in consideratione dell'esistenza di due eponimi di nome Ibašši-ilī nel periodo di Aššur-uballiṭ.

b. I*Ni-ru*'-[(*a*)-*bi*] in considerazione del fatto che uno dei due Ibašši-ilī è figlio di Niru(a)bi, che, ipoteticamente, potrebbe essere stato anch'egli eponimo. In tal caso, suo figlio sarebbe stato eponimo in un periodo posteriore, per cui nella sequenza di *KUB* 4, 93 il primo Ibašši-ilī sarebbe l'eponimo figlio di Aššur-bēl-apli. Questa seconda lettura è comunque meno probabile della prima, perché nessun Niru(a)bi è finora attestato come eponimo. Cf. *OMA* II, 54.

B. La sequenza di nomi riportata nel verso(?) del testo *KUB* 4, 93 (ved. A.) non permette, dai pochi segni rimasti, di identificarvi degli eponimi. E' comunque possibile che si tratti di eponimi del regno di Aššur-uballiṭ, come i nomi della sequenza del recto. Segni leggibili:

]x[
]-AN-[
-d]⌈*A*⌉-*šur*-x[
]-⌈d⌉*A-šur*[
]x-*a*-x[
]x[
]x[

Sequenza derivata:

]AN-ILĪ/ILU/ILĀNI/d[
↓
]-AŠŠUR-[
↓
]-AŠŠUR-[
↓
]A[

II, 6

Periodo di regno di Aššur-uballiṭ I *ante quem non*

Elenco degli Eponimi in ordine alfabetico

AŠŠUR-LE'I$^{?}$ figlio di Adad-nāṣir

Sua stele in *Stelenreihen* 61 = Stele 17709, Linee 1-3 (testo completo):

> $^{I\,d}$*A-šur-*
> *-le$^{?}$-i$^{?}$*
> DUMU X-PAP

Datazione molto incerta in "Assur" 1/2, 8, basata sulla ipotetica identificazione del padre con l'eponimo Adad-nāṣir (Parte II,5, periodo Aššur-uballiṭ); cf. *OMA* II, 55 per questa ipotetica genealogia. Ved. anche Aššur-šēzibanni. La lettura -le'i$^{?}$ è in *RLA* 2, 439*a*, con molta incertezza.

AŠŠUR-ŠĒZIBANNI *tartānu*, *šakin* **Ninu'a, Kutmuḫi, Niḫri'a, figlio di Adad-nāṣir$^{?}$**

Sua stele in *Stelenreihen* 66 = Stele 17760. Linee 1-7 (testo completo):

> *ṣa-lam*
> ^{I}*Aš+šur*-KAR-*a-ni*
> *tar-ta-a-ni*
> GAR ^{KUR}*Ni-nu-a*
> GAR ^{KUR}*Kut-mu-ḫi*
> GAR ^{KUR}*Ni-iḫ-ri-a*
> [A] ^{I}X-*na!-ṣi-*[*ir*]

Datazione molto incerta in "Assur" 1/2, 7, basata sulla ipotetica lettura del nome del padre e la possibilità di identificarlo con l'eponimo Adad-nāṣir (Parte II, 5). Ved. sopra, Aššur-le'i, che potrebbe essere il fratello di Aššur-šēzibanni. I segni che riportano il nome del padre non sembrano riferirsi al nome Pa'uzi, padre di un eponimo di nome Aššur-šēzibanni, del periodo di regno di Aššur-dān (*circa*), riportato nella Parte IV, 2, ma l'identificazione non si può comunque escludere.

QIBI-AŠŠUR figlio di Ibašši-ilī

Eponimo in *Assur* 13058 im, testo non pubblicato e citato in *AfO* 13, 114, *N*. 11.

Datazione molto incerta, basata sulla ipotetica identificazione del padre con uno dei due eponimi di nome Ibašši-ilī (Parte II, 5, periodo Aššur-uballiṭ); cf. *OMA* II, 55 per questa ipotetica genealogia. Non è escluso che sia in qualche caso da identificare con Qibi-Aššur, eponimo noto in varî testi senza il nome del padre, e che abbiamo preferito identificare con Qībi-Aššur figlio di Šamaš-aḫa-iddina (Parte III, 9).

II, 7

Periodo di regno di Ellil-nīrārī

(1327-1318)

Elenco degli Eponimi in ordine alfabetico

ELLIL-NĪRĀRĪ *uklu*, **figlio (=discendente) del re Erība-Adad**

Eponimo in *KAJ* 156 = *Assur* 4489. Linee 35-36 (data):

ITU ^{d}XXX U$_4$ XXV KÁM *li-mu* $^{I\,d}$EN.LÍL-ERÍN.[D]UḪ UGULA^{li}
DUMU ⌜SU⌝-^{d}IM UGULA^{li}-*ma*

Forse eponimo (altrimenti, padre di un eponimo), in *MARV* 24 = *Assur* 13058 tl. Linee 22'-23' (data):

I]TU ⌜*Mu-ḫur*⌝-DINGIR$^{ME[Š]}$ U$_4$ IX KÁM *l*[*i-mu*]
Ellil-ERÍN.D]UḪ UGULA^{li4}

Probabilmente eponimo nell'anno successivo a quello del suo insediamento al trono. Datazione in Fine I, 214. Per DUMU ="discendente" ved. *ARI* 1,51 *n*.104a.

]-MARDUK figlio (o nipote?) di Adad-uma''i

Eponimo in *IAK* 46 (XVIII, 1; cf. Scheil, *RT* 36, 183 sgg.). Linee 11-12 (data):

li-mu]x x-^{d}AMAR.UD
]^{d}IM-*ú-ma-i*

La datazione è certa perchè *IAK* 46 è un testo storico di Ellil-nīrārī.

II, 8

Periodo di regno di Arik-dēn-ili

(1317-1306)

BĒRŪTU[12] figlio del re Erība-Adad

Eponimo in *Assur* 13058 ii (tavoletta non pubblicata. Citazione da Weidner, *AfO* 13, 314*a*):

li-mu šá arki[13] ^{I}*Be-ri-ti*

Eponimo in *KAH* 2, 29 = *Assur* 18217. Linee 42-44 (Col. II) e 45-46 (Col. III); data:

i-na
li-me
^{I}*Be-ru-ti*
DUMU SU-^{d}IM
LUGAL KUR ^{d}*A-šur*

La datazione è sicura perchè *KAH* 2, 29 è un testo storico di Arik-dēn-ili. Per parentele con altri eponimi ved. Erība-Adad (Parte II, 2).

[12] Oppure Berûtu?
[13] Per questa formula ved. M.T. Larsen, *RA* 68 (1974), 15 sgg., 21 e *nota* 4.

PARTE III

EPONIMI E DOCUMENTI DEL XIII SECOLO A.C.

III, 1

Periodo di regno di Adad-nīrārī I

(1305-1274)

Elenco degli Eponimi in ordine alfabetico

ANA-AŠŠUR-QĀLĀ *rab ekalli*

Eponimo in *KAH* 1, 3. Linee 42-43 del verso (data):

> ITU *Mu-hur*-DINGIR^{MEŠ} U$_4$ I KAM *li-mu*
> [^{I}]⌜*A*⌝-*na*-^{d}*A-šur*$_4$*-qa-al-la* GAL É.GAL^{li}

La datazione è sicura perché *KAH* 1, 3 è un testo storico di Adad-nīrārī.

(Andarisina: ved. Ilī-ṭārissina)

AŠŠUR-DAMMEQ figlio di Urad-ilāni e nipote di Taklāk-ana-Aššur

Eponimo in *KAH* 2, 34 = *Assur* 22057. Linee 48-49 (data):

> ITU ^{d}NIN-É.GAL^{-li} U$_4$ X KÁM *li-mu*
> ^{I}*Aš-šur-da-me-eq*

Sua stele in *Stelenreihen* 118 = Stele 18914. Testo completo:

> *ṣa-lam*
> $^{I\,d}$*Aš+šur-*
> *dam-me-eq*
> A ÌR-DINGIR$^{MEŠ-ni}$
> A *Tàk-lak-*
> *a-na-*^{d}*Aš+šur*

La datazione è basata sul fatto che *KAH* 2, 34 è un testo storico del re Adad-nīrārī. L'eponimo di *Stelenreihen* 118 deve essere identificato con l'eponimo di *KAH* 2, 34, e non con Aššur-dammeq del periodo di Salmanassar, perché con quest'ultimo deve essere invece identificato l'eponimo Aššur-dammeq di *Stelenreihen* 96 (ved. Aššur-dammeq, parte III, 6), cf. Frankena. *BiOr* 13, 141-142.
E' incerto invece a quale dei due eponimi debbano essere identificati gli Aššur-dammeq di *KAJ* 123 e 262 (ved. parte III, 3).

AŠŠUR-ĒRIŠ figlio di Abattu

Eponimo in *VAT* 8863 (non pubbl., citazione in *AfO* 19, 36). Data:

> ITU *Ḫi-bur* U$_4$ XX KÁM *li-mu* $^{I\,d}$*A-šur*-KAM

Eponimo in *KAH* 2, 33. Linee 34-36 (data):

> ITU ^{d}NIN-É.GAL
> U$_4$ XIII KAM *li-mu*
> $^{I\,d}$*Aš-šur*-KAM

Eponimo in *KAJ* 251 = *Assur* 14886. Linee 11-12 (data):

ITU *Qar-ra-a-tu* U$_4$ XXII KÁM
li-mu [I d]*A-šur*-KAM

Non si può dire se questo Aššur-ēriš sia l'eponimo del regno di Adad-nīrārī I o piuttosto l'altro eponimo, con lo stesso nome, del regno di Aššur-uballiṭ (Parte II, 5). Il Fine (I, 229, *n.* 2) è incerto. Il numero di archivio non può dare alcuna indicazione (ved. *OMA* II, 38, 44).

Eponimo in *KAV* 96 = *Assur* 14410. Linee 18-19 (data):

ITU *Ḫi-bur* U$_4$ V KÁM
li-mu [I d]*A-šur*-KAM

Eponimo in *KAV* 107 = *Assur* 14410. Linee 24-25 (data):

ITU *Ḫi*-[*bur*] U$_4$ V KÁM
li-mu [I d][*A-šur*]-KAM

Integrazione su *KAV* 96 (stessi mittente e destinatarî)

Eponimo in *KAV* 194 = *Assur* 14410. Linee 25-26 (data):

[I]TU *Ḫi-bur* U$_4$ V KÁM
[*l*]*i-mu* [I d]*A-šur*-KAM

Eponimo in "Sumer" 20, Tav. 2 = *IM* 60819. Linee 39-40 (data):

ITU *Ṣi-pu* U$_4$ XIV KÁM *li-mu*
[I]*Aš+šur*-KAM DUMU *A-bat-te*

Datazione in Fine I, 228, basata sul fatto che *KAH* 2, 33 è una iscrizione di Adad-nīrārī I; cf. anche "Sumer" 20, Tav. 2.

AŠŠUR-ŠUMU-LĒŠIR *šakin māti*, **figlio di Aššur-amranni; nipote di Amurru-nādin-aḫḫē**?

Eponimo in *Assur* 13058 (non pubblicato; citazione in *AfO* 13, 313*a*):

[d]*A-šur*-MU-*le*-[*šìr*]

Sua stele in *Stelenreihen* 92 = Stele 18128. Testo completo:

ṣa-lam
[I]*Aš+šur-*
MU-*le-šìr*
šá-kín KUR
A *Aš-šur*-IGI-*ni*
A [d]MAR-TU-
SUM-ŠEŠ[?MEŠ?]

Messo in questa Parte III, 1 in base all'ipotesi che sia il padre di Abī-ilī (Parte III, 6); in tal caso sarebbe anche nonno di Aššur-dammeq e forse di Aššur-kettī-īde ed Erībtāju (*ib.*); forse anche fratello di un eponimo ignoto (*Stelenreihen* 95, ved. oltre, in questa stessa tabella); cf. *OMA* II, 61 per questa ipotetica genealogia. Poiché sia il presunto figlio Abī-ilī sia il presunto nipote Aššur-dammeq sono eponimi durante il regno di Salmanassar, Aššur-šumu-lēšir deve essere collocato, in base all'ipotesi fatta, in un periodo precedente, presumibilmente quello corrispondente al regno di Adad-nīrārī, se vale la considerazione che la sua stele si trova in mezzo ad altre risalente in gran parte al periodo Adad-nīrārī—Tukultī-Ninurta (ved. "Assur" 1/2,5). In base alle liste neoassire, Aššur-šumu-lešir, in quanto *šakin māti*, dovrebbe essere considerato eponimo verso il sesto anno del regno.

ILĪ-ṬĀRISSINA

Eponimo in *KAH* 2, 35 = *Assur* 14763. Linee 63-64 (data):

ITU *Ṣi-ip-pu* U$_4$ <x>[1] *li-mu*
ras. ^{I}DINGIR-*ṭa-ri-si-na*

Datazione basata sul fatto che *KAH* 2, 35 è una iscrizione di Adad-nīrārī I.

ITTI-ILI-AŠĀMŠU

Eponimo in *KAH* 1, 4 pag. 11. Ultima linea (data):

ITU ⌜*Qar*⌝-*ra-a-tu li-mu* ^{I}*It-ti*-DINGIR-*a-šam-šu*

Datazione basata sul fatto che *KAH* 1, 4 è una iscrizione di Adad-nīrārī I. È possibile forse identificare questo eponimo con Ištu-ili-ašāmšu, per cui ved. Parte III, 8.

KURBĀNU figlio di Rīšēja e nipote di Ibašši-ilī

Eponimo in *Billa* 36 = *UM* 33-58-141. Linee 17-18 (data):

ITU *ša sa-ra-te* U$_4$ IV KÁM
li-mu ^{I}*Kur-ba-nu*

Eponimo in "Iraq" 32, Tav. 36, *BM* 123367? Linea 10′ (data):

[ITU NM] U$_4$ XXVI KÁM *li-mu* ^{I}*Kur*′-*ba-nu*[2]

Eponimo in *KAJ* 10 = *Assur* 14446. Linee 1-3 (data citata all'interno del testo):

[*i*]*š-tu* ITU *Ṣi-pi* U$_4$ I KÁM
li-me ^{I}*Kur-ba-ni* DUMU *Ri-še-e-*[*ja*]
DUMU Ì.GÁL-DINGIR

In Fine I, 234-235 l'eponimo viene datato nei periodo di regno di Adad-nīrārī perché *Billa* 36 è una tavoletta del livello II di Tell Billa, i cui testi risalgono al periodo Adad-nīrārī—Salmanassar; il periodo di Adad-nīrārī sembra però il più probabile per non frapporre un lasso di tempo troppo lungo tra l'attestazione di Kurbānu e quella di suo padre Rīšēja, a cui il re Aššur-uballiṭ aveva fatto una donazione (*KAV* 212, ll. 6-9: $^{I\,d}$*A-šur*-TI.LA UGULA^{lu_4} / *a-na* ^{I}*Ri-še-ja* / DUMU Ì.GÁL!-DINGIR / *it-ti-din*). In *OMA* II, 36-37, abbiamo fatto osservare che una persona attestata in *KAJ* 10 è citata anche in *KAJ* 8 (ove è trattata la stessa questione di *KAJ* 10), del periodo di Aššur-uballiṭ; questo fatto, unito alla constatazione che i testi dell'archivio *Assur* 14446 risalgono soprattutto ai regni di Erība-Adad o Aššur-uballiṭ, mentre solo due sono databili nel periodo Adad-nīrārī o Salmanassar (*KAJ* 253 e *KAJ* 307), rende possibile una ipotesi sull'esistenza di due eponimi di nome Kurbānu, di cui quello in *KAJ* 10, conosciuto con il nome del padre, risalirebbe al periodo di Aššur-uballiṭ. In mancanza di prove più decisive in merito accettiamo qui tuttavia l'identificazione dei due Kurbānu in una persona sola (cf. anche Parte II, 5, sotto Abu-ṭāb).

Forse Kurbānu è nipote di uno dei due eponimi di nome Ibašši-ilī (Parte II, 5) cf. *OMA* II, 55.

ŠA-ADAD-NĒNU figlio di Sîn-uballiṭ e nipote di Erība-Adad

Eponimo in *Billa* 18 = *UM* 33-58-109. Linee 12-13 (data):

[IT]U *Kal-mar-tu* U$_4$ X KÁM
⌜*li-mu*⌝ ^{I}*Š*[*a*]-^{d}IM-*né-nu*

Eponimo in *Billa* 31 = *UM* 33-58-130. Linee 11-12 (data):

ITU *A-bu*-LUGAL^{MEŠ} U$_4$ XIV KÁM
li-mu ^{I}*Ša*-^{d}IM-*né-nu*

[1] Ved. per questa dimenticanza A. K. Grayson, *Assyrian Royal Inscriptions* I, 63 n. 128.
[2] Diversa è però l'interpretazione di J. N. Postgate. Ved. sotto Buṭnu, Parte IV, 2.

Eponimo in *Billa* 34 = *UM* 38-58-113. Linee 17-18 (data):

ITU *ša [sa-ra(/ke-na)-t]e* U_4 [N. KÁM]
[*l*]*i-mu* [^I*Ša*]-^dIM-*n*[*é-nu*]

Eponimo in *KAH* 1, 5. Linea 35 del verso (data):

ITU *Kal-mar-tu* U_4 XX KÁM *li-mu* [I]*Šá*-[d]IM-*né-nu*

Eponimo in *KAH* 2, 34 = *Assur* 22057. Linea 48, var. C (data):

ITU *Qar-ra-tu li-mu* [I]*Šá*-[d]IM-*né-nu*

Eponimo *ibidem*, var. D:

ITU [d]XXX U_4 I KÁM *li-mu* [I]*Šá*-[d]IM-*né-nu*

Eponimo in *KAJ* 145 = *Assur* 14327 m. Linee 16-17 (data):

ITU *Ku-zal-lu* U_4 XVII ⌜KÁM⌝
li-mu' [I]*Ša*-[d]IM-*né*-⌜*nu*⌝

Sua stele in *Stelereihen* 90 = *Stele* 18126. Linee 1-4 (testo completo):

ṣa-lam
[I]*Šá*-X-*né-nu*
A XXX-TI
A SU-X UGULA

Datazione in Fine I, 228, basata sul fatto che i testi in *KAH* sono iscrizioni di Adad-nīrārī. La parentela è solo in *Stelenreihen* 90, e l'identificazione con l'eponimo degli altri testi non può dirsi assodata con assoluta certezza. Forse è anche nonno dell'eponimo Aššur-mušēzib (Parte III, 6), cf. *OMA* II, 57 anche per la parentela con altri eponimi figli o nipoti del re Erība-Adad (per cui ved. Parte II, 2).

ŠULMĀNU-QARRĀD

Eponimo in *AKA*, 12 = *IAK*, 70. Linea 3 (data):

ITU *Mu-ḫu-ur* (var.: *ḫur*)-DINGIR[MEŠ] U_4 XX (var.: XXV) KAM *li-mu* [I](var.: [I d])*Šùl-ma-nu*-UR.SAG

Eponimo in *KAJ* 307 = *Assur* 14446 af. Linee 2-4 (data all'interno del testo):

iš-tu ITU *Al-la-na-te*
U_4 I KÁM *li-me*
[I d]*Šùl-ma-an*-UR.SAG

Datazione in Fine I, 228, basata sul fatto che *AKA*, 12 è una iscrizione di Adad-nīrārī I. Forse è anche padre degli eponimi Ištar-ēriš (Parte III, 6) e Mušallim-Adad (Parte III, 9), cf. *OMA* II, 59.

Un altro ipotetico figlio potrebbe essere Aššur-kāšid (Parte III, 6).

[NP] figlio di Aššur-amranni

Sua stele in *Stelenreihen* 95 = *Stele* 18131. Testo completo:

x [
A *Aš+šur*-IGI-*ni*

La parte superiore del testo è scomparsa. Datazione ipotetica, basata sulla possibilità che il padre (se veramente fu il padre e non il nonno) sia lo stesso dell'eponimo Aššur-šumu-lēšir, su cui ved. sopra, in questa stessa Parte.

III, 2

Periodo di regno di Adad-nīrārī I *ante quem non*

AŠŠUR-MUŠĒZIB figlio di Adad-ḪAL e nipote di Ša-Adad-nēnu: ved. Parte III, 6, sotto Aššur-mušēzib

III, 3

Periodo di regno di Adad-nīrārī I o di Salmanassar I

(1305-1244)

Elenco degli Eponimi in ordine alfabetico

ADAD-[

Eponimo in *Billa* 9 = *UM* 33-58-33. Linee 26-28 (data):

> ITU *Mu-ḫur*-DINGIR^{MEŠ}
> U$_4$ XV KÁM
> *li-mu* $^{I\,\{I\}\,d}$IM-[

Datazione basata sul fatto che i testi di Tell Billa risalgono a questo periodo (ved. Cap. I, I).

AGI-TEŠUB

Eponimo in *KAJ* 137 = *Assur* 14327 ad. Linee 2-4 (data citata all'interno del testo):

> *iš*-⌜*tu*⌝ ITU *Mu-ḫur*-DINGIR^{MEŠ}
> U$_4$ ⌜XVIII⌝ KÁ[M] *li-me*
> ^{I}*A-gi-Te-šu-ub*

Datazione in Fine I, 255, basata sul fatto che *KAJ* 137 è un testo di Aššur-aḫa-iddina, personaggio attestato in questo periodo.

ARTARI x LA

Eponimo in *Billa* 35 = *UM* 33-58-128. Linee 11-14 (data):

> I[T]U *Kal-mar-tu*
> U$_4$ XIV KÁM
> [*l*]*i-mu*
> *Ar-ta*?*-ri-* x *-la*

Datazione basata sul fatto che i testi di Tell Billa risalgono a questo periodo (ved. Cap. I, I).

AŠŠUR-[

Eponimo in *Billa* 8 = *UM* 33-58-42. Linee 13-15 (data):

> ITU *Al-*[*la-na-tu/tu$_4$*]
> U$_4$ X K[ÁM *li-mu*]
> $^{I\,d}$*A-š*[*ur-*

Datazione basata sul fatto che i testi di Tell Billa risalgono a questo periodo (ved. Cap. I, I).

AŠŠUR-DAMMEQ

Eponimo in *KAJ* 123 = *Assur* 14445. Linee 13-14 (data):

ITU *ša ke-na-te* U_4 I KÁM
[*li*]*-mu* [I d]*A-šur-dam-me-eq*

Eponimo in *KAJ* 262 = *Assur* 14327 ce. Linee 19-21 (data):

ITU *ša* ⌜*ke*⌝*-na-te*
U_4 VIII KÁM *li-mu*
[I d]*A-šur-da-me-eq*

E' incerto se questo Aššur-dammeq sia da identificare con l'omonimo del regno di Adad-nīrārī (Parte III, 1) o con l'altro, risalente al regno di Salmanassar (Parte III, 6). Il testo *KAJ* 123 nomina infatti Bābu-aḫa-iddina, mentre *KAJ* 262 nomina Aššur-aḫa-iddina: due personaggi attestati sia nel periodo di Adad-nīrārī che di Salmanassar (cf. Fine I, 253 sgg. e 259 sgg.).

AŠŠUR-MUDAMMEQ

Eponimo in *KAJ* 130 = *Assur* 14327 ck. Linee 21-21a (data):

ITU [d]XXX U_4 XI KÁM *li-mu*
[I d]*A-šur-*[mu]SIG$_5$

Datazione in Fine I, 255, basata sul fatto che nella tavoletta è citato Aššur-aḫa-iddina, attestato nei regni di Adad-nīrārī e di Salmanassar. E' quindi da escludere l'identificazione con l'omonimo della Parte III, 12. Dalla posizione del nome nel testo, l'eponimo potrebbe sembrare figlio di Mutaqqinu. Tale parentela è comunque negata da E.F. Weidner, in *AfO* 13, 313.

BĀBU-AḪA-IDDINA

Eponimo in *Billa* 37 = *UM* 33-58-137. Linee 8-9 (data?):

] x *l*[*i*]*-me*
[I]⌜*Ba*⌝*-ab-*ŠEŠ-[SU]M[*na*]

Datazione basata sul fatto che i testi di Tell Billa risalgono a questo periodo (ved. Cap. I, 1). Forse è da identificare con Bābu-aḫa-iddina, figlio di Ibašši-ilī (su cui ved *AfO* 19, 33 sgg., Fine I, 259 sgg., *OMA* I, 154-155, *AIUON* 30/2, 143 sgg. e 152) e con il padre dell'eponimo Ina-pî-Aššur-lišlim (Parte III, 8).

BĒR-NĀDIN-[

Eponimo in *Billa* 5 = *UM* 33-58-28. Linee 25-27 (data):

ITU ⌜*Al*⌝*-na-n*[*a-tu/tu$_4$*]
⌜U_4⌝ XXI K[ÁM *li-mu*]
[I]*Be-er-*[O]*-na-*[*din-*

Datazione basata sul fatto che i testi di Tell Billa risalgono a questo periodo (ved. Cap. I, 1). Lettura incerta. Nel caso che l'interpretazione sia giusta, l'eponimo non è da identificare con Bēr-nādin-aḫḫē (Parte I, 3) ma piuttosto, e con molta incertezza, con Bēr-nādin-apli (Parte III, 7) per ragioni di cronologia.

ELLIL-[

Eponimo in *Billa* 2 = *UM* 33-58-65. Linee 27-28 (data):

ITU *Ku-zal-lu* [U_4 N. KÁM]
[*l*]*i-mu* [I d]EN.LÍL-[

Datazione basata sul fatto che i testi di Tell Billa risalgono a questo periodo (ved. Cap. I, 1). Forse identificabile con Ellil-ašarēd (Parte III, 6)?

ILĪ-IḪADDA ved. Nabû-[

KIDIN-ILĀNI

Eponimo in *Billa* 6 = *UM* 33-58-23+38. Linee 21-23 (data):

ITU *Kal-mar-tu* U$_4$ XX KÁM
[*l*]*i-mu*
⌜*Ki*⌝-*din*'-DINGIR$^{MEŠ-ni}$

Eponimo in *Billa* 16 = *UM* 33-58-76. Linee 10-11 (data):

[ITU *K*]a*l-mar*-⌜*tu*⌝ U$_4$ XXVI KÁM
li-<*mu*> [I]⌜*Ki*[!?]⌝-*din*-D[INGIR^{ME}]$^{Š-ni}$

Eponimo in *KAJ* 253 = *Assur* 14446. Linee 9-11 (data):

ITU *Ḫi-bur* U$_4$ XXIII KÁM
li-mu
[I]*Ki-din*-DINGIR$^{⌜MEŠ⌝ni}$

Eponimo in *KAJ* 258 = *Assur* 10955. Linee 6-8 (data):

ITU *Ḫi-bur* U$_4$ IV KÁM
li-mu
[I]*Ki-din*-DINGIR$^{MEŠ!-ni}$

Eponimo in *KAJ* 269 = *Assur* 10955. Linee 14-15 (data):

ITU *ša ke-na-ti* [U$_4$ N. KÁM/KAM]
li-mu [I]*Ki-din*-D[INGIR$^{MEŠ-ni}$]

Datazione in Fine I, 259, cf. 269 sotto Salmanassar con incertezza; ved. *OMA* II, 37. Collocato in questa tabella sulla base della datazione dei testi di Tell Billa (ved. Cap. I, I).

MUNNABITTU

Eponimo in *Billa* 22 = *UM* 33-58-20. Linee 15-16 (data):

[ITU] ⌜*Al*⌝-*la-na-tu* U$_4$ [N. KÁM/KAM]
[*l*]*i-mu* [I]*Mu-na-bi-tu*

Datazione basata sul fatto che gli altri testi di Tell Billa risalgono a questo periodo (ved. Cap. I, I).

NABÛ-[/ ILĪ-IḪAD[DA] ?

Eponimo in *Billa* 12 = *UM* 33-58-19. Linee 23-24 (data):

ITU *Si*-[*ip-p*]*u* U$_4$ [N. KÁM/KAM]
li-mu [[I]] [d]MUATI-[/ DINGIR-*ḫad*-[*da*][?]

Datazione basata sul fatto che gli altri testi di Tell Billa risalgono a questo periodo (ved. Cap. I, I). Lettura incerta.

NINURTA-EMŪQĀJA

Eponimo in *AfO* 19, Tav. 7, 2 = *Assur* 14410. Linee 9-10 (data):

ITU *Ku-zal*-<*lu*> U$_4$ VIII KÁM
li-mu [I d]NIN.URTA-Á-*ja*

Eponimo in *KAJ* 76 = *Assur* 14327 o. Linee 26-28 (data):

ITU *Mu-ḫur*-DINGIR[MEŠ]
U_4 XIII KÁM *li-mu*
[I d]NIN.⌜URTA⌝-Á[qa]-*ja*

Eponimo in *KAJ* 227 = *KAV* 110 = *Assur* 14410. Linee 5-7 (data):

ITU *Ku-zal-lu*
U_4 XXVIII KÁM *li-mu*
[I d]NIN.URTA-Á-*ja*

Eponimo in *KAJ* 232 = *KAV* 158 *Assur* 14410. Linee 10-12 (data):

ITU *Al-la-na-tu*
U_4 V KÁM *li-mu*
[I d]NIN.URTA-Á-*ja*

Eponimo in *KAV* 111 = *Assur* ?. Linee 7-9 (data):

ITU *Al-la-na-tu*
U_4 XIX KÁM *li-mu*
[I d]NIN.URTA-Á-*ja*

Eponimo in *KAV* 157 = *Assur* ?. Linee 7-9 (data):

ITU *Al-la-na-tu*
[U_4 N.]+4 KÁM *li-mu*
[I d]NIN.URTA-Á-*ja*

Datazione in Fine I, 255 e 258, basata sul fatto che *KAJ* 76 è una tavoletta di Aššur-aḫa-iddina, personaggio attestato in questo periodo.

RĪŠ-AŠŠUR *sukkallu*

Eponimo in *KAJ* 54 = *Assur* 14327. Linee 27-29 (data):

[IT]U *Ṣi-ip-pu*
U_4 I? KÁM *l*[*i-m*]*u*
[I]*Riš*-[d]*A-šur*

Eponimo in *MARV* 48 = *Assur* 14327 df. Linea 4′ del verso (data citata nel testo):

i-na li-me [I]*Riš*-⌜d⌝ [*A-šur*]

ib., linee 6′-7′ del verso (data):

ITU *Ḫi-bur* U_4 II KÁM [*li-mu* [I]*Riš*-[d]*A-šur*]
DUMU x x [

Sua stele in *Stelenreihen* 123 = Stele 18918, linee 1-3 (testo completo):

Ṣa-lam
[I]*Riš-Aš+šur*
[LÚ]SUKAL

Datazione in Fine I, 255, basata sul fatto che *KAJ* 54 è una tavoletta di Aššur-aḫa-iddina, personaggio attestato in questo periodo.

ŠAMAŠ-I

Eponimo in *KAJ* 260 = *Assur* 10955. Linee 11-13:

ITU [d]XX[X] U_4 XV KÁ[M]
li-mu [d]UD-[x x] x x x

Collochiamo l'eponimo Šamaš-[in questa Parte III, 3 sulla base del numero di archivio, perché gli altri due testi che hanno questo numero sono databili nel periodo compreso tra Adad-nīrārī e Salmanassar (ved. sopra, s.v. Kidin-ilāni, *KAJ* 258 e 269). Data la scarsità di testi per il confronto, la datazione di questo eponimo è ovviamente solo ipotetica.

]NA ved. oltre, sotto i testi senza eponimo (*Billa* 19).

TESTI SENZA EPONIMO

Billa 4a = *UM* 33-58-114. Data scomparsa.

Billa 7 = *UM* 33-58-131. Data senza eponimo (linee 14-15):

> ITU *Ṣi-ip-p*[*u*]
> ⌜U_4⌝ XIX ⌜KÁM⌝

Billa 11 = *UM* 33-58-34. Nome dell'eponimo scomparso nella data (linee 25-27):

> [IT]U *Mu*-[*ḫur*-DINGIR$^{\text{MEŠ}(-ni)}$]
> [ ] x x [
> [

Billa 13 = *UM* 33-58-108. Senza data.

Billa 15 = *UM* 33-58-71. Senza data.

Billa 17 = *UM* 33-58-105. Senza data.

Billa 19 = *UM* 33-58-136. Data scomparsa (linee 33-34). Il nome dell'eponimo o, meglio, quello di suo padre termina con *-na*:

> [ITU NM U_4 N. KÁM] *li-mu*
> [NP (DUMU?)] x-*na*

Billa 20 = *UM* 33-58-106. Data scomparsa.

Billa 24 = *UM* 33-58-63. Senza data.

Billa 28 = *UM* 33-58-52. Data scomparsa.

Billa 32 = *UM* 33-58-50. Senza data.

Billa 38 = *UM* 33-58-56. Senza data.

Billa 39 = *UM* 33-58-25. Senza data.

Billa 40 = *UM* 33-58-129. Senza data.

Billa 41 = *UM* 33-58-24. Senza data.

Billa 42 = *UM* 33-58-92. Senza data.

Billa 43 = *UM* 33-58-86. Senza data.

Billa 44 = *UM* 33-58-132. Senza data.

Billa 45 = *UM* 33-58-57. Senza data.

Billa 46 = UM 33-58-47. Senza data.

Billa 47 = *UM* 33-58-62. Senza data.

Billa 48 = *UM* 33-58-69. Senza data.

Billa 49 = *UM* 33-58-104. Senza data.

Billa 50 = *UM* 33-58-51. Senza data.

Billa 51 = *UM* 33-58-22. Solo il giorno della data (linea 16: U$_4$ XXVIII [KÁM[3]].

Billa 52 = *UM* 33-58-138. Senza data.

Billa 53 = *UM* 33-58-74. Senza data.

Billa 54 = *UM* 33-58-43. Senza data.

Billa 55 = *UM* 33-58-75. Senza data.

Billa 56 = *UM* 33-58-140. Senza data.

Billa 57 = *UM* 33-58-78. Data scomparsa.

Billa 58 = *UM* 33-58-64. Senza data.

Billa 59 = *UM* 33-58-134. Senza data.

Billa 60 = *UM* 33-58-37. Solo il giorno della data (linea 13: U$_4$ X KÁM)

Billa 61 = *UM* 33-58-21. Data scomparsa.

Billa 62 = *UM* 33-58-18. Solo il giorno della data (linea 27: U$_4$ VI K[Á]M).

Billa 63 = *UM* 33-58-72. Solo il giorno della data (linea 22: U$_4$ I KÁM).

Billa 64 = *UM* 33-58-32. Solo il giorno della data (linea 26: U$_4$ III K[ÁM]).

Billa 65 = *UM* 33-58-79. Data scomparsa.

Billa 66 = *UM* 33-58-67. Solo il giorno della data (linea 21: U$_4$ XXVII [+X ?] KÁM).

Billa 67 = *UM* 33-58-66. Data scomparsa.

La datazione di questi testi si basa sul fatto che gli altri testi di Tell Billa risalgono a questo periodo (ved. Cap. I, I). Anche se rotti alla fine, alcuni di essi sono stati definiti "senza data", piuttosto che con la dicitura "data scomparsa", per la loro particolare natura.

KAJ 100 = *Assur* 14327. Senza data.

Datazione in Fine I, 255, basata sul fatto che si tratta di una tavoletta di Aššur-aḫa-iddina, personaggio attestato in questo periodo.

III, 4

Periodo di regno di Adad-nīrārī I o di Salmanassar I o di Tukultī-Ninurta I

(1305-1207)

Elenco degli Eponimi in ordine alfabetico

ANU-BĒL-ILĀNI

Funzionario in *Stelenreihen* 127 = Stele 18920. Linee 1-2 (testo completo):

ṣa-lam
^{I}AN-EN-DINGIR^{MEŠ}

Datazione incerta nel periodo che va da Adad-nīrārī a Tukultī-Ninurta basata sul fatto (non decisamente probante!) che la stele si trova insieme ad altre prevalentemente risalenti a questo periodo; ved. "Assur" 1/2, 3 sgg.

[3] A Tell Billa non sembra attestata la variante KAM.

AŠŠUR-AḪA-IDDINA

Eponimo in *KAJ* 31 = *Assur* 14886. Linee 20-22 (data):

> ITU *A-bu*-LU[GAL]^{MEŠ}
> U$_4$ XXII KÁM *li-mu*
> $^{I\,d}$*A-šur*-ŠEŠ-*i-di-na*

Datazione in *OMA* II, 44, basata sul fatto che la maggioranza dei testi dell'archivio 14886 risale a questo periodo, con maggior probabilità al regno di Salmanassar o Tukultī-Ninurta. Una datazione nel periodo Aššur-nīrāri—Aššur-bēl-nišēšu o Erība-Adad—Aššur-uballiṭ non può essere esclusa. Un'identificazione con l'omonimo padre e nonno del funzionari Meli-Saḫ e Urad-Šerū'a (periodo Adad-nīrārī—Salmanassar, cf. Fine I, 253 sgg.; attestazioni in *OMA* I, 101) è possibile, ma resa difficile dal fatto che questo personaggio non sembra essere stato un funzionario.[4] Un eponimo Aššur-aḫa-iddina è attestato sotto Tiglat-pileser I, e probabilmente è costui il padre dell'eponimo Ištu-Aššur-ašāmšu, anch'egli attestato sotto Tiglat-pileser.

AŠŠUR-KĒNA-UṢUR figlio di Aššur-qarrad

Eponimo in *KAJ* 71 = *Assur* 14886. Linee 23-25 (data):

> ITU *ša sa*-[*ra-te/ti* U$_4$ N. KÁM/KAM]
> *li-mu* ^{d}*A-šur-ke-n*[*a*]-PAP
> DUMU ^{d}*A-šur*-UR.S[AG]

Collazione in *AfO* 13, 312*b*. Datazione in *OMA* II, 45, con le ragioni per cui ved. l'eponimo precedente. Forse il padre è l'eponimo Aššur-qarrād (Parte II, 4); cf. *OMA* II, 59.

AŠŠUR-MUŠABŠI figlio di Adad-bān-kala ved. Parte II, 3.

AŠŠUR-NĪRĀRĪ ved. oltre, eponimi in ordine di sequenza.

AŠŠUR-RĀ'IM-KETTI

Eponimo in *KAJ* 57 = *Assur* 14886. Linee 29-30 (data):

> ITU *Su-en* U$_4$ XX$^{?}$IX KAM
> [*l*]*i-mu* $^{I\,d}$*A-šur-ra-im-ke-ti*

Datazione in *OMA* II, 45, per cui ved. sopra, s.v. Aššur-aḫa-iddina.

BĒL-MUŠALLIM figlio di Urad-Šerū'a

Eponimo in *KAJ* 32 = *Assur* 14886. Linee 22-24 (data):

> ITU ^{d}XXX *li-mu*
> ^{I}EN-*mu-ša-lim*
> DUMU ÌR-^{d}*Še-ru-a*

Datazione in *OMA* II, 45, per cui ved. sopra, s.v. Aššur-aḫa-iddina. Forse è figlio dell'eponimo Urad-Šerū'a (Parte III, 8), specie se si identifica quest'ultimo con il funzionario attestato durante i regni di Salmanassar e Tukultī-Ninurta. In tal caso, la datazione di Bēl-mušallim sarebbe da collocare più precisamente nel regno di Tukultī-Ninurta; cf. *OMA* II, 62.

BĒR-IŠMANNI

Eponimo in *MARV* 47 = *Assur* 14327 ab. Linee 54-55 (data citata nel testo):

[4] Altra identificazione possibile, ma sempre molto incerta, è con l'*abarakku* figlio di Ašarēdu di *KAJ* 133:1 e 7 (eponimo Ellil-nādin-apli, Parte III, 9).

ITU *ša ke-na-te* U_4 VII KÁM *li-me*
$^{I\,d}$*Be-er-iš-ma-ni*

Datazione sulla base del numero di archivio, per cui ved. Aššur-nīrārī e Šulmānu-aḫa-iddina.

IŠTAR-IDĀJA? *šakin* **Tušḫan**

Sua stele in *Stelenreihen* 99 = Stele 18134. Testo completo:

ṣa-lam
$^{I\,d}$INANNA-DA^{a}-*ja*[5]
^{LÚ}*šá-kìn*
^{URU}*Tu-uš-ḫa-an*

Datazione ipotetica basata sul fatto che la stele si trova in mezzo ad altre risalenti prevalentemente a questo periodo; ved. "Assur" 1/2, 4 sgg.

KIDIN-ELLIL

Eponimo in *VAT* 8700 (tavoletta non pubblicata, citazione in *AfO* 13, 315*a*) = *Assur* 14886 t:

Ki-din-^{d}EN.LÍL

Datazione in *OMA* II, 45, per cui ved. sopra s.v. Aššur-aḫa-iddina. Forse è il padre dell'eponimo Aššur-mušēzib (Parte II, 2)? Cf. *OMA* II, 68. In tal caso la datazione di Kidin-Ellil dovrebbe essere però notevolmente anticipata (almeno al periodo della Parte II, 1).

MARDUK-[

Eponimo in *KAJ* 78 = *Assur* 14886. Linee 18-20 (data):

<ITU> [*š*]*a*-⌜*sar*?⌝-*ra-t*[*u*] <U_4 N. KÁM/KAM>
[*l*]*i-mu* ⌜^{d}⌝AM[AR.U]D-[
[ ] x x [

Datazione in *OMA* II, 45, per cui ved. sopra, s.v. Aššur-aḫa-iddina. Forse si tratta dell'eponimo Marduk-aḫa-ēriš?

MARDUK-AḪA-ERIŠ

Eponimo in *KAJ* 91 = *Assur* 14327. Linee 29-31 (data):

ITU *Kal-mar-t*[*u*]
U_4 XII KÁM
[*l*]*i-mu* $^{I\,d}$⌜AMAR⌝.UD-ŠEŠ-KAM

Datazione in *OMA* II, 41, per cui ved. s.v. Aššur-nīrārī e Šulmānu-aḫa-iddina.

MUDAMMEQ-MARDUK

Eponimo in *KAJ* 215 = *Assur* 14327: Linea 28 (data all'interno del testo, in questo punto corrotto). Linee 27-28:

$^{I\,d}$*A-šur*- x ^{LÚ}*ḫa-zi-a-nu*
ša li-[*me*] $^{I\,mu}$SIG$_5$-^{d}AMAR.UD

Eponimo in *KAJ* 239 = *Assur* 14327. Linee 7'-8' del verso:

ITU *Ku-zal-lu* U_4 XIX KÁM
li-mu $^{I\,mu}$SIG$_5$-^{d}AMAR.UD

[5] L'interpretazione del nome è incerta. Ved. anche in *Stelenreihen*, pag. 76 e *RLA* II, 438*a*.

Datazione in *OMA* II, 41, per cui ved. s.v. Aššur-nīrārī e Šulmānu-aḫa-iddina. Stretta affinità tra *KAJ* 15 e *KAJ* 239 (elenco di nomi personali in gran parte comuni), per cui la data all'interno di *KAJ* 215 non è un riferimento ad un periodo precedente.

NINURTA-APLA-IDDINA figlio di [^{MÍ} ...]-ḫunnubat; *rab kiṣri*?

Sua stele in *Stelenreihen* 116 = Stele 18913. Testo completo:

ṣa-lam
$^{I\ d}$MAŠ-
⌜A⌝-SUM^{na}
[A] x -⌜*ḫun*⌝-*nu-bat*
[GA]L [*ki-iṣ*]-*ri*

Datazione ipotetica basata sul fatto che la stele si trova in mezzo ad altre risalenti prevalentemente a questo periodo; ved. "Assur" 1/2, 4-5. Il nome alla linea 4 presuppone come primo elemento il nome di una divinità femminile. E' probabile che tutto il nome di persona sia femminile, e che l'eponimo sia quindi citato con il nome della madre.[6]

SAMNUḪA-AŠARĒD

Eponimo in *KAV* 159, N. di archivio sconosciuto. Linee 11-12 (data):

ITU *Mu-ḫur*-DINGIR^{MEŠ} U_4 XVII KÁM
li-mu $^{I\ d}$*Sa-am-nu-ḫa*-SAG

In Fine II, 115, viene proposta l'identificazione con l'omonimo *abarakku* di *KAJ* 129. In Fine II, 114-115, *KAJ* 129 è datato sotto Ninurta-tukul-Aššur per la possibile identità tra Samnuḫa-ašarēd *abarakku* ed un altro omonimo, ma senza titoli, di *KAJ* 205, risalente appunto a questo periodo (ved. s.v. Sîn-šēja). In *OMA* II, 35 abbiamo datato invece *KAJ* 129 (ved. oltre, s.v. Taḫulu), nel periodo Adad-nīrārī—Tukultī-Ninurta sulla base del N. di archivio. Di conseguenza anche *KAV* 159 sarebbe di questo periodo, sempreché sia valida l'identificazione con l'*abarakku* di *KAJ* 129, identificazione che diamo qui molto incerta, data l'esistenza di una sola attestazione di *līmu abarakku*.[7]

SÎN-BĀN-APLĒ figlio di Adad-[

Sua stele in *Stelenreihen* 133 = Stele 19319. Testo completo:

ṣa-lam
^{I}XXX-DÙ-A^{ME}[^{Š}]
A $^{I\ d}$X-x

Datazione molto ipotetica basata sul fatto che la stele è frammischiata ad altre che risalgono a questo periodo. Ved. "Assur" 1/2, 2 sgg.

SÎN-NĀDIN?-[

Eponimo in *KAJ* 77 = *Assur* 14327 ap. Linee 22-23 (data):

ITU *ša sa-ra-*[*ti/te* U_4 N. KÁ]M
li-mu ^{I}XXX-*n*[*a*?-*d*]*i*[*n*?-

Datazione in *OMA* II, 41, per cui ved. s.v. Aššur-nīrārī e Šulmānu-aḫa-iddina. Lettura del secondo elemento del nome molto incerta. Nel caso sia giusta, il nome sarebbe da completare con *-aḫḫē* o *-apli* o *šumē/šumēšu*, ma non è attestato alcun eponimo con questi nomi.

ŠULMĀNU-AḪA-IDDINA ved. oltre, eponimi in ordine di sequenza.

[6] Ved. per questa questione ed in genere per la lettura della stele *Nota sulla lettura di tre stele di Assur*, *AIUON* 33, 279.
[7] Ištar-tūra (Parte IV, 1); cf. comunque un'altra possibilità s.v. Aššur-aḫa-iddina (in questa stesse Parte III, 4).

TESTI SENZA EPONIMO

KAJ 5 = *Assur* ? Data scomparsa.
Datazione incerta in *OMA* II, 48, basata sul fatto che la tavoletta sembra essere una lettera di Bābu-aḫa-iddina, attestato nel periodo compreso tra i regni di Adad-nīrārī e Tukultī-Ninurta.

KAJ 121 a·= *Assur* 14327. Data scomparsa.
Datazione in *OMA* II, 41, per cui ved. s.v. Aššur-nīrārī e Šulmānu-aḫa-iddina.

KAJ 136 = *Assur* ? Data scomparsa.
Datazione incerta in *OMA* II, 48, basata sul fatto che la tavoletta sembra un testo di Bābu-aḫa-iddina (cf. sopra, *KAJ* 5).

KAJ 169 = *Assur* 14327 ar. Data scomparsa.
Datazione in *OMA* II, 41, per cui ved. s.v. Aššur-nīrārī e Šulmānu-aḫa-iddina.

KAJ 181 = *Assur* 14886. Senza data.
Datazione in *OMA* II, 45, per cui ved. sopra, s.v. Aššur-aḫa-iddina.

KAJ 226 = *Assur* 14410. Senza data.
Datazione in *OMA* II, 42, basata sull fatto che tutti i testi dell'archivio 14410 risalgono al periodo compreso tra i regni di Adad-nīrārī e Tukultī-Ninurta.

KAJ 231 = *Assur* 14410. Data scomparsa.
Datazione in *OMA* II, 42, per cui ved. sopra, *KAJ* 226.

KAJ 234 = *Assur* 14886. Senza data.
Datazione in *OMA* II, 45, per cui ved. sopra, s.v. Aššur-aḫa-iddina.

KAJ 252 = *Assur* 14410. Senza data.
Datazione in *OMA* II, 42, per cui ved. sopra, *KAJ* 226.

KAJ 256 = *Assur* 14410. Senza data.
Datazione in Fine, I, 263, basata sul fatto che il testo è una tavoletta di Bābu-aḫa-iddina (cf. sopra, *KAJ* 5). Nonostante non ci sembra ci siano sufficienti prove deducibili dal contesto per una tale affermazione, il numero di archivio conferma.

KAJ 261 = *Assur* 14327. Senza data.
Datazione in *OMA* II, 41, per cui ved. s.v. Aššur-nīrārī e Šulmānu-aḫa-iddina.

KAJ 266 = *Assur* 14886. Data scomparsa.
Datazione in *OMA* II, 45, per cui ved. sopra, s.v. Aššur-aḫa-iddina.

KAJ 273 = *Assur* ? Data scomparsa.
Datazione in *OMA* II, 48, per cui ved. sopra, *KAJ* 136 (cf. anche *KAJ* 5).

KAJ 277 = *Assur* 14410. Data scomparsa.
Datazione in *OMA* II, 42, per cui ved. sopra, *KAJ* 226.

KAJ 306 = *Assur* 21913 b. Data scomparsa.
Datazione in Fine I, 263, basata sul fatto che la tavoletta è un documento di Bābu-aḫa-iddina (cf. sopra, *KAJ* 256). Non ci sembra comunque che ci siano prove sufficienti per una tale affermazione.

KAJ 317 = *Assur* 14410. Data scomparsa.
Datazione in *OMA* II, 42 per cui ved. sopra, *KAJ* 226.

KAV 100 = *Assur* 14410. Data scomparsa.
Datazione in Fine I, 263, basata sul fatto che il testo è una tavoletta di Bābu-aḫa-iddina (cf. sopra, *KAJ* 256).

KAV 108 = *Assur* 14410.
Datazione in Fine I, 263, come per *KAV* 100 (ved. sopra). Data: ITU *Mu-ḫur*-DINGIR[MEŠ (resto scomparso).

KAV 195 = *Assur* 14410. Data scomparsa.
Datazione in *OMA* II, 42, per cui ved. sopra, *KAJ* 226.

MARV 45 = *Assur* 14886 p. Senza data. Per la datazione ved. sopra, s.v. Aššur-aḫa-iddina, a proposito dell'archivio Assur 14886.

TESTI CON EPONIMO NON ANCORA NOTO

VAT 8866 = *Assur* 14327 dh. Datazione in *OMA* II, 41-42, per cui ved. s.v. Aššur-nīrārī e Šulmānu-aḫa-iddina. Testo citato in *ZA* 47, 81 67.

VAT 8980 = *Assur* 14410. Datazione in *OMA* II, 42, per cui ved. sopra, *KAJ* 226. Testo citato in *ZA* 47, 81 e *AfO* 19, 351.

VAT 8981 come *VAT* 8980

VAT 12993 = *Assur* 14410. Datazione in *OMA* II, 42, per cui ved. sopra, *KAJ* 226. Testo citato in *AO* 17-18, 36, *ZA* 47, 61 21 a-c, *AfO* 19, 35 2 a-c.

Da aggiungere due testi dell'archivio *Assur* 14410, conservati a Istanbul. Datazione in *OMA* II, 42, per cui ved. sopra, *KAJ* 226. Testi citati in *AfO* 19, 33.

Elenco degli Eponimi secondo la sequenza cronologica

La sequenza Aššur-nīrārī→Šulmānu-aḫa-iddina è dovuta al testo *MARV* 56 = *Assur* 18783 n, dove alle linee 54-55 (cf. l.68) si legge:

> ... *ša li-me* ${}^{\text{I d}}$*A-šur*-ERÍN.DUḪ *šaṭ-ru*-⌜*ú-ni*⌝
> *a-na li-me* ${}^{\text{I d}}$*Šùl-ma-nu*-ŠEŠ-SUM*na* *saṭ-ru*

AŠŠUR-NĪRĀRĪ

Eponimo in *KAJ* 101 = *Assur* 14327 g. Linee 26-27 (data):

> I[T]U *šá ke-na-te* U_4 IX KÁM
> *li-mu* ${}^{\text{I}}$*Aš+šur*-ERÍN.DUḪ

Eponimo in *MARV* 56. Linea 54: ved. sopra.

↓

ŠULMĀNU-AḪA-IDDINA

Eponimo in *MARV* 56. Linea 55: ved. sopra. Non è sicuro che i due eponimi siano in immediata sucessione cronologica. La datazione, che riguarda specificatamente Aššur-nīrārī (*KAJ* 101), si trova in *OMA* II, 41, ed è basata sul fatto che tutti i testi dell'archivio 14327 risalgono a questo periodo. Più probabile il regno di Salmanassar o di Tukultī-Ninurta perchè i testi di questo archivio sono soprattutto del periodo di regno di questi due sovrani. L'identificazione dell'eponimo, che tra l'altro non porta alcuna titolatura, con il re Aššur-nīrārī è quindi escludibile. D'altra parte in *MARV* 56 ricorrono alcuni nomi di località che compaiono in un altro testo inedito dell'archivio *Assur* 18767, che risale probabilmente a Tiglat-pileser I.[8] E' lecito dunque avere almeno il sospetto che ci siano due Aššur-nīrārī

[8] Da cortese informazione di H. Freydank.

distinti (uno di *KAJ* 101 ed un altro di *MARV* 56), se non si vuole pensare ad un notevole divario cronologico tra i due eponimi della sequenza in *MARV* 56.

III, 5

Periodo di regno di Salmanassar I *post quem non*

ADAD-ŠUMA-IDDINA *tartānu*, **figlio di Aššur-kīmūja**

Sua stele in *Stelenreihen* 134 = Stele 19320 (testo completo):

> *ṣa-lam* ᴵX-MU-SUM^{na}
> *tar-ta-ni*
> A *Aš+šur-ki-mu-ja*

Messo in questa parte III, 5 dietro l'ipotesi che sia stato padre del *tartānu* Lullāju (*Stelenreihen* 64), eponimo del periodo di Salmanassar (Parte III, 6). L'ipotesi è avvalorata della comunanza del titolo.

AŠŠUR-ŠUMU-LĒŠIR ved. Parte III, 1.

URAD-ŠERŪ'A ved. Parte III, 8 (al punto N. 2)

III, 6

Periodo di regno di Salmanassar I

(1273-1244)

Dobbiamo premettere all'elenco degli eponimi del regno di Salmanassar che il numero degli eponimi che abbiamo raccolto è superiore al numero degli anni di regno del sovrano. Evidentemente qualche eponimo deve risalire al periodo di Adad-nīrārī o al periodo di Tukultī-Ninurta, ma non siamo in grado di stabilire quale. Mudammeq-Bēl, Nusku-uballiṭ e Sîn-[sono comunque tra gli eponimi che hanno maggiori probabilità di essere spostati in altro periodo.

Elenco degli Eponimi in ordine alfabetico

ABATTU figlio di Adad-šumu-lēšir

Eponimo in *Assur* 11017 n (tavoletta non pubblicata, citata in *AfO* 13, 112 *N.* 2):

> *A-bat-tu* DUMU *Adad*-MU-*le-šir*[9]

Eponimo in *KAJ* 89 = *Assur* 14327. Linee 22-23 (data):

> [ITU *A*]-*bu*-LUGAL^{MEŠ}
> [(U$_4$ N. KÁM/KAM?) *li-mu A*]-⌜*bat*⌝-*tu* ⌜DUMU!⌝ X-[MU-*le-šìr*]

Eponimo in *KAV* 201 - *Assur* 11019 c. Linee 25-27 (data):

> I[T]U *Ku-zal-lu*

[9] Manca la copia del testo. Il nome del dio Adad era comunque forse scritto con il numero X, dato che non sembra avesse il determinativo divino, caratteristico della scrittura IM (cf. *OMA* II, 179). Non è escluso che l'ultimo segno fosse in realtà ŠIR (cf. la statistica in *OMA* II, 118-119).

U$_4$ IV KÁM *li-mu*
ˡ*A-bat'-tu*-MA

Eponimo in *MARV* 4 = *Assur* 11018 o (già citato in *AfO* 13, 112 *N.* 2). Linee 11-13 (data):

⸢ITU *Ku-zal*⸣*-lu* U$_4$ X KÁM
li-mu ˡ*A-bat-*⸢*te*⸣
DUMU X-MU*-le-šìr*

Eponimo in *MARV* 13 = *Assur* 11018 q (già citato in *AfO* 13, 113 *N.* 3). Linee 16-17 (data):

ITU *ša sa-ra-a-te* U$_4$ XIX KÁM
li-mu ˡ*A-bat-tu*

Datazione in Fine I, 245-246, cf. 255, nel periodo di Salmanassar, sulla base di *KAJ* 89. La datazione scaturisce dal confronto con i testi datati con Abattu figlio di Adad-šamšī, risalenti al periodo di Tukultī-Ninurta. Poiché *KAJ* 89 è un testo di Aššur-aḫa-iddina, attestato nei regni di Adad-nīrārī e di Salmanassar, l'eponimo Abattu con cui è datato deve essere diverso dal figlio di Adad-šamšī, e quindi da identificare con il figlio di Adad-šumu-lēšir dei testi *Assur* 11017 n e 11018 o, che risalirebbero dunque al regno dell'uno o dell'altro di questi re. Più precisamente l'eponimo è collocato nel periodo di regno di Salmanassar sulla base del numero di archivio di *KAV* 201 (*Assur* 11019) i cui testi risalgono al regno di Salmanassar o a quello di Tukultī-Ninurta (cf. *OMA* II, 41). *KAV* 201 e *MARV* 13 sono lettere con lo stesso destinatario e del medesimo tipo di *Assur* 11017 n (ved. *AfO* 13, 113 *N.* 3).

Incerto se si tratta dello stesso Abattu della lettera non pubblicata *Assur* 11017 u (citazione in *AfO* 13, 112 *N.* 3: *A-bat-tu*) e in *KAJ* 316 = *MARV* 22 = *Assur* 11019 g. Linee 19-21 (data):

[IT]U *Al-la-na-tu*
U$_4$ XXIX KĂM *li-mu*
ˡ*A-bat-tu*

Idem per *MARV* 12. Linee 17-18 (data):

ITU *Kal-mar-tu* U$_4$ XXVII KÁM
li-mu ˡ*A-bat-tu*

Idem per *MARV* 26. Linee 21-22 (data):

ITU *Ku-zal-lu* [U$_4$ N. KÁM/KAM]
li-mu ˡ*A-b*[*at-tu*]

Idem per *TR* 2080B + 2085, margine sinistro (data):

[ITU NM] U$_4$ I KÁM
[*li-mu* ˡ*A*]*-bat-tu*[10]

Abattu figlio di Adad-šumu-lēšir è forse fratello dell'eponimo Adad-šamšī figlio di Adad-šumu-lēšir (Parte III, 6), ed inoltre, se questo Adad-šamšī è il padre dell'altro eponimo di nome Abattu (Parte III, 9), è zio di quest'ultimo (cf. Fine I, 246; *OMA* II, 60). Inoltre è possibile che il padre Adad-šumu-lēšir sia da identificare con l'eponimo dallo stesso nome (Parte III, 8); costui precederebbe quindi il figlio nel suo eponimato. E' incerto, infine, se questo Abattu sia il padre dell'eponimo Šulmānu-apla-uṣur (Parte III, 7 e 10).

ABĪ-ILĪ ved. sequenza B.

ADAD-ŠAMŠĪ figlio di Adad-šumu-lēšir

Eponimo in *VAT* 19195 = *Assur* 16325 br (inedito; ved. oltre, sequenza H.). Linee 22'-23' del verso (data citata nel testo):

[10] Coll. Postgate, *OA* 13/1, 67.

li-me $^{I\,d}$IM-*šam-ši*
DUMU ^{d}IM-MU-*le-<šìr>*

Eponimo in *KAJ* 56 = *Assur* 14327. Linee 27-30 (data):

[ITU *Mu-ḫur*]-DINGIR^{MEŠ}
U_4 XVI [K]ÁM *li-mu*
$^{I\,d}$IM-*šam-ši*
DUMU ^{d}IM-MU-*le-šìr*

Eponimo in *LB* 1848 (inedito; da cortese informazione di R. Frankena). Linee 14-17 (data):

ITU *Ṣi-pu*
U_4 IV KÁM *li-mu*
$^{I\,d}$[IM]-*šam-ši*
DUMU ^{d}IM-MU-*le-šìr*

Datazione in Fine I, 255, nel periodo Adad-nīrārī—Salmanassar, basata sul fatto che *KAJ* 56 è un testo di Aššur-aḫa-iddina, personaggio citato in questo periodo. Nel testo *LB* 1848 è citata lo stesso Kettī-īde di *LB* 2532 (datato con l'eponimo Ištar-ēriš, del periodo di Salmanassar). Inoltre gli altri eponimi di *Assur* 16325 br risalgono al periodo di Salmanassar.

Precede nella cronologia Aššur-[figlio di Abī-ilī, Bēr-bēl-līte, Ištar-ēriš figlio di Šulmānu-qarrād, Lullāju, Aššur-da'[issunu?] ed Aššur-[figlio di Lullāju. Ved. oltre, sequenza H.

Forse Adad-šamšī è fratello dell'eponimo Abattu (Parte III, 6) e padre di un altro eponimo, sempre di nome Abattu (Parte III, 9). L'anno del suo eponimato è posteriore a quello dell'eponimo Adad-šumu-lēšir (Parte III, 8), se costui è suo padre; cf. *OMA* II, 60 per una ipotetica ricostruzione di genealogia.

Adad-šamšī potrebbe essere forse il funzionario citato in un testo di Tukultī-Ninurta, a sua volta forse riconoscibile nel *tartānu*]-šamši di *KAJ* 116: verso 4' (H. Freydank, *AOF* 1,77 e *n.* 19.). Se è però esistito un altro Adad-šamšī probabilmente posteriore (ved. Parte III, 8) è meglio identificare con quest'ultimo i personaggi suddetti.

AŠŠUR-[figlio di Abī-ilī

Eponimo in *VAT* 19195 = *Assur* 16325 br (inedito. Ved. oltre, sequenza H.). Linea 14'-15' del verso (data citata nel testo):

li-me $^{I\,d}$*A-šur-*[
DUMU *A-bi-*DINGIR

Il testo *Assur* 16325 br contiene nomi di eponimi risalenti al periodo di regno di Salmanassar. Aššur-[potrebbe essere identificato sia con Aššur-dammeq sia con Aššur-kettī-īde.

L'anno del suo eponimato precede quello di Aššur-[figlio di Lullāju e segue quelli di Adad-šamšī e Kidin-Sîn. Ved oltre, sequenza H.

AŠŠUR-[figlio di Lullāju

Eponimo in *VAT* 19195 = *Assur* 16325 br (inedito. Ved oltre, sequenza H.). Linee 25'-26' del verso (data):

[ITU *A-bu*]-LUGAL^{MEŠ} ⌜U_4⌝ [x]+V KÁM *li-mu* $^{I\,d}$*A-šur-*x[
[DU]MU *Lu-la-je-e*

L'anno del suo eponimato segue quelli di Adad-šamšī, Kidin-Sîn, Aššur-[figlio di Abī-ilī, Bēr-bēl-līte, Ištar-ēriš figlio di Šulmānu-qarrād, Lullāju, Aššur-da'[issunu?]. Ved. oltre, sequenza H.

Forse l'eponimo Lullāju è suo padre.

Non è possible identificare questo eponimo con altri conosciuti. Forse il secondo elemento del nome è D[UMU.UŠ].

AŠŠUR-ĀLIK-PĀNI ved. oltre, sequenza B.

AŠŠUR-DA'ISSUNU ved. oltre, sequenza C.

AŠŠUR-DAMMEQ ved. oltre, sequenza B.

AŠŠUR-KĀŠID

Eponimo in *Billa* 4 = *UM* 33-58-135. Linee 21-22 (data):

> [ITU *Qar*]*-ra-tu* [U$_4$] X+VI KÁM
> [*li-m*]*u* [I d]*A-š*[*ur*-KUR][id]

Eponimo in *Billa* 10 = *UM* 33-58-77. Linee 25-27 (data):

> ITU *Qar-r*[*a*]*-tu*
> U$_4$ XVII KÁM *li-mu*
> [[I]][d]*A-šur*-KUR[id]

Eponimo in *Billa* 26 = *UM* 33-58-27. Linee 18-20 (data):

> ITU [d]N[IN-É.GAL[li]]
> U$_4$ X+[X KÁM *li-mu*]
> [I d]*A-šur*-KU[R[id]]

Eponimo in *KAH* 1, 15. Linee 1-2 del bordo (data):

> [ITU *ša*[*šá*] *sa-ra-t*[*u*] *li-mu*
> [I d]*Aš*+*šur*-KUR[[i]d]

Eponimo in *KAJ* 51 = *Assur* 14327 g. Linee 21-23 (data):

> ITU *Kal-mar-tu*
> U$_4$ VIII KÁM *li-m*[*u*]
> [I d]*A-šur*-KUR[id]

Eponimo in *KAJ* 90 = *Assur* 14327 ae. Linee 21-23 (data):

> ITU *Kal-mar-tu*
> U$_4$ XIX KÁM *li-mu*
> [I d]*A-šur*-KUR[id]

Datazione in Fine I, 231, basata sul fatto che *KAH* 1, 15 è una iscrizione di Salmanassar I. Aššur-kāšid potrebbe essere identificato con il contemporaneo *ḫassiḫlu ša ḫalṣi ša* Bīt-zāmâni molto spesso attestato nei documenti de Tell Billa (una volta c'è anche Aššur-kāšid *ḫassiḫlu ša* Sibanibe [= Tell Billa]), figlio di Bēl-qarrād,[11] nipote di Šamaš-lu[e padre di Sîn-nādin-aḫḫē, del *ṭupšarru* Urad-ilīšu e dello *ḫassiḫlu ša* Sibanibe Sîn-apla-ēriš. Non è comunque da escludere anche una identificazione con l'omonimo importante funzionario di *AOF* 1, 60: 52′ (epoca di Tukultī-Ninurta), figlio di Šulmānu-qarrād. In tal caso l'eponimo Šulmānu-qarrād (Parte III, 1) potrebbe essere suo padre, e gli eponimi Ištar-ēriš (Parte III, 6) e Mušallim-Adad (Parte III, 9) suoi fratelli.

AŠŠUR-KETTĪ-ĪDE figlio di Abī-ilī

Eponimo in *KAJ* 49 = *Assur* 14327 cm. Linee 24-27 (data):

> ITU *Qar-ra-tu*
> [U$_4$] III KÁM *li-mu*
> [[I d]*A-š*]*ur′-ke-ti-i-de*
> [DUMU *A-b*]*i*-DINGIR

[11] L'eponimo della Parte II, 5? L'ipotesi sembra da escludere, dato il notevole numero di anni intermedi.

Eponimo in *KAJ* 59 = *Assur* 14987. Linee 22-24 (data):

[ITU *Al*] *-la-na-te*
[U$_4$ N. KÁM/KAM *l*] *i-mu*
[$^{\text{I d}}$*A-šur-ke*] *-ti-i-de*

Eponimo in *KAJ* 182 = *Assur* 14886. Linee 1-6 (data citata nel testo):

iš-tu ITU *ša ke-na-te*
U$_4$ XVIII KÁM *li-me*
^{d}*A-šur-ke-ti-i-de*
a-di ^{ITU}*A-bu*-LUGAL^{MEŠ}
U$_4$ XXV KÁM *li-me*
an-ni-e-ma

Eponimo in *KAJ* 184 = *Assur* 14886. Linee 1-4 (data citata nel testo):

[*i*]*š-tu* ITU ^{d}NIN-É.GAL^{li}
[U$_4$] XVII KÁM *li-me*
$^{\text{I d}}$*A-šur-ke-ti-i-*⌜*de*⌝

Eponimo in *KAJ* 225 = *Assur* 14886. Linee 20-22 (data):

⌜ITU⌝ *Ku-zal-lu* U$_4$ XVII KÁM
[*l*] *i-mu*
$^{\text{I d}}$*A-šur-ke-ti-i-de*

Eponimo in *AO* 21380: 25 *līmu* ^{Id}*A-šur-ke-ti-i-de* (Abu-šarrānu,1) e *AO* 21381: 11 *līmu* ^{Id}*A-šur-ke-ti-de*' (Sîn?,8).

I testi *KAJ* 182 e 184 non portano altra data, per cui devono essere stati scritti nell'anno citato. Datazione in Fine I, 232-233, basata sul parallelo tra *KAJ* 225 e *KAJ* 267 (eponimo Erībtāju, ved. oltre). Ved. *ib.*, 237 per *KAJ* 49 e *KAJ* 59, dove l'eponimo è letto Šamaš-kettī-īde (cf. ib., 170). Segue cronologicamente Abī-ilī (ved. in questa stessa parte III, 6) se costui è suo padre. Forse è fratello degli eponimi Erībtāju e Aššur-dammeq, e nipote dell'eponimo Aššur-šumu-lešir; ved. *OMA* II, 61 per queste ed altre ipotetiche parentele. Ved. anche Aššur-[figlio di Abī-ilī.

AŠŠUR-MUŠABŠI figlio di Anu-mušallim

Eponimo in *AfO* 23, 79-80 = *MARV* 6 = *Assur* 10997 a. Linee 31-32 (data):

ITU *Ḫi-bur* U$_4$ IV KÁM *li-mu* ^{d}*A-šur-mu-šab-ši*
DUMU ^{d}*A-nu-mu-šal-lim*

Eponimo in *AOF* 1, 361 = *MARV* 28= *Assur* 11007 l. Linee 29-20 (data):

ITU *Ḫi-bur* U$_4$ IV KÁM ⌜*li-mu*⌝
$^{\text{I d}}$*A-šur-mu-šab-ši* DUMU ^{d}*A-nu-mu-šal-lim*

Eponimo in *KAJ* 81 = *Assur* 14327. Linee 28-29 (data):

ITU *A-bu*-LUGAL U$_4$ XXI KÁM
li-mu $^{\text{I d}}$*A-šur-m*[*u*]*-šab-ši*

Eponimo in *KAJ* 108 = *Assur* 14327 ea. Linee 11-13 (data):

ITU *Qar-ra-a-tu*
U$_4$ XXVI KÁM *li-mu*
$^{\text{I d}}$*A-šur-mu-šab-ši*

Eponimo in *KAJ* 118 = *Assur* 14327 by. Linee 24-26 (data):

ITU *Qar-ra-tu*^{MEŠ} U$_4$ XXI KÁM
li-mu
$^{\text{I d}}$*A-šur-mu-šab-ši*

Eponimo in *KAJ* 120 = *Assur* 14327. Linee 31-32 (data):

> ITU *ša ke-na-te* U$_4$ III KÁM
> *l*[*i-m*] *u* ^{d}*A-šur-mu-šab-ši*

Datazione in Fine I, 256, basata sul fatto che *KAJ* 108, 118 e 120 sono tre testi di Meli-Saḫ, attestato nel periodo di Salmanassar (*KAJ* 81 è invece un testo di Aššur-aḫa-iddina, all'incirca contemporaneo; cf. Fine I, 255, 258).Con molta probabilità l'eponimo di questi tre testi è il medesimo di *AfO* 23, 79-80, ove sono nominati i figli di Šamaš-aḫa-iddina (Ištar-ēriš, Ubru, Qibi-Aššur, Ved. Parte III, 6 e 9), ma non si può escludere definitivamente una identificazione con l'eponimo di *Stelenreihen* 119 (datazione molto incerta, ved. Parte II, 3). Ved. *OMA* II, 62 per questa possibilità e per ipotetiche parentele con Mušallim-Aššur (suo figlio? Ved. in questa stessa Parte III, 6) e Etel-Aššur (suo nipote? Ved. Parte III, 7).

AŠŠUR-MUŠĒZIB

Eponimo in *KAJ* 98 = *Assur* 14327 cp. Linee 26-28 (data):

> [I]TU *Qar-ra-a-tu*
> U$_4$ XXVIII KÁM *li-mu*
> $^{I\ d}$*A-šur-^{mu}*KAR

Eponimo in *TR* 109. Linee 26-27 (data):

> [ITU NM] U$_4$ XXIV [KÁM]
> [*l*]*i-m*[*u* $^{I\ d}$]⌈*A*⌉*-š*[*ur*]*-^{mu}*KAR

Datazione di *KAJ* 98 in Fine I, 255 nel periodo compreso nei regni di Adad-nīrārī e Salmanassar, perché si tratta di uno dei testi di Aššur-aḫa-iddina, risalenti a questo periodo. La presenza dell'eponimo in un testo di Tell al-Rimāḫ (periodo Salmanassar—Tukultī-Ninurta) ci permette di inserirlo più precisamente nel periodo di Salmanassar. L'eponimo non è da identificare con l'omonimo figlio di Kidin-Ellil, che risale ad un periodo precedente (Parte II, 2). Altri due funzionari i cui nomi sono stati scritti su due stele potrebbero essere invece identificati con questo eponimo:

a) Aššur-mušēzib figlio di Adad-ḪAL e nipote di Ša-Adad-nēnu.

Stelenreihen 86 = Stele 17935. Testo completo:

> *ṣa-lam* ^{I}*Aš+šur-*
> *-^{mu}*KAR
> A X-ḪAL[12]
> A *Šá*-X-
> *-né-nu*

Nell'ipotesi che il nonno sia l'eponimo Ša-Adad-nēnu, del periodo di regno di Adad-nīrārī (Parte III, 1), l'identificazione potrebbe essere esatta; la datazione sarebbe comunque in un periodo non precedente al regno di Adad-nīrārī. Su ipotetiche parentele con altri eponimi e con la famiglia reale ved. *OMA* II, 57.

b) Aššur-mušēzib figlio di Napše x a.

Stelenreihen 79 = Stele 17847. Testo completo:

> [*ṣa*]*-lam*
> ^{I}*Aš+šur-^{mu}*KAR
> A ⌈*Nap*?⌉*-še-* x *-ja*

AŠŠUR-NĀDIN-ŠUMĒ, *šakin* **[, figlio di Aššur-le'i, padre dell'eponimo Bēr-nādin-apli**

Eponimo in *IAK*, 140 = *Assur* 17450. Linee 17-18 del verso (data):

[12] Lettura del nome incerta; ved. *OMA* I, 45.

[ITU *ša sa*]*-ra-te*[13] U_4 [N.] KAM
li-mu $^{\text{I d}}$*Aš-šur*-SUM-M[U^{MEŠ}]

Eponimo in *KAH* 1, 13 (var. a pagina 76*; data):

ITU ⌜*šá*⌝ *sa-ra-te* U_4 XXIV+[II?] KAM *li-mu* ^{I}*Aš+šur*-SUM-MU^{MEŠ}

Eponimo in *KAH* 1, 14. Linee 22-23 (data):

[IT]U *šá ke-na-te li-mu*
[^{I}*Aššur*]-SUM-MU^{MEŠ}

Sua stele in *Stelenreihen* 74 = Stele 17759. Testo completo:

ṣa-lam $^{\text{I d}}$*Aš+šur-*
SUM-MU^{MEŠ}
A ⌜^{d}⌝*Aš+šur-l*[*e-i/e*]
ša-k[*ín*

Padre del funzionario Bēr-nādin-apli in *Stelenreihen* 135 (ved. Parte III, 7, s.v. Bēr-nādin-apli).

Eponimo in *TR* 108. Linee 11-13 (data):

⌜ITU⌝ *Mu-ḫur*-DINGIR^{MEŠ}
⌜U_4⌝ XI KÁ[M] [*l*]*i-m*[*u*]
$^{\text{I d}}$⌜*A*⌝-[*šur*]-SUM-MU$^{\text{MEŠ!}}$

Eponimo in *TR* 2086. Linee 2-3 (data citata nei testo):

⌜*ša' li*⌝-[*m*]*e*
$^{\text{I d}}$*A-šur*-SUM-MU^{MEŠ}
DUMU ^{d}*A-šur*-⌜*le-i*⌝

Eponimo in *TR* 3009: Linee 1-3[14] (data citata nel testo):

ša li'-me
$^{\text{I d}}$[*A-šur*]-SUM'-MU$^{\text{!MEŠ}}$
DUMU ^{d}*A-šur*-⌜*le'-i*⌝

Datazione basata sul fatto che *IAK*, 140, *KAH* 1, 13 e *KAH* 1, 14 sono iscrizioni di Salmanassar. Il nome del padre in *TR* 2086 e *TR* 3009 (da collazione) permette di identificarlo con Aššur-nādin-šumē di *Stelenreihen* 135 (dove è figlio di]-le'i) e *Stelenreihen* 74 (dove è figlio di Aššur-[ ). Inoltre, da *Stelenreihen* 135 risulta padre di Bēr-nādin-apli, che con ogni probabilità è l'eponimo di *KAJ* 105 (Parte III, 7). Risulta quindi che padre e figlio sono stati ambedue eponimi; cf. *OMA* II, 56. Ragioni di cronologia fanno escludere che il padre sia l'eponimo Aššur-le'i della Parte II, 2. Ved. comunque *OMA* II, 55 per le possibilità di parentele.

AŠŠUR-ŠAD-NIŠĒŠU ved. oltre, sequenza F.

BĒR-BĒL-LĪTE ved. oltre, sequenza E.

BĒR-ŠUMA-IDDINA

Eponimo in *Assur* 14327 dc (*VAT* 8849; testo non pubblicato, citato in *AfO* 13, 313 b).

Eponimo in *KAJ* 94 = *Assur* 14327 ff. Linee 18-20 (data):

ITU *Al-la-na-te*
U_4 XII KÁM *li-me*
$^{\text{I d}}$*Be-er*-MU-SUM^{na}

[13] Oppure *Qar*]*-ra-te*.
[14] Da collazione.

Eponimo in *KAJ* 102 = *Assur* 14327 y. Linee 2-4 (data citata nel testo):

> *iš-tu* ITU *ša ke-na-te*
> U$_4$ V KÁM *li-me*
> $^{\text{I d}}$*Be-er*-MU-SUM^{na}

Datazione in Fine I, 256, basata sul fatto che *KAJ* 94 e 102 sono due tavolette di Meli-Saḫ, i cui testi risalgono a questo periodo.

ELLIL-AŠARĒD ved. oltre, sequenze C e D.

ERĪBTĀJU ved. oltre, sequenza D.

IBAŠŠI-ILĪ *mār šarri*

Eponimo in *KAJ* 82 = *Assur* 14886. Linee 9-11 (data):

> ITU *Mu-ḫur*-DINGIR^{MEŠ}
> [U$_4$] XXIII KÁM *li-m*[*u*]
> ^{I}[Ì].GÁL-DINGIR ⌜DUMU! LUGAL!⌝

Eponimo in *TR* 3030. Linee 21-23 (data):

> [ITU *K*]*u-zal-lu* ⌜U$_4$⌝ III (+II?) <KÁM>
> [*li*]-*mu* ⌜Ì!⌝.GÁL-DINGIR
> ⌜DUMU LUGAL⌝[15]

Datazione in "Mesopotamia" 8-9, 169 sgg. nel periodo compreso fra i regni di Salmanassar e di Tukultī-Ninurta. Data l'esistenza di due eponimi di nome Ibašši-ilī nel periodo di regno di Aššur-uballiṭ si potrebbe pensare ad una identificazione con uno di loro. Già in *OMA* II, 45 avevamo messo in dubbio tale identificazione, dato che l'analisi dell'archivio *Assur* 14886, cui appartiene *KAJ* 82, induceva piuttosto a pensare ad un periodo più tardo, compreso tra i regni di Adad-nīrārī e Tukultī-Ninurta (cf. *OMA* I, 231 *N.* 25 c.). Confermava l'esistenza di un eponimo Ibašši-ilī in questa epoca il testo *TR* 3030 (cf. *OMA* I, 232, f.). Al nome Ibašši-ilī di *KAJ* 82 seguono nella copia due segni in parte scomparsi, che hanno fatto pensare alla lettura DUB.SAR, *ṭupšarru*. Da una collazione di J. N. Postgate siamo venuti a sapere che anche al nome in *TR* 3030 seguono due segni[16] che, per quanto anch'essi in parte erasi, possono essere letti ⌜DUMU LUGAL⌝ con una certa sicurezza. Questo fatto ci ha indotto a proporre anche per *KAJ* 82 la lettura DUMU LUGAL, e ad identificare quindi i due eponimi.[17] La datazione in "Mesopotamia" è dovuta al fatto che i testi di Tell al-Rimāḫ risalgono al periodo Salmanassar—Tukultī-Ninurta . La disposizione cronologica degli eponimi di Tell al Rimāḫ data dal Wilcke (ved. Cap.I, I) fa però decisamente preferire la datazione sotto Salmanassar.

ILĪ-QARRĀD

Eponimo in KAJ 73 = Assur 14327. Linee 25-26 (data):

> ⌜ITU⌝ *Mu-ḫur*-DINGIR^{MEŠ} U$_4$ XXVIII KÁM
> *li-mu* ^{I}DINGIR-UR.SA[G]

Eponimo in *TR* 3012. Linee 22-23 (data):

> ITU *Ku-zal-lu* U$_4$ XXVI KÁM
> [*l*]*i-mu* ^{I}DINGIR-UR.SAG

[15] Collazione di J. N. Postgate, da cortese informazione.

[16] Nella copia in "Iraq" 30/2, Tav. LXV compare solo la fine del secondo segno.

[17] A rigore, non si può tuttavia escludere completamente la lettura ⌜LÚ!.AGRIG⌝ che porterebbe ad identificare Ibašši-ilī di *KAJ* 82 con l'omonimo *līmu abarakku* del periodo di regno di Aššur-uballiṭ (Parte II, 5).

Datazione in Fine I, 255, basata sul fatto che *KAJ* 73 è un documento di Meli-Saḫ, attestato nel periodo qui considerato. La disposizione cronologica degli eponimi di Tell al-Rimāḥ fatta dal Wilcke (ved. Cap.I, I) suggerisce per Ilī-qarrād una datazione nel periodo tardo del regno di Salmanassar.

IŠTAR-ĒRIŠ figlio di Šamaš-aḫa-iddina; fratello dell'eponimo Qibi-Aššur; fratello di Ubru (eponimo?)

Eponimo in *Billa* 33 = *UM* 33-58-55. Linee 9-11 (data):

> [IT]U *Ku-zal-*[*lu*] ⸢U$_4$⸣ [N. KAM]
> [*li-m*]*u* $^{I\,d}$*Iš*$_8$*-tár-*KA[M]
> [DUMU] ⸢^{d}⸣UD-ŠEŠ-SU[M^{na}]

Risulta fratello dell'eponimo Qibi-Aššur (anch'egli citato nelle date con il nome del padre Šamaš-aḫa-iddina) e di un Ubru (che probabilmente deve essere identificato con l'eponimo con lo stesso nome) in *AfO* 23, 79-80.

> Linea 10: ŠU.NIGÍN 5-*me* 1-*šu-ši* 5 ERÍN^{MEŠ} *ša* $^{I\,d}$*Iš*$_8$*-tár-*KAM
> Linea 12: *a-di* 80 ERÍN^{MEŠ} *ša iš-tu* $^{I\,d}$*Iš-tár-*KAM *i-zu-zu-ú-ni*
> Linee 4, 11, 19: *Qibi-Aššur*
> Linee 20, 27: *Ubru*
> Linea 29: DUMU^{MEŠ} ^{d}UD-ŠEŠ-SUM^{na}

Per queste ed altre possibili parentele ved. *OMA* II, 65.

Data l'esistenza di un altro Ištar-ēriš eponimo nello stesso periodo (ved. l'eponimo seguente) non si può sapere se ci si riferisca a questo o all'altro nei testi in cui è citato senza il nome del padre (ved. oltre, anche sotto la sequenza C.).

Datazione in Fine I, 235, che però non distingue tra i due Ištar-ēriš. È comunque da inserire nel periodo di Salmanassar in considerazione del fatto che è attestato nei documenti di Tell Billa (periodo Adad-nīrārī o Salmanassar). Da *AfO* 23 risulta sicuramente fratello di un eponimo con cui è datato il secondo anno di regno di Tukultī-Ninurta (Qibi-Aššur) e probabilmente fratello di un altro con cui è datato l'ultimo anno di Salmanassar (Ubru); se il padre è *qīpu ša šarri* di *KAJ* 109:12-14 (periodo di Salmanassar) l'esclusione del periodo di Adad-nīrārī trova conferma.

IŠTAR-ĒRIŠ figlio di Šulmānu-qarrād

Eponimo in *Assur* 16308 l (tavoletta non pubblicata, citata in *AfO* 13, 118 *N.* 28 e *AfO* 19, 34*a*).

Eponimo in *Billa* 30 = *UM* 33-58-133. Linee 17-20 (data):

> IT[U *Mu-ḫ*]*ur-*DINGIR^{M}[$^{EŠ-ni}$]
> [U$_4$ N.]+II KÁM *lim*[*u*]
> $^{I\,d}$*Iš*$_8$*-*[*t*]*ár-*KAM
> D[UM]U ⸢^{d}⸣SILIM.MA-U[R].⸢SAG⸣

Eponimo in *KAJ* 124a = *Assur* 14886 y. Linee 8'-10' del verso (data):

> [ITU *ša ke*]*-na-te* U$_4$ XXII K[ÁM]
> [*li*]*-mu* $^{I\,d}$*Iš*$_8$*-tár-*KAM
> [DUM]U ^{d}*Šùl-ma-nu-*UR.SAG

Eponimo in *KAV* 119. Linee 17-18 (data):

> ITU *Ṣi-pu* U$_4$ XX KÁM
> [*l*]*i-mu* $^{I\,d}$*Iš*$_8$*-tár-*KAM DUMU ^{d}SILIM.MA-UR.SAG

Eponimo in *MARV* 39 = *Assur* 16008 l. Linee 2'-3' del verso (data):

ITU *Ku-zal-lu* x? *li-mu*
$^{\mathrm{I\,d}}$⌜*Iš$_8$-tár*⌝[K]AM DUMU
^{d}SILIM.MA-UR$^{!?}$.SAG$^{!?}$

Eponimo in *TR* 2913. Linee 18-21 (data):

[ITU] *Mu-ḫ*[*ur*-DING]IR
U$_4$ XVI$^?$ K[AM]
li-mu [$^{\mathrm{I\,d}}$*Iš$_8$-tá*]*r*-KA[M]
⌜DUMU ^{d}*Šùl*⌝-[*m*]*a-ni*[18] UR$^!$.SAG

Eponimo in *VAT* 19195 = *Assur* 16325 br (inedito; ved. oltre, sequenza H.). Linea 16′ del verso (data citata nel testo):

li-me ^{Id}*Iš-tár*-KAM DUMU ^{d}*Šùl-ma-nu*-U[R.SAG]

Eponimo in una tavoletta inedita, prossimamente pubblicata (cortese informazione di K. Deller e G. Wilhelm). Linee 20-22 (data):

ITU *Mu-ḫur*-DINGIR U$_4$ XXII[+x? KÁM/KAM]
li-mu $^{\mathrm{I\,d}}$⌜*Iš$_8$*-[*tár*-KAM]
DUMU ^{d}*Šùl-ma*-⌜*nu*⌝-U[R.SAG]

Eponimo in un testo di Dūr-katlimmu: $^{\mathrm{I\,d}}$*Iš-tár*-KAM DUMU ^{d}SILIM.MA-UR.SAG 1527 I 91;IV 40 (cortese informazione di W. Röllig).

Datazione in Fine I, 235, basata sul fatto che l'eponimo è citato in un testo di Tell Billa, i cui documenti medioassiri risalgono ai periodi di Adad-nīrārī o di Salmanassar; il Fine non separa i due Ištar-ēriš, per cui identifica con il figlio di Šulmanu-qarrād gli eponimi di nome Ištar-ēriš citati senza nome del padre: tra questi anche quello immediatamente precedente Aššur-da'issunu (ved. oltre, sequenza C.), eponimo con cui è datata una tavoletta di Urad-Šerū'a (*KAV* 156) un funzionario i cui documenti risalgono o al regno di Salmanassar o a quello di Tukultī-Ninurta. Essendo escluso questo re dai testi di Tell Billa, il periodo è ristretto al regno di Salmanassar. Nonostante che il Fine non abbia distinto tra i due Ištar-ēriš questa datazione è valida, perché confermata dal testo *TR* 2913 di Tell al-Rimāḫ, località i cui testi medioassiri sono del periodo di Salmanassar o di Tukultī-Ninurta. Per la sua collocazione cronologica tra gli eponimi di Tell al-Rimāḫ ved. Cap.I, I. Segue nella successione cronologica Adad-šamšī e Kidin-Sîn. Precede Aššur-[figlio di Lullāju; ved. oltre, sequenza H. Possibile identificazione con Ištar-ēriš della sequenza C. (ved!). Data l'esistenza di un altro Ištar-ēriš eponimo nello stesso periodo (ved. l'eponimo precedente) non si può sapere se ci si riferisca a questo o all'altro nei testi in cui è citato senza il nome del padre (ved. oltre, anche sotto la sequenza C.)

Forse suo padre è l'eponimo Šulmānu-qarrād del periodo di Adad-nīrārī (Parte III, 1); l'eponimo Mušallim-Adad del periodo di Tukultī-Ninurta (Parte III, 9) può essere suo fratello; cf. *OMA* II, 59.

IŠTAR-ĒRIŠ (citato senza il nome del padre)

Le seguenti attestazioni possono riferirsi sia ad Ištar-ēriš figlio di Šamaš-aḫa-iddina sia ad Ištar-ēriš figlio di Šulmānu-qarrād:

a) Eponimo in *AfO* 19, Tav. 7. Ved. oltre, sequenza C.

b) Eponimo in *Billa* 29 = *UM* 33-58-139. Linee 11-12 (data):

[ITU *Qar*]*-ra-tu* U$_4$ III KÁM
[*li-mu*] $^{\mathrm{I\,d}}$*Iš$_8$-tár*-KAM

c) Eponimo in *KAJ* 219 = *Assur* 11541. Linee 12-13 (data):

ITU *Ḫi-bur* U$_4$ XVII KÁM
li-mu $^{\mathrm{I\,d}}$I*š$_8$-tár*-KAM

[18] Da cortese informazione di J.N. Postgate, la cui collazione conferma la lettura del nome dell'eponimo (*OMA* I, 469).

d) Eponimo in *Symbolae ... De Liagre Böhl* 1973, 180 = *LB* 2532. Linee 8-10 (data):

ITU *ša sa-ra-te*
U_4 XXIV KÁM *li-mu*
I dIš8-*tár*-KAM

KIDIN-SÎN figlio di Adad-tēja, *bēl pāḫete* **della città Šuduḫi**

Eponimo in *Billa* 1 = *UM* 33-58-70. Linee 25-26 (data):

ITU *Ḫi-bur* U_4 XV KÁM
li-mu ISÚ-dXXX DUMU X-⌜*te*⌝-*ja*

Eponimo in *VAT* 19195 = *Assur* 16325 br (inedito; vèd. oltre, sequenza H.). Linee 23′-24′ del verso (data citata nel testo):

li-me I*Ki-din*-dXXX
DUMU dIM-*te-ja*

bēl pāḫete di Šuduḫi in *KAJ* 109 = *Assur* 14327 p. Linee 18-21:

a-na I*Ki-din*-dXXX DUMU dIM-*te-ja*
EN *pa-ḫe-te ša* URU*Šu-du-ḫi*
a-na ša-ad-du-ni
it-ti-din

Cf. Linea 1: KIŠIB I*Ki-din*-[dXXX]

Citato in *KAJ* 275 = *Assur* 21101. Linee 2-3:

20 KUŠ UDU.MÁŠMEŠ I*Ki-d*[*in*-dXXX]
DUMU ⌜d!⌝ IM-*te*-[*ja*]

Sua stele in *Stelenreihen* 132 = Stele 19318. Testo completo:

Ṣa-lam
ISÚ-dXXX
A X-*te-ja*

Datazione in Fine I, 235, basata sulla identità dell'eponimo di *Billa* 1 con il bēl pāḫete di Šuduḫi. Il testo in cui la persona è citata nelle vesti di *bēl pāḫete* è *KAJ* 109, sicuramente del periodo di Salmanassar (eponimo Mušallim-Aššur). In Fine I, 233, l'identitá con la persona citata in *KAJ* 275 è data come incerta.

Precede nella successione cronologica Aššur-[figlio di Abī-ilī, Bēr-bēl-līte, Ištar-ēriš figlio di Šulmānu-qarrād, Lullāju, Aššur-da'[issunu?], ed Aššur-[figlio di Lullāju. Ved. oltre, sequenza H.

LULLĀJU ved. oltre, sequenza E.

MUDAMMEQ-BĒL

Eponimo in *KAJ* 276 = *Assur* 21101. Linee 6-7 (data):

ITU *Ku-z*[*al-lu*] U_4 XI KÁM
li-mu I *mu*SIG5-EN

La datazione è molto incerta, e la basiamo sulla possibilità che i testi dell'archivio *Assur* 21101 risalgano al periodo di Salmanassar, in seguito a due indizi: 1) Būnīja di *KAJ* 248:16 (archivio *Assur* 21101) sembra essere lo stesso citato in *KAJ* 225 e 267, testi paralleli che risalgono al periodo di Salmanassar. 2) Kidin-Sîn di *KAJ* 275 (archivio *Assur* 21101) è sicuramente lo stesso citato in *KAJ* 109 e *Billa* 1, testi risalenti al periodo di Salmanassar (cf. Fine I, 233). Come alternativa Mudammeq-Bēl può essere identificato con l'omonimo *līmu* del periodo di regno di Tiglat-pileser I (Parte IV, 5).

MUŠABŠI'Ū-SIBITTA

Eponimo in Bezold, Cat. 4, 1689 (48, 11-4, 280)

> [U$_4$] V KÁM *li-me*
> ^{I}*Mu-šab-ši-ú'-*^{d}[IMI] N$^{!}$.B[I]

Eponimo in *Billa* 3 = *UM* 33-58-122. Linee 25-27 (data):

> ⌜ITU⌝ *Al-la-na-tu*
> ⌜U$_4$⌝ V KÁM *li-mu*
> [^{I}*Mu*]*-ši'-ib-ši-*^{d}IMIN^{ia}

Eponimo in *KAH* 2, 41 = *Assur* 18601. Linee 27-28 (data):

> ITU *Ḫi-bur li-mu*
> ^{I}*Mu-šá-ab-ši-ú-*^{d}IMIN BI

Eponimo in *OIP* 79, Tav. 85 N. 10 = F 273. Linee 1-3 (data citata nel testo):

> ⌜*iš-tu*⌝ ITU [NM]
> U$_4$ I KÁM *a-n*[*a* U$_4$ N. KÁM *li-me*]
> ^{I}*Mu-šab-ši-*[*ú-*^{d}IMIN.BI]

Eponimo *ibidem*, linee 12-13 (data):

> ITU ⌜*Ku-zal-lu*⌝ U$_4$ XX+[N. KÁM *li-mu*]
> ^{I}*Mu-šab-ši-ú-*⌜^{d}⌝ [IMIN.BI]

Eponimo in *TR* 2062 A. Linee 4'-6' (data):

> [ITU] *A-bu-*LUGAL$^{MEŠ-nu}$
> [U$_4$ N.]+I KÁM *li-mu*
> [^{I}*Mu*]-⌜*šá-ab-ši-ú*⌝⌜^{d}⌝[IMIN.BI]

Datazione in Fine I, 234, basata sul fatto che *KAH* 2, 41 è una iscrizione di Salmanassar.

MUŠALLIM-AŠŠUR ved. oltre, sequenza B.

NUSKU-UBALLIṬ

Eponimo in *KAJ* 300 = *Assur* 21101. Linee 10-11 (data):

> ITU ^{d}XXX U$_4$ XIX K[ÁM]
> *li-mu* $^{I\,d}$EN[ŠAD] A-⌜Ú⌝ TI.LA

Datazione incerta, per cui ved. sopra, s.v. Mudammeq-Bēl.

PŪTĀNU

Eponimo in *KAJ* 72 = *Assur* 14327 x. Linee 22-24 (data):

> ITU *Mu-ḫur-*DINGIR^{MEŠ}
> U$_4$ X+III KÁM
> *li-mu* ^{I}*Pu-ta-nu*

Forse eponimo in "Iraq" 32, Tav. 36, *BM* 123367 (con lettura ^{I}*Pu-ta$_5$-nu*). Ved. Buṭnu, Parte IV, 2.

Datazione in Fine I, 255, basata sul fatto che *KAJ* 72 è una tavoletta di Meli-saḫ, attestato in questo periodo.

SÎN-[

Eponimo in *KAJ* 249 = *Assur* 21101. Linee 20-21 (data):

ITU ᵈXXX U₄ [N. KÁM/KAM]
li-mu ᴵ ᵈXXX-[

Datazione incerta, per cui ved. sopra, s. v. Mudammeq-Bēl.

ṢILLI-ADAD figlio di Aššur?-dān? e nipote di Aššur-[

Eponimo in *Assur* 13058 d (testo non pubblicato, citato in *AfO* 20, 116 nota 12) Data:

līmu ᴵ*Ṣíl-lí-*ᵈ*Adad* (prob.:IM)

Eponimo in *TR* 3007. Linee 25-27 (data):

ITU *Mu'-ḫur'*-DINGIR^MEŠ U₄ XXVI KÁM
li-mu ᴵ*Ṣíl-lí-*ᵈIM
DUMU ᵈ*A-šur?-dan?* DUMU ᵈ*A-šur-*[

La datazione è dovuta al fatto che i testi di Tell al-Rimāḫ risalgono al periodo compreso tra i regni di Salmanassar e Tukultī-Ninurta. La disposizione cronologica dei testi di Tell al-Rimāḫ data dal Wilcke (cf. Cap. I, I.) fa preferire il periodo di regno di Salmanassar. Ci sembra quindi da escludere la proposta avanzata da E. Weidner (*AfO* 20, cit.) di integrare la linea 3 di *VAT* 13056 = *AfO* 20, 225 b: "[....] im Eponymat] des Ṣilli-Adad / [zog (oder dgl.)] Enlilnarâri ...."

ŠAMAŠ-TUKULTĪ

Eponimo in *TR* 2025. Linee 14-15 (data):

ITU *Al-*[*la*]*-na-tu* U₄ IX KÁM
li-mu ᴵ ᵈUD-ᴳᴵŠTUKUL*ti*

Datazione dovuta al fatto che i testi di Tell al-Rimāḫ risalgono al periodo compreso tra i regni di Salmanassar e di Tukultī-Ninurta. La disposizione cronologica dei testi di Tell al-Rimāḫ data dal Wilcke (ved. Cap. I, I) fa preferire il periodo di regno di Salmanassar. Forse Šamaš-tukultī è padre di]AN[(ved. Parte III, 8).

ŠULMĀNU-AŠARĒD ved. oltre, sequenza A.

UBRU ved. oltre, sequenza G.

USĀT-MARDUK ved.oltre, sequenza C.

]-ILĀNI ved. oltre, sequenza F.

TESTI SENZA EPONIMO

KAJ 95 = *Assur* 14327 ez. Data scomparsa.
Datazione in Fine I, 256, basata sul fatto che il testo è una tavoletta di Meli-Saḫ, attestato nel periodo di regno di Salmanassar.

KAJ 121 = Assur 14327 ef. Data scomparsa.
Datazione in Fine I, 233, basata sulla presenza del nome Meli-Saḫ (per cui cf. sopra, *KAJ* 95) e sul fatto che uno stesso personaggio attestato in questa tavoletta è citato anche in *KAJ* 51 (eponimo Aššur-kāšid, regno di Salmanassar).

KAJ 158 = *Assur* 14445?. Data scomparsa.
Datazione in Fine I, 232, basata sul fatto che compaiono come contraenti le stesse persone di *KAJ* 159 (eponimo Erībtāju, regno di Salmanassar). Facciamo comunque notare che i contraenti Kurbānu e Nabû-kettu di *KAJ* 159 compaiono come tali nel contesto di una tavoletta precedente, il cui contenuto è riportato in *KAJ* 159.

KAJ 248 = *Assur* 21101. Nome dell'eponimo scomparso dalla data (linee 19-20):

> ITU *Qar-ra-t*[*u* U$_4$ N. KÁM/KAM]
> *li-mu* [I] x [x x] x

Datazione incerta, per cui ved. sopra, s.v. Mudammeq-Bēl

KAJ 250 = *Assur* 21101. Senza data.
Datazione come sopra.

KAJ 275 = *Assur* 21101. Data scomparsa.
Datazione in Fine I, 233, basata sul fatto che Kid[in-Sîn] figlio di Adad-tēja può essere identificato con il *bēl pāḫete* di *KAJ* 109 (periodo di Salmanassar). Si aggiunga che lo stesso personaggio è eponimo in *Billa* 1 (ved. sopra s.v. Kidin-Sîn).

KAJ 298 = *Assur* 21101. Senza data
Datazione incerta, per cui ved. sopra, s.v. Mudammeq-Bēl

KAJ 299 = *Assur* 21101. Data scomparsa.
Datazione come sopra.

KAJ 315 = *Assur* 14327. Data scomparsa.

Datazione in Fine I, 256, per cui ved. sopra, *KAJ* 95.

TR 2037. Nome dell'eponimo scomparso dalla data:

> [IT]U *Al-la-na-*[*t*]*u$_4$* U$_4$ XIX [KÁM/KAM]
> [*l*]*i-mu* ⌈x x x x x[(=-*ú*⌉-*ṣur*⌉. Ved. anche p.109).

Essendo *TR* 2037 un testo di Tell al-Rimāḫ, va collocato nel periodo di tempo comprendente i regni di Salmanassar e di Tukultī-Ninurta. La disposizione cronologica degli eponimi di Tell al Rimāḫ data dal Wilcke (ved. Cap. I, I.) fa decisamente preferire la datazione sotto Salmanassar.

VAT 9041 (inedito; prossima pubblicazione in *MARV* II, 4). Data scomparsa.
Incerta attribuzione al periodo di Salmanassar (cortese informazione di H. Freydank).

Elenco degli Eponimi secondo la sequenza cronologica o comunque in reciproca corrispondenza

A. Re Salmanassar, presumibilmente eponimo nel suo primo anno completo di regno.

ŠULMĀNU-AŠARĒD I *šarru*

Eponimo in *Billa* 25 = *UM* 33-58-31. Linee 13-15 (data):

> ITU *ša sa-ra-te*
> U$_4$ XV KÁM *li-mu*
> [I d]*Šùl-ma-nu*-SAG LUGAL

Eponimo in IAK, 154. = *Assur* 13001. Linee 10-11 del verso (data):

> ITU [d]XXX U$_4$ X KAM
> *li-mu* [I d]*Šùl-ma-nu*-SAG

Eponimo in *KAJ* 75 = *Assur* 14327 k. Linee 23-24 (data):

> [ITI]U *Ḫi-bur* U$_4$ VII KÁM
> [*l*]*i-mu* $^{\mathrm{I\,d}}$SILIM.MA-SAG

B. La sequenza Abī-ilī   Aššur-ālik-pāni   Mušallim-Aššur è dovuta al testo *KAJ* 113, datato con l'eponimo Mušallim-Aššur, che riporta l'annotazione di due operazioni nei riguardi di gente deportata, avvenute la prima nell'anno dell'eponimato di Abī-ilī, la seconda nell'anno dell'eponimato di Aššur-ālik-pāni;[19] poiché la deportazione interessa popolazioni hurriche sconfitte, i tre eponimi vanno collocati in un periodo immediatamente successivo alla conquista di Ḫanigalbat.

ll. 5-6	*i-na li-me* ^{I}⌜*A*⌝-[*b*]*i*'-DINGIR
	DUMU ^{d}*A-šur*-MU-[*le*]*-šìr*
ll. 13-14	*i-na li-me*
	$^{\mathrm{I\,d}}$*A-šur-a-lik-pa-ni*
l. 38 (data)	*li-mu* ^{I}*Mu-šal-lim-*^{d}*A-šur*

Da *Stelenreihen* 96 risulta che l'eponimo Abī-ilī è padre dell'eponimo Aššur-dammeq, il cui anno di eponimato va posto dunque verisimilmente dopo (senza che si sappia di quanto) quello di Mušallim-Aššur.

ABĪ-ILĪ figlio di Aššur-šumu-lēšir; padre dell'eponimo Aššur-dammeq

Eponimo in *IAK*, 130 = *Assur* 1803 etc. (ved. *IAK*, XXXII-XXXIV). Linee 25-26 (data, variante):

> ITU *šá sa-ra-te* U$_4$ XX KAM *li-mu*
> ^{I}*A-bi*-DINGIR[20]

Eponimo in *KAJ* 113 = *Assur* 14327 h. Linee 5-6 (data citata nel testo, cf. sopra, B.):

> *i-na li-me* ^{I}⌜*A*⌝-[*b*]*i*'-DINGIR
> DUMU ^{d}*A-šur*-MU-[*le*]*-šìr*

Eponimo in *KAJ* 119 = *Assur* 14327 k. Linee 22-24 (data):

> ITU ^{d}[NIN]-É.GAL!
> U$_4$ XX+[N. KÁM/KAM *l*]*i-mu*
> ^{I}*A*-⌜*bi*⌝-DINGIR

Eponimo in *KAJ* 242 = *Assur* 14410. Linee 5-7 del verso (data):

> ITU *Mu-ḫur*-DINGIR^{MEŠ} U$_4$ XIX KÁM
> [*l*]*i-mu* ^{I}*A-bi*-DINGIR
> DUMU ^{d}*A-šur*-MU-*l*[*e-šì*]*r*

Eponimo in *KAJ* 290 = *Assur* 14445. Linee 6-10 (data):

> ITU *Mu-ḫur*-DINGIR<^{MEŠ}>
> U$_4$ VII KÁM *li-mu*
> ^{I}*A-bi*-DINGIR

Padre di Aššur-dammeq in *Stelenreihen* 96 (ved. oltre, s.v. Aššur-dammeq)

Eponimo in *TR* 100? Linee 19-20 (data):

> ITU ⌜*Al-la-na-a-te* U$_4$ XXVI⌝ [+II?] ⌜KÁM⌝
> ⌜*li*⌝-[*mu* ^{I}*A-bi*-DINGIR]
> ⌜DUMU ^{d}*A*⌝-*š*[*ur*-MU-*le-šìr*]

[19] Su questo testo ved. *ANLR* 25/7-12 (1970), 437 sgg.

[20] La variante "Abī-ilī" al posto di "Aššur-dammeq figlio di Abī-ilī" può essere un errore di dimenticanza.

Eponimo in *TR* 101. Linee 12-13 (data):

> ITU$^{!}$ *Ḫi-bur* U$_4$ XX [K]ÁM [*l*]*i-mu*
> ^{I}*A-bi*-DINGIR

Eponimo in *TR* 102. Linee 14-15 (data):

> ITU$^{!}$ *Ḫi-bur* U$_4$ X KÁM *li-mu*
> ^{I}*A-bi*-DINGIR

Eponimo in *TR* 110. Linee 20-21 (data):

> [ITU NM] x U$_4$ IV KÁM
> [*li-mu* ^{I}*A-b*]*i*-DINGIR$^{!}$

Eponimo in *TR* 2090. Linee 4'-5' (data):

> ITU *Mu-ḫur*-DINGIR[^{MEŠ} U$_4$ N. KÁM/KAM]
> *li-mu* ^{I}*A-bi*-[DINGIR]

Eponimo in *VS* I, 103. Linee 20-21 (data):

> ITU *Ḫi-bur* U$_4$ V KÁM
> [*l*]*i-mu* ^{I}*A-bi*-DINGIR

Datazione in Fine I, 230, basata sul fatto che il terzo eponimo della sequenza, Mušallim-Aššur, è sicuramente eponimo sotto Salmanassar (testo storico), e sul fatto che in *KAJ* 290 Tukultī-Ninurta è citato come 'figlio del re'. Si aggiunga il testo storico *IAK*, 130 (periodo di Salmanassar). Segue Aššur-šumu-lēšir (Parte III, 1) se costui è suo padre; cf. *OMA* II, 61. Precede l'eponimo Aššur-dammeq, sicuramente suo figlio; precede anche Aššur-kettī-īde ed Erībtāju (in questa stessa Parte III, 6) se sono suoi figli; cf. *OMA* 2, *ib.* Alcune citazioni, specie *TR*, potrebbero appartenere ad Abī-ilī della Parte III, 9.

AŠŠUR-ĀLIK-PĀNI

Eponimo in *KAJ* 62 = *Assur* 14327 e. Linee 23-24 (data):

> ITU *Ṣi-pu* U$_4$ XXVI KÁM
> *li-mu* ^{Id}*A-šur-a-lik-pa-ni*

Eponimo in *KAJ* 113 = *Assur* 14327 h. Linee 13-14 (data citata nel testo; cf. sopra, B.):

> *i-na li-me*
> ^{Id}*A-šur-a-lik-pa-ni*

Eponimo in *KAJ* 114 = *Assur* 14327 z. Linee 28-29 (data):

> I[T]U *Kal-mar-tu* U$_4$ XXI[+I?] KÁM
> *li-mu* ^{Id}*A-šur-a-lik-pa-ni*

Datazione in Fine I, 230, basata sul fatto che l'eponimo si trova nella sequenza tra altri due eponimi databili sicuramente nel periodo di Salmanassar.

MUŠALLIM-AŠŠUR

Eponimo in *IAK*, 126 N. 1 (*KAH* 1, 13). Linea 9 del margine, variante (data):

> ITU *šá sa-ra-te li-mu* ^{I}*Mu-šal-lim-Aš-šur*

Eponimo in *IAK*, 158 N. 17 = *Assur* 13001. Linea 3 del verso (data):

> [*li-mu* ^{I}*M*]*u-šal-lim*-^{d}*A*[*šur*]

Eponimo in *KAJ* 83 = *Assur* 14327 ag. Linee 30-31 (data):

ITU *šá ke-na-te* U_4 XXVIII KÁM
⌜*li*⌝-<*mu*> *Mu-šal-lim-*ᵈ*A-š*[*ur*]
(oppure: ⌜*li*⌝-*mu* <ᴵ*Mu*>-*šal-lim-*ᵈ*A-š*[*ur*])

Eponimo in *KAJ* 109 = *Assur* 14327. Linee 22-23 (data):

ITU *ša ke-na-te* U_4 XXIII [KÁM/KAM]
li-mu ᴵ*Mu-šal-lim-*ᵈ*A-šur*

Eponimo in KAJ 113 = Assur 14327 h. Linee 37-38 (data; cf. sopra, B.):

ITU *ša ke-na-te* U_4 XXI KÁM
li-mu ᴵ*Mu-šal-lim-*ᵈ*A-šur*

Eponimo in *RIAA* 311 = O. 232. Linee 10-11 (data):

ITU *Ṣi-ip'-pu* U_4 XV KÁM
⌜*li*⌝-*mu* ᴵ*Mu-šal-lim-*ᵈ*A'-šur*

Eponimo in *VAT* 9005 = *Assur* 14327 w (tavoletta non pubblicata, citata in *AfO* 13, 315 b).

Datazione in Fine I, 230, basata sul fatto che i testi in *IAK* sono del periodo di Salmanassar. Non è escluso che lo stesso Mušallim-Aššur sia citato in un documento contemporaneo, *KAJ* 116 (ved. Cap. I, II, p.16), insieme ad altre persone forse identificabili con altri omonimi *līmu* (Libūr-zānin-Aššur, Urad-Šerū'a, Aššur-bēl-ilāni); linea 7:

Mu]-*šal-lim-*ᵈ*A-šur* DUMU ᵈ*A-šur-mu-šab-ši*

In tal caso se suo padre Aššur-mušabši è l'eponimo (ved. in questa stessa Parte III, 6), Mušallim-Aššur lo segue nel suo eponimato; è però possibile che suo padre sia Aššur-mušabši della Parte II, 3, la cui datazione è molto incerta. In ogni caso, se l'eponimo è la stessa persona di *KAJ* 116, risulta anche padre dell'eponimo Etel-Aššur (Parte III, 7), cf. *OMA* II, 62.

Non ci sembra che l'eponimo Mušallim-Aššur possa essere identificato con il contemporaneo *qīpu* di Bābu-aḫa-iddina, perché i *qīpūtu* che sono stati eponimi risultano dipendenti direttamente dal re, e non da un altro funzionario, sia pure di altissimo grado.

AŠŠUR-DAMMEQ figlio dell'eponimo Abī-ilī e nipote di Aššur-šumu-lēšir

Eponimo in *IAK*, 130 (=*KAH* 2, 155 + 156 + *Assur* 1803). Linee 25-26 (data):

ITU *šá sa-ra-te* U_4 XX KAM *li-mu*
ᴵᵈ*Aš-šur* (var. ᵈ*A-šur*)-*da-me* (var.: *mi*)-*eq*

Eponimo in *IAK*, 156 (= *Assur* 984 etc., ved. *IAK*, p. XXVI). Linee 14-15 del verso (data):

[IT]U ⌜*Qar-ra*⌝-[*te/tu* U_4] x KAM *li-mu*
[ᴵ ᵈ*Aššur-da*]-*mi-iq*

Sua stele in *Stelenreihen* 96 = Stele 18132. Testo completo:

Ṣa-lam
ᴵᵈ*Aš*+*šur-*
dam-me-eq
A ᴵ*A-bi-*DINGIR
A ᴵᵈ*Aš*+*šur-*
MU-SI.SÁ

Poiché Aššur-dammeq di *Stelenreihen* 96 è sicuramente figlio dell'eponimo Abī-ilī del periodo di regno di Salmanassar (ved. sopra, primo eponimo della sequenza) non può essere identificato con un altro eponimo di nome Aššur-dammeq risalente al periodo di Adad-nīrārī (Parte III, 1), e non rimane quindi che riconoscervi l'eponimo in *IAK*, 130 e 156; cf. Frankena, *BiOr* 13, 141-142. E' invece incerto con quale dei due eponimi debbano essere identificati gli Aššur-dammeq di *KAJ* 123 e 262 (ved. Parte III, 3). Datazione in Fine I, 231, basata sul fatto che i testi in *IAK* risalgono a Salmanassar. Aššur-dammeq segue verisimilmente Abī-ilī perché è suo figlio, e deve seguire quindi anche Aššur-ālik-pāni e Mušallim-Aššur, con cui sono datati i due anni immediatamente successivi all'eponimato di Abī-ilī. La linea è quindi tratteggiata, perché non si sa di quanto sia posteriore. Forse Aššur-dammeq è fratello degli eponimi Aššur-kettī-īde e Erībtāju (ambedue in questa stessa Parte III, 6); cf. *OMA* II, 61 per queste ed altre possibili parentele. Ved. anche Aššur-[figlio di Abī-ilī.

C. La sequenza Ištar-ēriš Aššur-da'issunu Usāt-Marduk Ellil-ašarēd è dovuta ai due testi *AfO* 19, Tav. 7 N. 1 e *VAT* 19193. Il testo *AfO* 19, Tav. 7 N. 1, datato con l'eponimo Usāt-Marduk, registra dei vestiti confezionati nei due anni precedenti, uno datato con l'eponimo Ištar-ēriš, l'altro con l'eponimo Aššur-da'issunu:

l. 4 GIŠ.GÀR *ša li-me* $^{I\,d}$*Iš*$_8$*-tár*-KAM
ll. 6-8 GIŠ.GÀR *ša* ^{MI}*Al-la-an-zu*
ša li-me
$^{I\,d}$*A-šur-da-i-su-*⌜*nu*⌝
ll. 18-19 (data) *li-mu*
^{I}*Ú-sa-at-*^{d}AMAR.UD

In *VAT* 19193 (inedito; di prossima pubblicazione in *MARV* II, 19; cortese informazione di H. Freydank) sono invece riportate sequenze di mesi per la durata di un anno. Dopo la prima sequenza compare il nome dell'eponimo dell'anno, Usāt-Marduk:

l. 15 ⌜*li-mu* ^{I}*Ú-sa-at-*^{d}⌝A[MAR.UD

Dopo la seconda sequenza compare poi il nome dell'eponimo dell'anno successivo, Ellil-ašarēd:

linea 9′ del verso ⌜*li-mu* $^{I\,d}$EN.LÍL-SAG⌝

Usāt-Marduk precede dunque immediatamente Ellil-ašarēd.

IŠTAR-ĒRIŠ

Eponimo in *AfO* 19, Tav. 7 N. 1 = *Assur* 14410 p. Linea 4 (data all'interno del testo; cf. sopra, C.):

li-me $^{I\,d}$*Iš*$_8$*-tár*-KAM

Data l'esistenza di due distinti eponimi di nome Ištar-ēriš, risalenti circa allo stesso periodo (ved. sopra) non è possibile identificare questo eponimo con l'uno o l'altro dei due. Dalla sequenza H. (ved.!) risulta comunque una certa correlazione tra Ištar-ēriš figlio di Šulmānu-qarrād e Aššur-da'issunu.

AŠŠUR-DA'ISSUNU

Eponimo in *AfO* 19, Tav. 7 N. 1 = *Assur* 14410 p. Linee 6-8 (data all'interno del testo; cf. sopra, C.):

li-me
$^{I\,d}$*A-šur-da-i-su-*⌜*nu*⌝

Eponimo in *VAT* 19195 = *Assur* 16235 br (inedito; ved. oltre, sequenza H.). Linea 24 (data citata nel testo):

li-me $^{I\,d}$*A-šur-*⌜*da*⌝-[*i-su-nu*(?)]

Eponimo in *KAJ* 124 = *Assur* 14445. Linee 4-6 del Verso (data):

ITU *Kal-mar-tu*
U$_4$ XXVII KÁM *li-mu*
^{d}*A-šur-da-i-su-nu*

Eponimo in *KAV* 156. Linee 9-10 (data):

> ITU *Ḫi-bur* U$_4$ XXI KÁM *li-mu*
> $^{I\,d}$*A-šur-da-i-su*$^!$*-nu*

Eponimo in *MAH* 16467 (in corso di stampa su "Assur" da parte di J. N. Postgate). Linea 8′ (data citata nel testo):

> [*li*$^?$*-m*]*e*$^?$ $^{d!}$*A-šur-da*$^!$*-is-*[*su-nu*]

Eponimo in un testo di Dūr-katlimmu: $^{I\,d}$*A-šur-da-is-su-nu* 1527 I 89 (cortese informazione di W. Röllig).

Datazione in Fine I, 236, basata sul fatto che l'eponimo segue immediatamente Ištar-ēriš, datato nel regno di Salmanassar. Segue nella successione cronologica Ạdad-šamši e Kidin-Sîn. Precede Aššur-[figlio di Lullāju. Ved. oltre, sequenza H.

↓

USĀT-MARDUK (figlio di Aššur-kēna-īde ??)

Eponimo in *AfO* 19, Tav. 7 N. 1 = *Assur* 14410 p. Linee 17-19 (data; cf. sopra, C.):

> ITU *šá sa-ra-te* U$_4$ XII KÁM
> *li-mu*
> ^{I}*Ú-sa-at-*^{d}AMAR.UD

Eponimo in *Assur* 13058 fd (testo non pubblicato, citato in *AfO* 19, 34 b).

Eponimo in "Iraq" 35, Tav. 13, 1. Linee 25-26 (data citata nel testo):

> ITU ^{d}XXX U$_4$ IV KÁM *li-mu*
> ^{I}*Ú-sa-at-*^{d}AMAR.UD

Eponimo in *KAJ* 104 = *Assur* 11034. Linee 11-13 (data):

> ITU *Ku-zal-lu*
> U$_4$ X KÁM *li-mu*
> ^{I}*Ú-sa-at-*^{d}AMAR.UD

Eponimo in *KAJ* 125 = *Assur* 14410 ?. Linee 4′-6′ del verso:

> ITU ^{d}NIN.É.GAL^{li}
> U$_4$ II KÁM *li-mu*
> ^{I}⌜*Ú*⌝-*sa*$^!$(copia:NI)*-at-*^{d}AMAR.UD

Eponimo in *KAV* 98 = Assur 14410 ? Linee 49-50 (data):

> ITU *šá sa-ra-t*[*e* U$_4$ N. KÁM/KAM *li-mu*]
> ^{I}*Ú-sa-a*[*t-*^{d}AMAR.UD]

Eponimo in *KAV* 104 = *Assur* 14410. Linee 23-25 (data):

> ITU ^{d}XXX U$_4$ XXII KÁM
> *li-mu*
> ^{I}*Ú-sa-at-*^{d}AMAR.UD

Eponimo in *MARV* 65 = *Assur* 13058 fd. Linee 2′-4′ del verso (data):

> ITU ^{d}NIN-É.GAL
> U$_4$ VII KÁM *li-mu*
> ^{I}*Ú-sa-at-*^{d}AMAR.UD

Eponimo in *TR* 2033. Linee 9-10 (data):

> [ITU *Mu-ḫ*]*ur-*DINGIR^{MEŠ} U$_4$ VII KÁM

[li-mu ¹*Ú-s*]*a*'-⌜*at*⌝-ᵈAMAR.UD
DUMU ᵈ*A-šur-ke-na-i-*[*de*][21]

(lettura incerta; ved.]-Marduk figlio di Aššur-kēna-īde, Parte III, 8).

Eponimo in *TR* 2904. Linee 17-18 (data):

[IT]U *Al-la-na-tu* U_4 XVII KÁM
[*li-m*]*u* ¹*Ú-sa-at*-ᵈAMAR.UD[22]

Eponimo in *VAT* 19193 (ved. sopra,C.). Linea 15 (data citata nel testo):

⌜*li-mu* ¹*Ú-sa-at*-ᵈ⌝A[MAR.UD

Eponimo in un testo di Dūr-katlimmu: ¹*Ú-sa-at*-ᵈAMAR.UD 687 (cortese informazione di W. Röllig).

Eponimo in *AO* 21382. Linea 13 (data): *ú-sa-at*-ᵈAMAR.UD (Ṣippu,16).

Datazione come per Aššur-da'issunu. ↓

ELLIL-AŠARĒD

Eponimo in *KAJ* 80 = *Assur* 14327 bz. Linee 32-34 (data):

ITU *Qar-ra-a-tu*
U_4 XV [K]ÁM *li-mu*
¹ ᵈEN.LÍL-SAG

Eponimo ib., linee 3-4 (data citata nel testo; ved. oltre, sequenza D.):

ITU *Qar-ra-a-ti*
li-me ¹ ᵈEN.LÍL-SAG

Eponimo in *KAJ* 115 = *Assur* 14327 ah. Linee 22-23 (data):

ITU *Mu-ḫur*-DINGIR^{MEŠ} U_4 VII KÁM
li-mu ¹ ᵈEN.LÍL-SAG

Eponimo in *KAJ* 308 = *Assur* 14886. Linee 10-12 (data):

⌜ITU⌝ *Hi-bur* U_4 XIV KÁM
[*li*]*-mu*
[¹ ᵈEN].⌜LÍL⌝SAG[23]

Eponimo in *KAJ* 311 = *Assur* 14327. Linee 17-18 (data):

ITU *Qar-ra-tu* {U_4} U_4 XV KÁM
li-mu ¹ ᵈEN.LÍL-SAG

Eponimo in *KAV* 103 = *Assur* 14410. Linee 31-32 (data):

[IT]U ᵈXXX U_4 XXVII [K]ÁM
[*l*]*i-mu* ¹ ᵈEN.LÍL-SAG

Eponimo in *KAV* 203 = *Assur* 14410. Linee 36-37 (data):

ITU *Ḫi-bur* U_4 XX KÁM *li-mu*
¹ ᵈEN.LÍL-SAG

Eponimo in *TR* 2022. Linee 1'-3' del verso (data):

ITU *Mu-ḫu*[*r*-DINGIR^{MEŠ}]
U_4 II KÁ[M *l*]*i-me*
¹ ᵈEN.⌜LÍL⌝SAG

[21] Collazione Postgate, *OA* 13/1, 68, *ib.*, 72 contro la lettura del nome dell'eponimo.
[22] Cf. *OA* 13/1, 72.
[23] Lettura probabile.

Eponimo in *VAT* 19193 (ved.sopra, C.). Linea 9′ del verso (data citata nel testo):

> ⌜*li-mu* $^{\text{I d}}$EN.LÍL-SAG⌝

Datazione in Fine I, 232, basata sul fatto che *KAJ* 80 è un documento scritto dal medesimo scriba di altri due testi (*KAJ* 83 e *KAJ* 119) risalenti al regno di Salmanassar. La disposizione cronologica degli eponimi di Tell al Rimaḫ fatta dal Wilcke (ved. Cap. I, I.) suggerisce per Ellil-ašarēd una datazione nel periodo tardo del regno di Salmanassar.

D. La sequenza Erībtāju --➤ Ellil-ašarēd è dovuta al testo *KAJ* 80, datato con Ellil-ašarēd, dove si può leggere alle linee 2-4:

> *iš-tu li'-me* ^{I}*E-rib-ta*-JA[24]
> *a-di* ITU *Qar-ra-a-ti*
> *li-me* $^{\text{I d}}$EN.LÍL-SAG

Dalla sequenza precedente è chiaro che la successione cronologica non era immediata.

ERĪBTĀJU figlio di Abī-ilī

Eponimo in *Assur* 13058 dk (tavoletta non pubblicata, citata in AfO 13, 118 N. 24).

Eponimo in *Billa* 23 = *UM* 33-58-53. Linee 1-2 (data nell'intestazione):

> *iš-tu* ITU *Ku-zal-*⌜li⌝ U$_4$ [N. KÁ]M
> *li-me* ^{I}*E-rib-t*[*a*]-⌜*je*⌝-*e*

Eponimo in *KAJ* 80 = *Assur* 14327 bz. Linea 2 (data nell'interno del testo; cf. sopra, D.):

> *li'-me* ^{I}*É-rib-ta*-JA

Eponimo in *KAJ* 159 = *Assur* 14445 ? Linee 17′-18′ del verso:

> ⌜ITU⌝ *šá ke-na-te* U$_4$ XIX [KÁM/KAM *l*]*i-mu*
> ^{I}*E-rib-ta-ju-ú* DUMU *A-bi*-DINGIR

Eponimo in *KAJ* 267 = *Assur* 14886. Linee 22-24 (data):

> ITU *Ku-zal-lu* U$_4$ XV KÁM
> *li-mu*
> ^{I}*E-r*[*i*]*b*-⌜*ta-ju-ú*⌝

Eponimo in *TR* 2912 (non pubbl.). Linee 21-23 (data):[25]

> ITU *A-bu*-LUGAL^{MEŠ}
> U$_4$ IV KÁM *li-mu*
> ^{I}*E-rib-ta-ju-ú*

Datazione in Fine I, 232, basata sul fatto che l'eponimo immediatamente seguente risale al periodo di Salmanassar. Erībtāju segue nella cronologia l'eponimo Abī-ilī (ved. in questa stessa parte III, 6) se costui è suo padre; forse è fratello degli eponimi Aššur-kettī-īde ed Aššur-dammeq (ambedue in questa stessa Parte III, 6), e nipote dell'eponimo Aššur-šumu-lēšir (Parte III, 1); cf. *OMA* II, 61, anche per altre possibilità di parentele.

ELLIL-AŠARĒD (ved.sequenza C.)

[24] Collazione Weidner, *AfO* 13, 118 N. 24.
[25] Postgate, *OA* 13/1, 69.

E. La sequenza Bēr-bēl-līte ⟶ Lullāju è dovuta ad un testo non ancora pubblicato, *Assur* 16308.[26]

BĒR-BĒL-LĪTE

Eponimo in *VAT* 19195 = *Assur* 16325 br (inedito; ved. oltre, sequenza H.). Linea 23 (data citata nel testo):

l] *i-me* $^{I\,d}$*Be-er*-⌜EN⌝-*li-it-t*[*e*

Eponimo *ib.* Linea 15′ del verso (data citata nel testo):

i+na li-me $^{I\,d}$*Be-er*-EN-⌜*li*⌝-[*it-te*]

Eponimo in *Assur* 16308 (tavoletta non pubblicata, citata in *AfO* 13, 113 N. 8). Linee 6-8 del verso:

te-li-it e-bu-ri ša li-me $^{I\,d}$*Be-er*-EN-*li-i-te ša i-na li-me* ^{I} *Lu-la-je-e* ...

Eponimo in *KAJ* 217 = *Assur* 14445. Linee 11-12 (data):

ITU *Ṣi-pu* U$_4$ XX KÁM *li-mu*
$^{I\,d}$*Be-er*-EN-*li-it-te*

Eponimo in *KAJ* 314 = *Assur* 11019 d. Linee 10-11 (data):

ITU *Ku-zal-lu* U$_4$ XVI KÁM
[*l*] *i-mu* ^{d}*Be-er*-EN-*la-i-te*

Eponimo in *TR* 111. Linee 31-32 (data):

ITU *Ku*'-⌜*zal*⌝-*lu*' U$_4$ X KÁM
li-mu $^{I\,d}$*B*[*e-er*]-EN-*li*-⌜*i-te*⌝[27]

Eponimo in *TR* 3003. Linee 13-15 (data):

ITU *A-la-an-na-tú* U$_4$ XII <KÁM>
li-mu ^{I} [^{d}] *Be-er*-
EN-*la*-[*i*]-*te*

Datazione in Fine I, 236-237 (che riporta pareri discordi di Weidner e Martin) basata sul fatto che l'eponimo precede Lullāju, databile nel regno di Salmanassar. Non possiamo essere certi che la precedenza cronologica rispetto a Lullāju sia immediata. Segue nella successione cronologica Adad-šamšī e Kidin-Sîn. Precede Aššur-[figlio di Lullāju. Ved. oltre, sequenza H.

↓

LULLĀJU *tartānu*, **figlio di Adad-šuma-iddina**

Eponimo in *VAT* 19195 = *Assur* 16325 br (inedito; ved. oltre, sequenza H.). Linea 17′ del verso (data citata nel testo):

li-me ^{I}*Lu-la-je-e* DUMU ^{d}IM-MU-SUM^{na}

Eponimo in *Assur* 16308 (ved. sopra, s.v. Bēr-bēl-līte)

Eponimo in *KAJ* 48 = *Assur* 14327 cl. Linee 21-23 (data):

ITU *Ḫi-bur* U$_4$ X KÁM
li-mu
^{I}*Lu-la-ju-ú*

Eponimo in *KAJ* 223 = *Assur* 14410. Linee 13-14 (data):

ITU *Ḫi-bur* U$_4$ XXIX KÁM *li-mu*
^{I}*Lu-ul-la-ju-ú*

[26] E. F. Weidner, *AfO* 13, 113.

[27] Lettura preferibile, piuttosto che Adad-bēlu-lēšir (riportato nella Parte III, 8), non attestato altrove.

Eponimo in *KAJ* 310 = *Assur* 14327 aa. Linee 67-68 (data):

ITU *Al-la-na-tu* U$_4$ XVII KÁM *li-mu*
^{I}[*L*]*u-la-ju-ú*

Eponimo in *TR* 2015. Linee 12-13 (data):

ITU ^{d}XXX U$_4$ XXII KÁM *li-*[*m*]*u*
[^{I}]*Lu-la-ju-*⌜*ú*⌝

Eponimo in *TR* 2081. Linee 2'-3' del verso:

[*l*]*i-mu*
[^{I}*Lu-l*]*a-ju-ú*

Eponimo in *TR* 3011. Linee 14-16 (data):

ITU ^{d}XXX U$_4$ XXIII KÁM
li-mu
^{I}*Lu-la-ju-ú*

Eponimo in *TR* 3027. Linee 4'-5' del verso (data):

[ITU]x U$_4$ V KÁM *li-*[*m*]*u*
[^{I}*Lu-l*]*a-ju-ú*

Tartānu in *Stelenreihen* 64 = Stele 17753. Linee 1-5 (testo completo):

ṣa-lam
^{I}*Lu-la-je-e*
tar-ta-ni
A X-MU-
SUM^{na}

Datazione in Fine I, 236, basata sulla comunanza di una persona tra *KAJ* 223 e *KAJ* 124, risalente al periodo di Salmanassar (eponimo Aššur-da'issunu). I testi *TR* confermano almeno l'esclusione del periodo di regno di Adad-nīrārī. Lullāju è probabilmente il *tartānu*, figlio di Adad-šuma-iddina, di *Stelenreihen* 64. Posto che il padre sia il *tartānu* di *Stelnreihen* 134, figlio di Aššur-kīmūja, e che sia stato a sua volta eponimo, Lullāju lo segue nella cronologia; cf. *OMA* II, 64. Lullāju potrebbe essere identificato con un funzionario citato in un testo dell'epoca di Tukultī-Ninurta; ved. H. Freydank, *AOF* 1, 77. Il titolo *tartānu* potrebbe far pensare, seguendo il suggerimento delle liste neoassire, che Lullāju sia stato eponimo nel secondo anno di regno di Salmanassar; ciò contrasta però con la sequenza riportata, perché l'eponimo che lo precede non è il re. Evidentemente, o fu eponimo quando non era ancora *tartānu*, oppure non era il generale in capo assoluto, come era ad esempio Ibri-Šarri (Parte IV, 4), il cui titolo fu *tartānu rabi'u*. Non possiamo essere certi che Bēr-bēl-līte lo preceda immediatamente nella successione cronologica. Sia Bēr-bēl-līte che Lullāju sono comunque posteriori ad Adad-šamšī e Kidin-Sîn. Ved. oltre, sequenza H.

Precede nella cronologia Aššur-[figlio di Lullāju, che forse è suo figlio.

F. La sequenza]-ilāni ⟶ Aššur-šad-nišēšu è dovuta al testo *Billa* 21, datato con Aššur-šad-nišēšu con la citazione di un eponimo]-ilāni alla linea 2.

]-ILĀNI

Eponimo in *Billa* 21 = *UM* 33-58-29. Linea 2 (data citata nel testo):

x x *ša*? *li-me* x x -DINGIR^{MEŠ}

↓

AŠŠUR-ŠAD-NIŠĒŠU

Eponimo in *Billa* 14 = *UM* 33-58-83. Linee 19-20 (data):

> [IT]U *Ṣi-*[*ip*]*-pu* U$_4$ [N. KÁM/KAM]
> *l*[*i-mu* $^{I\,d}$]⌜*A*⌝*-šur-*⌜KUR$^!$⌝-[U]KÙ-⌜*šu*⌝[28]

Eponimo in *Billa* 21 = *UM* 33-58-29. Linee 12-14 (data):

> ITU NIN-É.GAL^{li}
> U$_4$ VIII KÁM *li-*[*m*]*u*
> $^{I\,d}$⌜*A*⌝*-šur-*KUR*-ni-še-šu*

Eponimo in *CT* 33, 14b = *BM* 103445. Linee 7-8 (data):

> ITU *Qar-ra-a-tu*$_4$
> *li-mu* $^{I\,d}$*A-šur-*KUR*-ni-še-šu*

Eponimo in *TR* 3029. Linee 11-13 (data):

> ITU ⌜*Al*⌝*-la-na-tu* U$_4$ XXI KÁM
> *li-mu* <*mu*>
> $^{I\,d}$⌜*A*⌝*-šur-*⌜KUR⌝-[U]KÙ*-šú*$^!$ x[29]

Datazione in Fine I, 234-235 nel periodo Adad-nīrāri—Salmanassar sulla base dei testi di Tell Billa (ved. sopra, Cap. I, I.). La presenza dell'eponimo in un testo di Tell al-Rimāḫ (periodo dei testi: Salmanassar—Tukultī-Ninurta, ved. sopra., Cap. I, I.), permette una datazione più precisa nel periodo di Salmanassar.

G. La sequenza Ubru → Tukultī-Ninurta → Qibi-Aššur → Mušallim-Adad è dovuta al testo *KAJ* 240, datato con l'eponimo Mušallim-Adad, che registra delle partite di merce risalenti a tre anni precedenti:

> ll.1-2 VII-*me* V KUŠ^{MEŠ} *ša li-*[*me*]
> ^{I}*Ub-ri*
> ll.3-4 II-*me* LXX KUŠ^{MEŠ}
> *ša li-me* $^{I\,GIŠ}$TUKUL^{ti}-^{d}N[IN].⌜URTA⌝
> ll.11-13 *ša* NÍG.ŠID^{MEŠ} *ša li-me U*[*b*$^!$*-ri*]
> [*a-di*] *li-me* $^{I\,GIŠ}$TUKUL^{ti}-[^{d}NIN.URTA]
> *ù li-me* ^{I}*Qí-bi-*[^{d}*A-šur*]
> ll.18-19 ŠU.NIGÍN III-*me* XV KUŠ^{MEŠ}
> *ša li-me* ^{I}*Qí-bi-*^{d}*A-šur*
> l.26 (data) *li-mu* ^{I}*Mu-šal-lim-*X

Il testo *KAJ* 138, datato con l'eponimo Tukultī-Ninurta, conferma questa sequenza, perché sembra citare l'eponimo Ubru. È citato anche un Qibi-Aššur, ma in contesto mutilo, e certamente non in funzione di eponimo perché, se è lo stesso Qibi-Aššur *līmu*, da *KAJ* 240 (ved. sopra) risulta che sarà eponimo l'anno dopo di *KAJ* 138:

> ll.2′-3′]^{GIŠ}GIGIR *ša li-me*
> [*Ub-r*]*i*[30]
> l.10′ *Qí*]*-bi-*^{d}*A-šur*
> l.15′ (data) [*li-mu*] $^{I\,GIŠ}$TUKUL^{ti}-^{d}NIN.URTA

[28] Da Speiser, cf. *JCS* 7, 127 a.
[29] Oppure -[U]KÙ$^{MEŠ!}$*-šu*$^{!?}$
[30] Integrazione (incerta) da Fine I, 24, 237 nota 20.

UBRU (figlio di Šamaš-aḫa-iddina e fratello degli eponimi Ištar-ēriš e Qibi-Aššur?)

Eponimo in *KAJ* 138 = *Assur* 14410. Linee 2′-3′ (data all'interno del testo; cf. sopra.):

li-me
[*Ub-r*]*i*

Eponimo in *KAJ* 180 = *Assur* 14327 as. Linee 39-40 (data):

ITU [NM U₄ N.] KÁM *li-mu*
ᴵ⌜*Ub*⌝-*ru*

Eponimo in *KAJ* 240 = *Assur* 14886. Linee 1-2 (data all'interno del testo; cf. sopra, G.):

li-[*me*]
ᴵ*Ub-ri*

Eponimo *ib.*, linea 11 (data all'interno del testo; cf. sopra, G.):

li-me U[*b*'-*ri*]

Eponimo in *KAV* 106 = *Assur* 14410. Linee 18-19 (data):

ITU *Kal-mar-tu* U₄ VII KÁM
li-mu ᴵ*Ub-ru*

Eponimo in *KAV* 200 = *Assur* 14410. Linee 13-14 (data):

ITU *Ḫi-bur* [U₄ N. KÁM/KAM *li-mu*]
ᴵ*Ub-*[*ru*]

Datazione in Fine I, 237, 240 (cf. anche *MAOG* 4/1-2, 203) basata sulla sequenza cronologica secondo cui Ubru risulta l'ultimo eponimo del regno di Salmanassar. Probabilmente Ubru è fratello degli eponimi Ištar-eriš (ved. in questa stessa Parte III, 6) e Qibi-Aššur (Parte III, 9), e figlio di Šamaš-aḫa-iddina, da *AfO* 23, 79-80 (ved. Ištar-ēriš figlio di Šamaš-aḫa-iddina).[31] Per altre possibilità di parentela ved. *OMA* II, 65.

↓

Segue nella Parte III, 9 (eponimi del periodo di regno di Tukultī-Ninurta).

H. Il testo inedito *VAT* 19195 = *Assur* 16235 br (conservato al Museo di Berlino; prossimamente sarà pubblicato in *MARV* II, 23) riporta numerosi nomi di eponimi risalenti al periodo di regno di Salmanassar, così come segue (cortese informazione di H. Freydank):

23. *l*]*i-me* ᴵᵈ*Be-er-*⌜EN⌝-*li-it-t*[*e*
24.] x *li-me* ᴵᵈ*A-šur-*⌜*da*?⌝-[*i-su-nu* (?)
25.] x-*je-e* ᴵᵈIM-[(=eponimi?)

verso

14′. *ri-iḫ-te te-li-it* EBUR *ša li-m*[*e*] ᴵᵈ*A-šur-*[
15′. DUMU *A-bi-*DINGIR *ša i+na li-me* ᴵᵈ*Be-er-*EN-⌜*li*⌝-[*it-te*]
16′. *ù li-me* ᴵᵈ*Iš₈-tár-*KAM DUMU ᵈ*Šùl-ma-nu-*U[R.SAG]
17′. *ša li-me* ᴵ*Lu-la-je-e* DUMU ᵈIM-MU-SUMⁿᵃ...

22′. *a-na* UGU ŠE NUMUN *ša li-me* ᴵᵈIM-*šam-ši*
23′. DUMU ᵈIM-MU-*le-*<*šir*> *ù li-me* ᴵ*Ki-din-*ᵈXXX
24′. DUMU ᵈIM-*te-ja ta-bi-ik*

[31] Se identificato con Ubru figlio di Šamaš-aḫa-iddina e fratello di altri due eponimi, si verifica la coincidenza con un altro Ubru, figlio di Šamaš-aḫa-iddina, *rab bari'ē* attestato in due colofoni (cf. *AOAT* 2, 45): *KAR* 427, linea 37 del verso e *KAR* 428: linea 54 del verso. Dall'elenco al Cap. I, III B sembra però assai improbabile che sia stato eponimo, sicché dovremo vedere qui un singolare caso di coincidenza di nomi.

25′. [ITU *A-bu*]-LUGAL[MEŠ] ⌜U$_4$⌝ [x] + V KÁM *li-mu* [I] [d]*A-šur*-x[[32]
26′. [DU]MU *Lu-la-je-e*

Non si può dire che gli eponimi riportati siano stati trascritti in ordine di sequenza cronologica; tra l'altro, le linee 23-24 contrastano con la sequenza C., mentre l'eponimo Lullāju della linea 17′ del verso sembra preceduto da un diverso eponimo, stando alla sequenza E. Sembra comunque dal testo che il raccolto degli anni datati con gli eponimi delle linee 14′-17′ del verso (e quindi anche delle linee 23-24 del recto, data la comunanza di un nome) sia stato posto sopra il vecchio raccolto degli anni precedenti, datati con gli eponimi delle linee 22′-24′ del verso. E' possibile dunque stabilire almeno questo ordine di priorità cronologica:

Adad-šamši (figlio di Adad-šumu-lēšir) e Kidin-Sîn (figlio di Adad-tēja)

↓

Aššur-[(figlio di Abī-ilī), Bēr-bēl-līte, Ištar-ēriš (figlio di Šulmānu qarrād), Lullāju (figlio di Adad-šuma-iddina) ed anche Aššur-da'[issunu?] (l.24)

↓

Aššur-[(figlio di Lullāju) [nella data]

A livello di ipotesi, ci sembra che si possa andare oltre ai dati che abbiamo sintetizzato sopra. Vediamo infatti che le due successioni di eponimi nel recto: 23-24 e nel verso: 14′-17′ di *VAT* 19195 non contrastano con le successioni attestate nelle sequenze C ed E. Possiamo dunque accettarle con riserva e tentare di ricostruire un insieme di successioni che raccolgono almeno sette nominativi di eponimi. Condizione fondamentale è dare per scontato che gli eponimi citati nelle varie sequenze non sono necessariamente in successione immediata, ma possono essere separati da un divario cronologico di più anni; d'altronde abbia visto che dobbiamo necessariamente accettare questo fatto almeno per la sequenza D.

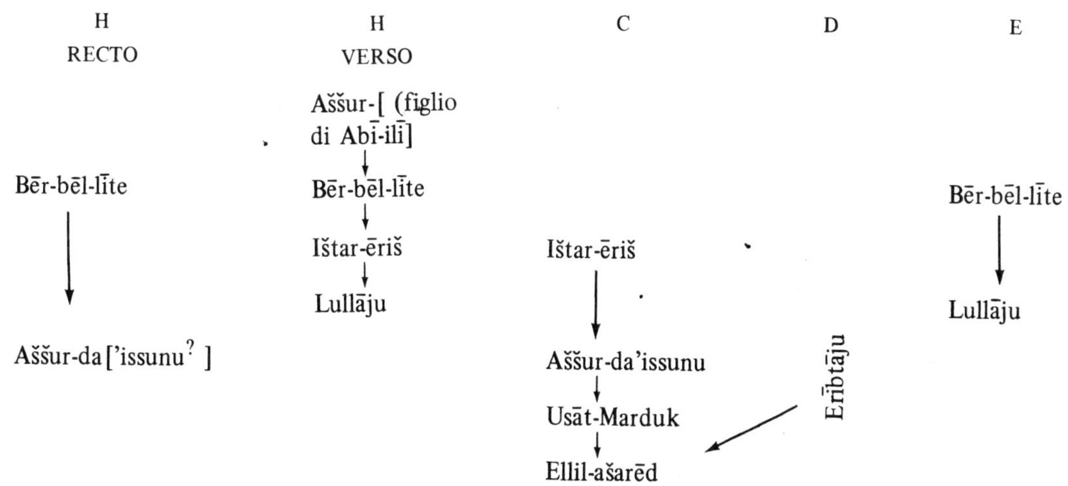

Rispetto a questo quadro sembrano precedenti gli eponimi della sequenza B (specialmente se identifichiamo Aššur-[figlio di Abī-ilī con Aššur-dammeq figlio di Abī-ilī). Sono inoltre precedenti gli eponimi Adad-šamšī e Kidin-Sîn citati nella sequenza H.

Sono invece successivi l'eponimo Aššur-[figlio di Lullāju (ved. sequenza H) e gli eponimi della sequenza G.

[32]Possibili le integrazioni Aššur-[dammeq] e Aššur-[kettī-īde].

III, 7

Periodo di regno di Salmanassar I *ante quem non*

Elenco degli Eponimi in ordine alfabetico

BĒR-NĀDIN-APLI figlio dell'eponimo Aššur-nadin-šumē e nipote di Aššur-le'i

Eponimo in *KAJ* 105. Linee 13-15 (data):

⌜ITU *Mu*⌝-*ḫ*[*ur*]-DINGIR[MEŠ]
⌜U$_4$ XX[?]⌝ [KÁ]M *li-mu*
[I d]*Be-er*-SUM-IBILA

Sua stele in *Stelenreihen* 135 = Stele 19321. Testo completo:

ṣa-lam
[[I]] [d]*Be-er-*
[SUM]-IBILA
[A *Aš*] + *šur*-SUM-MU
[A *Aššur*]-*le-e*

Datazione in *OMA* II. 55-56, basata sul fatto che il padre fu eponimo nell'epoca di Salmanassar (Parte III, 6). Ved. *OMA* II, 53-56 per altre possibilità di parentele. Incerta l'identificazione con Bēr-nādin, eponimo in *VAT* 15503 (testo non pubblicato, cf. *OMA* I, 178 (*līmu* [I d]*Be-er-na-din*), che potrebbe essere però anche l'eponimo Bēr-nādin-aḫḫē (Parte I, 3).

ETEL-AŠŠUR figlio di Mušallim-Aššur

Sua stele in *Stelenreihen* 121 = Stele 18916. Testo completo:

ṣa-lam
[I]*E-tel*-[d]*Aš*+*šur*
A [mu]SILIM-*Aš*+*šur*
A [d]*Aš*+*šur-*
[*mu*]-⌜*šab*⌝-*ši*

Datazione incerta, basata sull'ipotesi che l'eponimo Mušallim-Aššur del periodo di Salmanassar (Parte III, 6) sia suo padre; ved. *OMA* II, 62 per questa ed altre possibilità di parentela. Sicuramente suo padre è il Mušallim-Aššur di *KAJ* 116: r.7'. Non è escluso che il nome sia una abbreviazione per Etel-pî-Aššur, eponimo sotto Tukultī-Ninurta (Parte III, 9), ved. *OMA* II, 63.

ŠULMĀNU-APLA-UṢUR figlio di Abattu

Eponimo in *Assur* 13058 g (tavoletta non pubblicata; citazione in *AfO* 13, 113 *N*. 3 e 317b):

(*līmu*) [d]*Šùl-ma-nu*-A-PAP DUMU *A-bat-te*

La datazione è incerta, e presuppone che l'eponimo sia figlio di Abattu, eponimo durante il regno di Salmanassar (Parte III, 6). In tal caso, Abattu precederebbe Šulmānu-apla-uṣur. Una collocazione in un'epoca non precedente il regno di Tukultī-Ninurta I, basata sulla identificazione del nome del padre con un altro eponimo di nome Abattu è anch'essa possibile. Ved. Parte III, 10.

[**NP**] *tartānu, rab ekalli, abarakku rabi'u, šakin* **Ab[figlio di Ḫabḫāju**

Funzionario in *Stelenreihen* 68 = Stele 17755. Linee 1-7 (testo completo):

> [*ṣa-lam*]
> I⌈d⌉[ ]
> *tar-t*[*a-ni*]
> GAL É.GA[L*lì*]
> AGRIG GAL⌈*ú*⌉
> *šá-kìn* URU*Ab-q*[*a*?-x]
> A [I]*Ḫab-ḫa-a-*[*je-e*]

Datazione molto incerta in "Assur" 1/2, 7, basata sull'ipotesi che il padre Ḫabḫāju sia lo *hazi'ānu* attestato in *Billa* 21:6, testo che risale all'epoca di Salmanassar (eponimo Aššur-šad-nišēšu). La datazione delle altre stele del gruppo a cui questa appartiene va dal regno di Salmanassar a quello di Tukultī-Ninurta (o poco dopo).

III, 8

Periodo di regno di Salmanassar I o di Tukultī-Ninurta I

(1273-1207)

Poiché gli eponimi di Salmanassar sono molto più numerosi di quelli di Tukultī-Ninurta in proporzione ai rispettivi anni di regno, la maggior parte degli eponimi qui riportati ha più probabilità di risalire al periodo di regno di Tukultī-Ninurta.

Elenco degli Eponimi in ordine alfabetico

ADAD-BĒL-GABBE *mār šarri*

Eponimo in *Assur* 13058 aw (testo non pubblicato, citato in *AfO* 13, 311a):

> [I]X-EN-*gab-be mār šarri*

Eponimo in *KAJ* 245 = *Assur* 14327. Linee 19-20 (data):

> ITU *Qar-ra-a-tu* U_4 XVI KÁM
> *li-mu* [I]X-EN-*gab-be*

Eponimo in *KAV* 102 = *Assur* 14410. Linee 30-31 (data):

> ITU [d]XXX U_4 I KÁM *li-mu*
> [I]X-EN-*gab-be*

Eponimo in *KAV* 105 = *Assur* 14410. Linee 31-32 (data):

> ITU *ša sa-ra-te* U_4 XXI KÁM
> *li-mu* [I d]IM-EN-*g*[*ab-b*]*e*

Eponimo in *TR* 2059 (non pubblicato, citato in "Iraq" 30/2, 168). Data:

> ITU *Muḫur-ilāni*, U_4 XIX, *līmu* [I d]IM-EN-*gab-be*

Eponimo in *TR* 2066, Linee 27-28 (data):

> [IT]U XXX U_4 XIX? [KÁM/KAM]
> [*l*]*i-mu* [I d]IM-E[N-*gab-be*][33]

[33] Collazione Postgate, *OA* 13/1, 67.

Eponimo in *TR* 3010. Linee 1-2 (data citata nel testo):

> *iš-tu* ^{ITU}*Ḫi-bur* U$_4$ XI KÁM
> *li*-[*me*] $^{\text{I d}}$IM-EN-*gab-be*

Eponimo in un testo di Dūr-katlimmu: ^{I}X-EN-*gab-be* 1527 I 168, IV 41; $^{\text{I d}}$IM-EN-*gab-be* 1527 I 82 (cortese informazione di W. Röllig).

Identifichiamo qui il *mār šarri* di *Assur* 13058 aw con l'eponimo citato negli altri testi senza attributi. Datazione in Fine I, 257 e 259, basata sul fatto che *KAJ* 245 sembra essere una tavoletta di Urad-Šerū'a figlio di Meli-Saḫ, la cui attività è attestata in questo periodo. Il numero dell'archivio (*Assur* 14327) conferma. Una ulteriore conferma viene dai testi *TR*, perché le tavolette di Tell al-Rimāḥ risalgono a questo periodo.

ADAD?-BĒLU-LĒŠIR(?)

Eponimo in *TR* 111:32. Linee 31-32 (data):

> ITU *Ku'*-⌜*za*⌝-[*l*]*u'* U$_4$ X KÁM
> *li-mu* $^{\text{I d}}$⌜IM⌝?-EN-*le-šìr*

Datazione basata sul fatto che i testi di Tell al-Rimāḥ risalgono a questo periodo. Ved. p.4. È forse preferibile la lettura Bēr-bēl-līte (Parte III, 6).

ADAD-ŠAMŠĪ figlio di Mari'annu

Eponimo in *TR* 2058? Linee 15-17 (data):

> ITU *Mu-ḫur*-[DIN]GIR U$_4$ X KÁM
> ⌜*li*⌝-*mu*[^{I}]X-*šam-ši*
> DUMU *Ma*-⌜*ri*⌝-*an*-⌜*ni*⌝

Lettura del nome secondo J. N. Postgate, *OA* 13/1, 68. Come alternativa è possibile leggere Adad-uballiṭ (ved. Parte III, 9). Sulla base della lettura Adad-šamšī, il testo *TR* 2058 è inseribile cronologicamente nel periodo compreso tra i regni di Salmanassar e Tukultī-Ninurta, del confronto con la datazione degli altri testi di Tell al-Rimāḥ. Adad-šamšī fu *tartānu*? Ved. quanto scritto a proposito dell'omonimo Adad-šamšī, Parte III, 6.

ADAD-ŠUMU-LĒŠIR figlio di Sîn-ašarēd

Eponimo in *KAJ* 224 = 296 = *Assur* 14327 eb. Linee 18-21 (data):

> ITU *A-bu*-LUGAL^{MEŠ}
> U$_4$ XVII KÁM *li-mu*
> ^{I}X-MU-*le-šìr*
> DUMU ^{d}XXX-SAG

Eponimo in *TR* 3016. Linee 13-15 (data):

> ITU *A*[*l*]-*la-na-te* ⌜U$_4$⌝ XX?VII [KAM/KÁM]
> *li-m*[*u*] $^{\text{I d}}$IM-MU-*le-šìr*
> DUMU ^{d}XXX-SAG

Sua stele in *Stelenreihen* 122 = Stele 18917. Testo completo:

> *ṣa-lam*
> ^{I}X-*MU*-⌜*le*⌝-*šìr*
> A XXX-MAŠ

Datazione in "Mesopotamia" 8-9, 169 sgg. basata sul fatto che i testi di Tell al-Rimāḥ risalgono al periodo qui considerato. Forse è padre degli eponimi Abattu (Parte III, 6) e Adad-šamšī (Parte III, 3). In tal caso la sua datazione va posta più precisamente nel periodo di regno di Salmanassar. Per la sua collocazione cronologica tra gli eponimi di Tell al-Rimāḥ cf. Cap. I, I.

ANA-PÎ-AŠŠUR-LIŠLIM / INA-PÎ-AŠŠUR-LIŠLIM figlio di Bābu-[aḫa-iddina?]

Eponimo in *KAJ* 190 = *Assur* 14327. Linee 24-25 (data):

> ITU *Mu-ḫur*-DINGIR^{MEŠ} U$_4$ XII KÁM
> *li-mu* ^{I}*A-na*-KA-^{d}*A-šur-liš-lim*

Eponimo in *KAJ* 274 = *Assur* 14445. Linea 4 (data all'interno del testo):

> *i+na li-me* ^{I}*I+*[*na*]-KA-^{d}*A-šur-liš-lim*

Eponimo *ib.*, linee 17-18 (data):

> ITU *Ku-zal-lu* U$_4$ X+[X KÁM/KAM *li-mu*]
> ^{I}*I+ na*-KA-^{d}*A*-[*šur-liš-lim*]

Eponimo in *OIP* 79, Tav. 84 N. 7. Linee 2'-3' del verso (data):

> ITU *Ṣi-ip-pu* U$_4$ XXV KÁM
> *li-mu* ^{I}*Ina-pi*-^{d}*A-šur-liš*$^{!}$-*l*[*im*]

Eponimo in *OIP* 89, Tav. 84 N. 8. Linee 1'-2' del verso (data):

> [ITU] *Ḫi-bur* U$_4$ II K[ÁM]
> [*li-mu* ^{I}*I*]+*na-pi*-^{d}⌜*A*⌝-*šur*-[*liš-lim*]

Eponimo in *TR* 3006. Linee 14-16 (data):[34]

> ITU *Qar-ra-tu* ⌜U$_4$⌝ [N. KÁM/KAM]
> *li-mu* ^{I}*I+ na*-KA-^{d}[*Aššur-lišlim*]
> DUMU ^{d}*Ba-bu*-Š[EŠ$^{?}$-SUM^{na}?]

Eponimo in un testo di Dūr-katlimmu: ^{I}*I-na-pi-i*-^{d}*A-šur-liš-lim* 1527 I 106 (cortese informazione di W. Röllig).

Datazione in Fine I, 263, basata sul fatto che *KAJ* 274 è una tavoletta di Bābu-aḫa-iddina, attestato nel periodo che va dal regno di Adad-nīrārī al regno di Tukultī-Ninurta. Datazione più circostanziata in "Mesopotamia" 8-9, 171 sgg., basata sul fatto che i testi di Tell al-Rimāḥ risalgono più precisamente ai regni di Salmanassar e Tukultī-Ninurta. Una conferma viene anche dal fatto che con questo eponimo sono datati due testi di Tell Fakhariyah, che sono da collocare in un periodo successivo alla conquista di Ḫanigalbat da parte di Salmanassar (cf. anche Güterbock, *OIP* 79, 86-87). Ved. anche la disposizione cronologica degli eponimi di Tell al-Rimāḥ data dal Wilcke, Cap. I, I). L'integrazione del nome del padre non è sicura. Se fosse esatta, non sarebbe da escludere una identificazione con l'eponimo Bābu-aḫa-iddina (Parte III, 3).

AŠŠUR-PIRḪĪ?-ĒRIŠ? figlio di Aššur-nādin-apli?

Eponimo in *TR* 3023. Linee 9-11 (data):

> ITU ^{d}XXX U$_4$ XIV(+X?) [KÁM/KAM]
> *li-mu* ^{I} ^{d}*A-šur-pìr*$^{!}$-*ḫi*-K[AM]$^{!}$[35]
> DUMU ^{d}*A-šur*-SUM-IBILA$^{!}$ (copia: UŠ)

[34] Collazione Postgate, da cortese informazione.

[35] Forse lo scriba ha dimenticato la ripetizione del segno III che doveva costituire la prima parte di KAM. Modifichiamo con questa lettura quella già proposta in *OMA* I, 109, cioè *Aššur-bir-tí*$^{?}$. Come alternative secondarie anche *Aššur*-DÙG$^{!}$.GA e *Aššur-ṭí-ḫi*$^{!?}$, "Aššur è vicino (a me)," ma *ṭīḫi* non è attestato nell'antroponomastica (per la scrittura *ṭí-ḫi*^{ḫi} ved. *OR NS* 35/3, 275. Per la lettura Aššur-pirḫī-ēriš cf. *Šamaš-pìr-ḫi*-KAM *TR* 3019: 10. Per la lettura Aššur-birtī cf. *Adad bi-ir-ti KAJ* 57:5.)

Datazione basata sul fatto che i testi di Tell al-Rimāḫ risalgono al questo periodo. Segue nella cronologia l'eponimo Aššur-nādin-apli (Parte III, 9) se costui è suo padre.

BĒR-[

Eponimo in *TR* 2001 (cf. "Iraq" 30/1, 157). Linee 21-22 (data):

> ITU *Ku-zal-lu* [U_4 N. KÁM]
> [*l*] *i-mu* $^{\mathrm{I\,d}}$*Be-e*[*er-*

Datazione dovuta al fatto che i testi di Tell al-Rimāḫ risalgono al periodo qui considerato.

BĒR-MU/ŠUMU/ŠUMA-[

Eponimo in *TR* 2024. Linee 21-22 (data):

> ITU x x x *-nu*$^{?}$ [U_4 N. KÁM/KAM]
> *li-mu* $^{\mathrm{I\,d}}$*Be-er-*M[U$^{?}$- (coll. Postgate)

Forse è Bēr-šuma-iddina o Bēr-šumu-lēšir. Datazione dovuta al fatto che i testi di Tell al-Rimāḫ risalgono al periodo di regno di Salmanassar o di Tukultī-Ninurta.

BĒR-ŠUMU-LĒŠIR (*qīpu ša šarri* e figlio di Etel-pî-Tašmēte?)

Eponimo in *Assur* 10990 (tavoletta non pubblicata, citata in *AfO* 13, 314*a* e *AfO* 19, 33*b*).

Eponimo in *AfO* 19, Tav. 5. Linee 31-32 (data):

> ITU *ša ke-*<*na*>*-a-te* U_4 XV KÁM *li-mu*
> $^{\mathrm{I\,d}}$*Be-er-*MU*-le-šìr*

Eponimo in *RIAA* 314. Linee 11-13 (data):

> ITU *A-bu-*[L]UGAL$^{\mathrm{MEŠ}\text{-}nu}$
> U_4 XV KÁM *li-mu*
> $^{\mathrm{I\,d}}$<*Be*>*-er-*[MU]*-le*!*-šìr*[36]

Eponimo in *TR* 106. Linee 23-25 (data):

> ITU x x [
> U_4 XX KÁM *li-mu*
> $^{\mathrm{I\,d}}$*Be-*⸢er⸣-MU-*l*[*e*]-⸢*šìr*⸣

Eponimo in *TR* 2030. Linee 11-12 (data):

> [IT]U [*Ka*]*l*!*-m*[*ar*]-⸢*tu*⸣ U_4 x+[N. KÁM/KAM]
> *li-mu* $^{\mathrm{I\,d}}$*Be-*⸢er⸣-MU-*l*[*e*]-*š*[*ìr*]

Eponimo in un testo di Dūr-katlimmu: $^{\mathrm{I\,d}}$*Be*$^{!}$*-er-*MU*-le-šìr* 682 (cortese informazione di W. Röllig).

Datazione in Fine I, 233, basata sulla possibile identità dell'eponimo con il *qīpu ša šarri* di *KAJ* 113, linee 7-8 e 22-26 (testo del periodo di Salmanassar):

> a) $^{\mathrm{I\,d}}$*Be-er-*MU*-le-šìr* DUMU *E-*[*tel*]*-pi-*$^{\mathrm{d!}}$*Taš*$^{!}$-[*me-te*]
> ^{LÚ}*qi-pu ša* LUGAL
>
> b) $^{\mathrm{I\,d}}$*Be-er-*MU*-le-šìr*
> DUMU *E-tel-pi-i-*^{d}*Taš-me-te*
> KI ^{I}*Ub-ri* DUMU ^{d}*A-šur-*^{mu}KAR
> ^{LÚ}*qi-pu-*<*tu*>
> *ša* LUGAL

[36] Cf. collazione in *AfO* 13, 313*b*.

Così anche Weidner, *AfO* 13, 314*a*. L'identificazione non può essere data con certezza, e quindi nemmeno la datazione.[37] Il testo *RIAA* 314 (così come probabilmente anche *AfO* 19, Tav. 5) indica che la datazione deve essere ricercata nel periodo compreso tra i regni di Adad-nīrārī e Tukultī-Ninurta, e soprattutto nel periodo di regno di Salmanassar, perché appartiene all'archivio di Bābu-aha-iddina, attestato in questo periodo. I due testi *TR* restringono ancor più la datazione al periodo di regno di Salmanassar e Tukultī-Ninurta. Se da un lato la possibilità dell'identificazione con il *qīpu ša šarri*, ed il fatto che i testi di Bābu-aḫa-iddina risalgono prevalentemente al periodo di Salmanassar, inducono a proporre la datazione durante il regno di questo re (come già Fine e Weidner), dall'altro la disposizione cronologica degli eponimi di Tell al-Rimāḥ, data dal Wilcke (ved. Cap.I,I), fa propendere per il regno di Tukultī-Ninurta.

BURI? (incerto se eponimo o padre di un eponimo)

Nella data di *KAJ* 15 = *Assur* 11019b. Linee 15-17:

> U$_4$ XII KA[M] *li-mu* [
> [DUMU?] [I]*Bu-ri* (oppure: [ ]x-*bu-ri*

Datazione in Fine I, 243, sulla base del numero di archivio (*Assur* 11019; cf. *OMA* II, 41).

INA-PÎ-AŠŠUR-LIŠLIM ved. ANA-PÎ-AŠŠUR-LIŠLIM

IŠTU-ILI-AŠĀMŠU

Eponimo in *TR* 119. Linee 13-14 (data):

> [ITU] *Ḫi-bur*[38] U$_4$! XVI KÁM *li*!-⌜*mu*⌝
> [[I]*I*]*š-tu*-DINGIR-*a-šàm*-⌜*šu*⌝

/eponimo in *TR* 3001. Linee 20-21 (data):

> ITU [d]XXX U$_4$ VII KÁM *li-mu*
> [I]*Iš-tu*-DINGIR-*a-šam-šu*

Eponimo in *TR* 3002. Linee 19-20 (data):

> ITU [d]XXX U$_4$ VII KÁM *li-mu*
> [I]*Iš-tu*-DINGIR-*a-šam-šu*

Datazione basata sul fatto che testi di Tell al-Rimāḥ risalgono a questo periodo. Nel caso si voglia identificare questo eponimo con Itti-ili-ašāmšu risulterebbe invece (probabilmente unica eccezione) del periodo di regno di Adad-nīrārī; ved. "Mesopotamia" 8-9, 169 sgg. Per la disposizione cronologica tra gli eponimi di Tell al-Rimāḥ data dal Wilcke ved. Cap. I, I.

ITTABŠI-DĒN-AŠŠUR (figlio di I-iddin? *qīpu* e *šakin māti*, padre dell'eponimo Aššur-bēl-ilāni?)

Eponimo in *VAT* 8708 (tavoletta non pubblicata, citata in *AfO* 13, 116 N. 19, e *AfO* 19, 34*a*; sarà prossimamente pubblicata in *MARV* II, 26). Linee 12-14 (data; cortese informazione di H. Freydank):

> ITU *ša sa-ra-a-te*
> ⌜U$_4$⌝ XI KÁM *li*!-*me*
> [[I]]*It-tab-ši*-DI-[d]*A*-⌜*šur*⌝

Eponimo in *AfO* 19, Tav. 6. Linee 6-7 del verso (data all'interno del testo):

> *ša li-me*
> [I]*It-tab-š*[*i-d*]*e-en*-[d]*A-šur*

[37] Se l'altro *qīpu*, Ubru, non fosse accompagnato dal nome del padre (Aššur-mušēzib) sarebbe stato identificabile con l'eponimo Ubru, figlio di Šamaš-aḫa-iddina (ved. oltre), il che dimostra il pericolo che si cela in queste identificazioni.
[38] Interessante variante del *ductus* normale dei contratti.

Eponimo in *KAJ* 279 = *Assur* 14445?. Linee 10-12 (data):

> [ITU K]*al-mar-t*[*u*] U$_4$ XIX KÁM
> [*li*]*-mu*
> [^{I}*It-tab-ši*]*-de-en-*^{d}*A-šur*

Eponimo in *KAV* 99 = *Assur* 14410. Linea 47 (data):

> [IT]U *Ḫi-bur* U$_4$ I KÁM *li-mu* ^{I}*It-tab-ši-*DI-^{d}*A-šur*

Eponimo in *KAV* 205 = *Assur* 14410. Linee 38-39 (data):

> ITU *šá sa-ra-te* U$_4$ I KÁM [*li-mu*]
> ^{I}[*It*]*-tab-ši-de-en-*⌜^{d}⌝[*A-šur*]

Eponimo in *TR* 2018. Linee 8-9 (data):

> x [ ]x x[
> ^{I}⌜*It-tab-ši*!⌝*-de-en-*^{d}[*A-šu*]*r*

Forse eponimo in *AO* 20157. Linea 16 (data):*līmu* ^{I}*I-*[*tab-š*]*i-* [*de*]*-en-*[^{d}*A-šur*] (Ḫibur,24.).

E' possibile l'identificazione con il *qīpu* omonimo attestato in *AfO* 18, Tav. 20:32′ (cf. *OLZ* 66/11-12, 534), testo del periodo di regno di Tukultī-Ninurta:

> ^{I}]*It-tab-š*[*i-de-e*]*n-*^{d}*A-šur qi-pu*

Se tale identificazione è giusta, Ittabši-dēn-Aššur risulta probabilmente padre dell'eponimo Aššur-bēl-ilāni e nonno dell'eponimo Urad-Kūbe, secondo la comparazione seguente:

Ittabši-dēn-Aššur *līmu* (vari testi)		Ittabši-dēn-Aššur *qīpu* (AfO 18, Tav. 20)	Ittabši-dēn-Aššur (*KAJ* 116) |	Ittabši-dēn-Aššur *šakin māti* (*Stelenreihen* 88) |	
	Aššur-bēl-ilāni *līmu* (vari testi)		Aššur-bēl-ilāni *qīpu ša šarri* (*KAJ* 116)	Aššur-bēl-ilāni *šakin māti* (*Stelenreihen* 88) |	
				Urad-Kūbe *šakin māti* (*Stelenreihen* 88)	Urad-Kūbe *līmu* (A. 75)

Ved. per questa identificazione anche sotto Aššur-bēl-ilāni (Parte III, 9) e Urad-Kūbe (Parte III, 10). Ved. per questa genealogia *OMA* II, 68-69. Nel caso che l'identificazione fosse valida, sarebbe più probabile una datazione nel periodo di regno di Salmanassar.

E' incerto se si debba identificare questo eponimo anche con il funzionario delle stele 18127, figlio di]-iddin, in *Stelenreihen* 91, di cui riportiamo il testo completo:

> *ṣa-lam*
> ^{I}*It-tab-*[*ši-*]
> [*de-en-Aššur*?]
> A?[
>]-SUM

L'integrazione (così anche in *RLA* II, 438*b*) è infatti ipotetica. La stele si trova in mezzo ad altre risalenti principalmente ad un periodo compreso tra i regni di Adad-nīrārī e Tukultī-Ninurta. Ved. "Assur" 1/2, 5. Datazione in Fine I, 263, basata sul fatto che i testi in *KAV* appartengono all'archivio di Bābu-aḫa-iddina, la cui attività risale al periodo compreso tra i regni di Adad-nīrārī e Tukultī-Ninurta. In particolare, *KAV* 99 risalirebbe ad un periodo che escluderebbe il regno di Adad-nīrārī. Conferma questa datazione *TR* 2018, perché i testi di Tell al-Rimāḫ risalgono al periodo Salmanassar—Tukultī-Ninurta.

Forse Ittabši-dēn-Aššur è suocero di Urad-Šerū'a? Quest'ultimo era un importante funzionario statale, forse identificabile con l'eponimo Urad-Šerūja (ved. oltre, in questa stessa Parte III, 8). In *KAJ* 111:2-3 troviamo scritto:

> DUMU-MÍ ^{I}*It-tab'-<ši>-de-en-*^{d}*A-šur*
> DAM^{at} ^{I}ÌR-^{d}*Še-ru-a'*

ma naturalmente l'identificazione di questo Ittabši-dēn-Aššur con l'eponimo si basa solo sulla contemporaneità dei personaggi e sulla loro elevata posizione sociale.

LIBŪR-ZĀNIN-AŠŠUR

Eponimo in *Assur* 13058 o (tavoletta non pubblicata, citata in *AfO* 13, 115 N. 16). Data:

> (*līmu*) L*i-bur-za-nin-Aš+sur*

Eponimo in *KAJ* 88 = *Assur* 14886 g. Linee 28-29 (data):

> ITU *ša ke-na-te* U$_4$ XX+[X KÁM/KAM]
> *li-mu* ^{I}*Li-bur-za-nin-*[*Aššur*]

Eponimo in *KAJ* 168 = *Assur* 14327 c. Linee 25-26 (data):

> ITU *Ḫi-bur* U$_4$ XVIII KÁM
> <*li-mu*> ^{I}*Li-bur-za-nin-*^{d}*A-šur*

Eponimo in *KAJ* 218 = *Assur* 14445. Linee 9-11 (data):

> ITU ^{d}NIN-É.GAL^{li}
> U$_4$ XIV KÁM *li-mu*
> *Li-bur-za-nin-*^{d}*A-šur*

Eponimo in *KAJ* 318. Linee 13-15 (data):

> ITU ^{d}NIN.É.GAL^{li}
> U$_4$ XIV KÁM *li-mu*
> *Li-bur-za-nin-*^{d}*A-šur*

Eponimo in *TR* 2056 (frammento). Linee 1'-2' (data):

> [ITU NM] U$_4$ XX KÁM
> [*li-mu* ^{I}*L*]*i-bur-za-*[*nin-Aššur*]

Eponimo in *TR* 2909. Linee 3'-5' del verso (data):

> ITU ⌜*Qar-ra-tu*⌝ U$_4$ XV (+X?) KÁM
> *li-mu*
> ^{I}*Li'-bur-za-nin-*^{d}*A-šur*

Datazione in Fine I, 247, basata sul fatto che il nome compare alla linea 12 di *Assur* 9819 = *AfO* 13 Tav. 5, un testo che riporta un elenco di persone, presumibilmente funzionari ed eponimi (su cui ved. Cap. I, II e.5). La datazione è confermata dai testi *TR*, perché le tavolette di Tell al-Rimāḫ risalgono al periodo Salmanassar—Tukultī-Ninurta. L'eponimo Libūr-zānin-Aššur potrebbe essere l'omonimo funzionario *ša rēš šarri* citato nei medesimi testi *KAJ* 218 e 318 oltre che in *KAJ* 116 e in *AOF* 1 (da cui appare come responsabile di un certo numero di prigionieri cassiti; ved. anche Nabû-bēla-usur, Parte III, 9), testo che risale a Tukultī-Ninurta.

KAJ 116: 3-4	[*Li-bu*]*r'-za-nin-*^{d}[*A-šur š*]*a* SAG [LUGAL
KAJ 218: 2-3	*Li-bur-za-nin-*^{d}*A-šur* *ša* SAG LUGAL
KAJ 318: 2-3	^{I}*Li-bur'-za-nin-*^{d}*A-šur* *ša* SAG LUGAL

AOF 1, 60:32′	ERÍN^{MEŠ} *Kaš-ši-e ša pi-it-ti* ¹*Li-bur-za-nin-*ᵈ*A-šur*
AOF 1, 68:22-23	*Kaš-ši-e*
	ša pi-it-ti ¹*Li-bur-za-nin-*ᵈ*A-šur*
AOF 1, 70:52-53	¹*Li-bur-za-nin-*ᵈ*A-šur*
	⌜*ša*⌝[S]AG? LUGAL

Cf. anche *AOF* 1, 70:56

MĀR?-SĪKI

Eponimo in *TR* 3025. Linee 24-26 (data):

ITU *Mu'-ḫur-*DINGIR^{MEŠ}
U$_4$ XIV KÁM *li-mu*
¹⌜DUMU?⌝-*Si'-ki'* (coll. Postgate)

Datazione basata sul fatto che i testi di Tell al-Rimāḫ risalgono al regno di Salmanassar o di Tukultī-Ninurta. Per la sua collocazione cronologica tra gli eponimi di Tell al-Rimāḫ fatta dal Wilcke ved. Cap. I, I.

MUDAMMEQ-NUSKU

Eponimo in *OIP* 79, Tav. 82, 5. Linee 26-27 (data):

[IT]U *Al-la-na-tu* U$_4$ X KÁM
[*l*]*i-mu* ¹(rasura)^{mu}SIG$_5$-ᵈENŠADA

Eponimo in *OIP* 79, Tav. 83, 6. Linee 27-28 (data):

ITU *Al-la-na-tu* U$_4$ X KÁM
li-mu ¹ ^{mu}SIG$_5$-ᵈENŠADA

Datazione in *OIP* 79, 86-87 (H. G. Güterbock), basata sul fatto che, dei quattro eponimi attestati nei documenti di Tell Fakhariyah, uno risale al periodo di Salmanassar, e un altro al periodo di Tukultī-Ninurta. Ved. anche Ana-pî-Aššur-lišlim, in questa stessa Parte III, 8.

ŠAMAŠ-MUŠĒZIB

Eponimo in *TR* 2034. Linee 6-7 (data all'interno del testo):

ša l[*i*]*-me*
¹ ᵈUD-^{mu}KAR

Datazione basata sul fatto che gli eponimi di Tell al-Rimāḫ risalgono al periodo qui considerato.
Šamaš-mušēzib non può essere ovviamente il padre dell'eponimo Adad-qarrād della Parte II, 4.

ŠERRĪJA

Eponimo in un testo di Dūr-katlimmu: ¹*Še-ri-ja* 689 (cortese informazione di W. Röllig).

I testi di Dūr-katlimmu sono datati con eponimi di questa epoca.

ŠUNU-QARDŪ *rab šaqi'ē*

Eponimo in *KAJ* 112 = *Assur* 14327. Linee 15-17 (data):

ITU *Ku-zal-lu*
U$_4$ XXVIII KÁM *li-mu'*
¹*Šu-nu-qar-du*

Eponimo in *KAJ* 178 = *Assur* 14445. Linee 22-23 (data):

> ITU ^{d}XXX U_4 XX KÁM *li-mu*
> ^{I}*Šu-nu-qar-du*

Eponimo in *KAJ* 268 = *Assur* 14327. Linee 15-16 (data):

> ITU *Mu-[ḫ]ur*-DINGIR^{MEŠ} U_4 VI KÁM
> [*l*]*i-mu* ^{I}*Šu-nu-qar-du*

Eponimo e *rab šaqi'ē* in *KAR* 220 = *Assur* 4347 c. Linea 10 del verso, IV (data):

> ITU *Mu-ḫur*-DINGIR^{MEŠ} U_4 XX KÁM *li-mu* ^{I}*Šu-nu-qar-du* GAL KAŠ.LUL

Eponimo in *KAV* 109 = *Assur* 14410. Linee 30-31 (data):

> ITU *Kal-mar-tu* U_4 XXIII KÁM
> *li-mu* ^{I}*Šu-nu-qar-du*

Eponimo in *TR* 2026. Linee 1-3 del bordo sinistro (data):

> ITU ⸢*Kal-mar*⸣[*tu*]
> ⸢U_4 XI$^{?}$⸣ KÁM [*li-mu*]
> ^{I}*Šu-nu*-⸢*qar-du*⸣

Eponimo in *TR* 2903. Linee 22-24 (data):

> ITU *A-bu*-LUGA[L^{ME}]^{Š}
> ⸢U_4 X$^{?}$+X KÁM *li-mu*⸣
> ^{I}⸢*Šu*⸣-*nu-qar*-⸢*du*⸣

Eponimo in un testo di Dūr-katlimmu: ^{I}*Šu-nu-qar-du* 688 (cortese informazione di W. Röllig).

Datazione in Fine I, 257, basata sul fatto che *KAJ* 112 e 268 sono due testi di Urad-Šerū'a, che risale al periodo compreso tra i regni di Salmanassar e Tukultī-Ninurta. La sua collocazione cronologica tra gli eponimi dei testi di Tell al-Rimāḫ, data dal Wilcke (ved. Cap. I, I.) rende preferibile il regno di Tukultī-Ninurta, anche in considerazione del fatto che Šunu-qardū, essendo *rab šaqi'ē*, dovrebbe essere collocato nei primi anni di regno di un sovrano. In tal caso potrebbe essere stato forse eponimo nel quarto anno di regno di Tukultī-Ninurta, subito dopo Mušallim-Adad (ved. nella Parte III, 9, sequenza A).

URAD-ILĀNI ved. Parte III, 9.

URAD-ŠERŪ'A (figlio di Meli-Saḫ?)

Eponimo in *TIM* 4, 45 = *IM* 10861. Linee 26-27 (data):

> ITU NIN-É.GAL^{li} <U_4 N. KAM/KÁM>
> *li-mu* ÌR-^{d}*Še-ru-ja*

La datazione del testo è molto problematica. Poiché l'eponimo è attestato solo qui, e le persone citate non sono identificabili con sicurezza con altre note, bisogna ricorrere ad alcuni indizi, ognuno dei quali porta ad una datazione diversa. Li raccogliamo qui in cinque punti:

1. Poiché gli eponimi erano funzionari, si può ricercare l'esistenza di un Urad-Šerū'a/Šerūja attestato come funzionario, ed ipôtizzare che si tratti dell'eponimo di *TIM* 4, 45. Effettivamente esiste un Urad-Šerū'a, figlio di Meli-Saḫ, il cui titolo è sconosciuto, ma che sicuramente rivestì una importante carica statale.[39] Questo funzionario visse in un periodo compreso tra i regni di Salmanassar e Tukultī-Ninurta. Tra le varie possibilità di datazione, questa ci sembra la più probabile.

[39] Ved. *ANLR* 25/7-12, 444 *sgg*.

2. Il testo potrebbe essere contemporaneo a *KAJ* 98, in base all'ipotesi che Bēlti-abīša fosse la sorella di Bēl-aḫḫēšu, attestato in *KAJ* 98 come padre di un testimone (cf. i patronimici e la somiglianza dei loro stessi nomi). Se la parentela è esatta, *TIM* 4, 45 risulterebbe di poco antecedente a *KAJ* 98, che risale al periodo di regno di Salmanassar.

3. Il testimone Appajê figlio di Ātannaḫ potrebbe corrispondere al testimone [ ]e, figlio di Ātannaḫ[, di *VDI* 80, 71:24, testo che risale al periodo di regno di Aššur-rīm-nišēšu (Parte I, 3).

4. Ripetiamo qui le considerazioni fatto in *OA* 7 (1968), 183 sgg. a proposito di una possibile antecedenza cronologica di *TIM* 4, 45 rispetto all'altro contratto matrimoniale *KAJ* 7: *a*. La formula più complicata di *TIM* 4, 45:10-16 rispetto a quella più semplice di *KAJ* 7:14-15. *b*. L'uso della sillaba *áb* in *TIM* 4, 45:11 e 14, più vicino all'antico-Assiro. *c*. La presenza in *KAJ* 7 della frase *adi balṭūni* che meglio specifica e puntualizza ciò che in *TIM* 4, 45 è solo intuibile. *d*. L'assenza in *KAJ* 7 della preposizione *ina* di *TIM* 4, 45:7 (potrebbe trattarsi di una semplificazione avvenuta nel tempo). Sulla base di queste considerazioni, *TIM* 4, 45 dovrebbe precedere nel tempo *KAJ* 7, che risale al periodo di regno di Erība-Adad o di Aššur-uballiṭ (Parte II, 4, eponimo Kidin-Marduk).

5. *a-a* nel nome *Aj-abīšu* (linea 21) collocherebbe il testo in un periodo tardo.

]AN/ILĪ/ILU/ILĀNI/ᵈ[figlio di Šamaš-tukultī

Eponimo in *TR* 115. Linee 29-31 (data):

> IT[U NM] ⌜U$_4$⌝ XVIII KÁM
> *li*-[*mu*]x AN x x
> DU[MU ᵈU]D!-GIŠ.TUKUL?[40]

Datazione in base al fatto che i testi di Tell al-Rimāḥ risalgono al periodo qui considerato. Forse l'eponimo è figlio di Šamaš-tukultī (ved. Parte III, 6); in tal caso segue nella cronologia. Per la sua collocazione cronologica fra gli eponimi di Tell al-Rimāḥ ved.Cap.I,I.

]AN-NI?[

Eponimo in TR 3031. Linee 26-27 (data):

> ITU x x x x U$_4$ XI? [KÁM]
> *li-mu* x x AN NI? x

Datazione come per l'eponimo precedente.

]-AŠŠUR figlio di Kidin-Ea

Funzionario in *Stelereihen* 82 = Stele 17986. Linee 1-4 (testo completo):

> [*ṣ*]*a-lam*
> ![ ]-*Aš+šur*
> A ŠÚ-ᵈ⌜*É*⌝-*a*
> A X X X

La datazione che proponiamo è solo ipotetica, e trae origine dal fatto che le stele databili tra quelle del gruppo in cui si trova questa in oggetto risalgono o al regno di Salmanassar (due) o a quello di Tukultī-Ninurta (una, la cui datazione potrebbe anche essere lievemente posteriore). Ved. "Assur" 1/2, 6 sgg. Per la lettura del nome del padre ved. *AIUON* 33 = *NS* 23, 281-282.

]-MARDUK figlio di Aššur-kēna-īde

Eponimo in *TR* 2033. Linee 9-10 (data):

> [ITU *Mu-ḫ*]*ur*-DINGIR^{MEŠ} U$_4$ VII KÁM
> [*li-mu* x] x x- ᵈAMAR.UD

[40] Lettura Ilī-tukultī in *OMA* I, 252.

DUMU *ᵈA-šur-ke-na-i-*[*de*][41]

Datazione dovuta al fatto che i testi di Tell al-Rimāḫ risalgono al periodo di regno di Salmanassar e di Tukultī-Ninurta. Dalla copia il nome potrebbe essere letto anche Usāt-Marduk (cf. Usāt-Marduk figlio di Aššur-kēna-īde, Parte III, 6 !).[42]

]NA ved. oltre, testi senza eponimo, *TR* 2061.

]-UṢUR(?)

Eponimo in TR 2037. Linee 47-48 (data):

> [ITU] *Al-la-na-tu₄* U₄ XIX [KÁM]
> *li-mu* x x x *-ú?-ṣur?*[43]

Datazione come sopra,]-Marduk, ma ved. anche p.85.

TESTI SENZA EPONIMO

KAJ 55 = *Assur* 14987. Data scomparsa.
Datazione incerta in *OMA* II, 45 basata su qualche indizio che può far pensare ad una affinità con *KAJ* 144, datato nel periodo Salmanassar—Tukultī-Ninurta.

KAJ 93 = *Assur* 11018 s. Senza data.
Datazione in *AfO* 13, 111 e Fine I, 243, sulla base del numero di archivio, che contiene tavolette databili nel periodo Salmanassar—Tukultī-Ninurta.

KAJ 116 = *Assur* 14327. Data scomparsa.
Il testo nomina Libūr-zānin-Aššur *ša rēš šarri* e Urad-Šerū'a figlio di Meli-Saḫ (ved. in questa stessa Parte III, 8), oltre a Mušallim-Aššur figlio di Aššur-mušabši (forse eponimo del periodo di Salmanassar, ved. Parte III, 6) e ad Aššur-bēl-ilāni figlio di Ittabši-dēn-Aššur (forse eponimo del periodo di Tukultī-Ninurta, ved. Parte III, 9).

KAJ 127 = *Assur* 14987. Data con il solo mese. Linea 19:

> ITU A.AB.<BA>-LUGAL^MEŠ

Datazione in Fine I, 253, basata sul fatto che la tavoletta è un testo di Zēra-iqīša, la cui attività è documentata nel periodo Salmanassar—Tukultī-Ninurta.

KAJ 220 = *Assur* 14445. Senza data.
Datazione in *OMA* II, 43, basata sul fatto che tutti i testi dell'archivio 14445 risalgono ai regni di Salmanassar e di Tukultī-Ninurta.

KAJ 228 = *Assur* 11019 f. Senza data.
Datazione in *AfO* 13, 111 e Fine I, 243, per cui ved. sopra, *KAJ* 93.

KAJ 263 = *Assur* ?. Data scomparsa.
Datazione in Fine I, 249, basata sul parallelismo tra questo testo e *KAJ* 218 e 318 (eponimo Libūr-zānin-Aššur).

KAJ 271 = *Assur* 14987. Data parzialmente scomparsa: Linee 11-12:

> ITU *Kal-ma*[*r-tu* U₄ N. KÁM/KAM]
> [*l*]*i-mu* ˹x[

Datazione in Fine I, 253, per cui ved. sopra, *KAJ* 127. Lo stretto parallelismo con *KAJ* 230 potrebbe far

[41] Collazione Postgate. Dalla copia (Iraq 30, Tav. XLVII) solo]-*šu*[*r-k*]*e*-x[

[42] Ma ved. Postgate, *OA* 13/1, 72.

[43] Collazione Postgate.

supporre una identità di eponimi. In tal caso anche *KAJ* 270 sarebbe stato datato con l'eponimo Qibi-Aššur, e risalirebbe quindi più precisamente al regno di Tukultī-Ninurta.

KAJ 292 = *Assur* 11018 x. Senza data.
Datazione in *AfO* 13, 111 e Fine I, 243, per cui ved. sopra, *KAJ* 93.

KAJ 293 = *Assur* 11019 e. Senza data.
Come sopra, *KAJ* 292.

KAJ 293a = *Assur* 14987. Senza data.
Datazione in Fine I, 263, basata sul fatto che la tavoletta è un testo di Bābu-aḫa-iddina, in cui compare Aššur-šallimanni, attestato anche in *KAV* 99 (eponimo Ittabši-dēn-Aššur, in questa stessa Parte III, 8).

KAJ 295 = *Assur* 14987. Data scomparsa (o senza data).
Datazione incerta in *OMA* II, 46, basata su qualche indizio che può far pensare ad una affinità con altri cinque testi (*KAJ* 127, 230, 238, 271, 272, riguardanti ovini), tutti risalenti al regno di Salmanassar o di Tukultī-Ninurta.

KAJ 303 = *Assur* 14445. Senza data.
Datazione in *OMA* II, 43, per cui ved. sopra, *KAJ* 220.

KAJ 304 = *Assur* 14445. Senza data.
Come sopra, *KAJ* 220.

KAJ 305 = *Assur* 14445. Senza data.
Come sopra, *KAJ* 220.

KAJ 313 = *Assur* 11019 h. Senza data.
Datazione in *AfO* 13, 111 e Fine I, 243, per cui ved. sopra, *KAJ* 93.

KAV 217 = *Assur* 4585 a. Data scomparsa.
Datazione in Fine I, 263, molto incerta, basata sulla ipotetica identificazione di persone con altre citate in testi databili in questo periodo.

MARV 2 = *Assur* 11018 a. Senza data.
Datazione in *AfO* 13, 111 e Fine I, 243 (cf. *OMA* II, 31, 40) sulla base del numero di archivio, che contiene tavolette risalenti al periodo Salmanassar—Tukultī-Ninurta.

MARV 18 = *Assur* 11018 d. Senza data.
Come sopra, *MARV* 2.

MARV 29 = *Assur* 11017. Senza data.
Ved. oltre (testi con eponimo non ancora noto) sull'archivio *Assur* 11017.

MARV 31 = *Assur* 11018 n. Senza data.
Come sopra, *MARV* 2.

MARV 71 = *Assur* 11018 t. Senza data.
Come sopra, *MARV* 2.

OIP 79, Tav. 81, 1. Data scomparsa.

OIP 79, Tav. 81, 2. Data limitata al giorno (l.13: U_4 XXV KÁM).

OIP 79, Tav. 81, 3. Senza data.

OIP 79, Tav. 81, 4. Data limitata al giorno (l.23: ⌜U_4⌝ XXII KÁM).

OIP 79, Tav. 85, 11. Senza data.

OIP 79, Tav. 85, 12. Data scomparsa.

Le datazioni dei testi di Tell Fakhariyah (*OIP* 79) senza eponimo si basano su quelli che hanno la data

OIP 79, Tav. 81, 3. Senza data.

OIP 79, Tav. 81, 4. Data limitata al giorno (l.23: ⌈U$_4$⌉ XXII KÁM).

OIP 79, Tav. 85, 11. Senza data.

OIP 79, Tav. 85, 12. Data scomparsa.

Le datazioni dei testi di Tell Fakhariyah (*OIP* 79) senza eponimo si basano su quelli che hanno la data (eponimi Ana-pî-Aššur-lišlim, Parte III, 8; Mudammeq-Nusku, Parte III, 8; Mušabiši'ū-Sibitta, Parte III, 6; Aššur-nādin-apli, Parte III, 9).

TR 103. Data scomparsa.

TR 104. Nome dell'eponimo scomparso dalla data (linee 31-32):

[ITU NM] U$_4$ XX K[ÁM]
[*li-mu*

TR 105. Data scomparsa.

TR 107. Data scomparsa.

TR 112. Nome dell'eponimo scomparso dalla data (linee 29-31):

[ITU
U$_4$ XVIII KÁM *li-mu*[
x[

TR 113. Data scomparsa.

TR 114. Data scomparsa.

TR 117. Data scomparsa.

TR 118. Data scomparsa.

TR 121. Data scomparsa.

TR 124. Senza data.

TR 125. Senza data.

TR 129. Data scomparsa.

TR 132. Data scomparsa.

TR 134A. Data scomparsa.

TR 135A. Data scomparsa.

TR 135C. Data scomparsa.

TR 137. Data scomparsa.

TR 2001. Data scomparsa.

TR 2006. Data scomparsa.

TR 2008. Data scomparsa.

TR 2016. Data scomparsa.

TR 2017. Data scomparsa.

TR 2020. Senza data.

TR 2024. Nome dell'eponimo scomparso dalla data (linee 21-22):

ITU x x x x [
li-mu $^{\mathrm{I\,d}}$x x (= *B*[*e-e*]r- ?) x

TR 2029. Data scomparsa.

TR 2034. Senza data.

TR 2038. Data scomparsa.

TR 2039. Data scomparsa.

TR 2044. Nome dell'eponimo scomparso dalla data (linee 10'-11'):

ITU NIN-É.[GA]L^{li} U_4 XI K[ÁM]
[*l*]*i-m*[*u*] x x x x x

TR 2045. Data scomparsa.

TR 2048. Data scomparsa.

TR 2049. Data scomparsa.

TR 2052. Data scomparsa.

TR 2053. Senza data.

TR 2055. Data scomparsa.

TR 2060. Data somparsa.

TR 2061. Data scomparsa (linee 17-18). Il nome dell'eponimo termina con -na:

[ITU ... U_4 ...]
[*li-mu* ^{I}]^{d}[x] x *-na*

TR 2063A. Data scomparsa.

TR 2064. Data scomparsa.

TR 2065. Data scomparsa.

TR 2078. Data scomparsa.

TR 2083 A(BC). Data scomparsa.

TR 2084A. Data scomparsa.

TR 2084F. Data scomparsa.

TR 2907. Data scomparsa.

TR 3003. Nome dell'eponimo scomparso dalla data (linee 12-14):

ITU *Al-la-an-na-tú* U_4 XII <KÁM/KAM>
li-mu ^{I}x[
EN x x x [44]

TR 3004. Data scomparsa.[45]

TR 3017. Data scomparsa.

[44] forse EN *p*[*a'-h*]*e*-[*t*]*e*
[45] *M*]*u*-SIG$_5$-^{d}IM è un nome isolato che potrebbe essere quello dell'eponimo. D'altronde non conosciamo alcun eponimo di nome Mudammeq-Adad.

TR 3018. Nome dell'eponimo scomparso dalla data (linee 15-17):

ITU [x] x MU MEŠ U_4 I$^?$ KÁM
li-mu ^{I} x SUM$^?$ [x]
[DU]MU$^?$ x x AN$^?$ x

TR 3020. Senza data.

TR 3021. Data scomparsa.

TR 3024. Data scomparsa.

TR 3026. Solo il giorno della della data (linea 5': U_4 XI KÁM].

TR 3028. Data scomparsa.

TR 3036. Data scomparsa.

TR 3038. Data scomparsa.

TR 3039ABC. Data scomparsa.

TR 3040 (Frags). Data scomparsa.

La datazione di questi testi *TR* si basa sul fatto che gli altri testi di Tell al-Rimāḥ risalgono al periodo di regno di Salmanssar o di Tukultī-Ninurta.

VAT 18137 (inedito; prossima pubblicazione in MARV II, 1). Data scomparsa (cortese informazione di H.Freydank).

TESTI CON EPONIMO NON ANCORA NOTO

Archivio *Assur* 11017 (prevalentemente non pubblicato. Gli eponimi di cui conosciamo i nomi risalgono soprattutto al regno di Tukultī-Ninurta. C'è però un testo (*Assur* 11017 n) che risale al periodo di regno di Salmanassar; per i testi totalmente sconosciuti è quindi più prudente una datazione nei periodi di regno di Salmanassar o di Tukultī-Ninurta, con maggiore probabilità per il regno di quest'ultimo).

TR 116
TR 120
TR 122
TR 126AB
TR 127
TR 128
TR 130
TR 131
TR 133
TR 134 BCD
TR 135B
TR 136
TR 2000
TR 2002
TR 2003
TR 2004
TR 2005
TR 2006
TR 2007
TR 2009
TR 2010
TR 2035
TR 2036+2040
TR 2041
TR 2042
TR 2043
TR 2046
TR 2047
TR 2050
TR 2062B
TR 2063 BCDE
TR 2067
TR 2069 BCDEF
TR 2070
TR 2071 ABC
TR 2072
TR 2073
TR 2074
TR 2075
TR 2076
TR 2077
TR 2079
TR 2091
TR 2092
TR 2093
TR 2094
TR 2097
TR 2098
TR 2099
TR 2900
TR 2901
TR 2902
TR 2911
TR 2912
TR 2914
TR 2915 AB
TR 3033
TR 3034
TR 3035
TR 3036

TR 2011
TR 2012
TR 2013
TR 2019
TR 2023
TR 2027
TR 2032+2054

TR 2080 A
TR 2082
TR 2083 DEF
TR 2084 BCDE
TR 2085
TR 2088
TR 2089

La datazione dai testi *TR* non pubblicati (citati in "Iraq" 30, 196-204) è basata sul fatto che quasi tutti gli altri testi di Tell al-Rimāḫ risalgono al regno di Salmanassar o di Tukultī-Ninurta.

VAT 8595 = *Assur* 11018 y. Datazione in *OMA* II, 40, basata sul fatto che tutti i testi dell'archivio *Assur* 11018 risalgono al regno di Salmanassar o di Tukultī-Ninurta. Testo citato in *AfO* 13, 111 e 121.

VAT 8750 = *Assur* 11019 k. Datazione in *OMA* II, 41, basata sul fatto che tutti i testi dell'archivio *Assur* 11019 risalgono al regno di Salmanassar o di Tukultī-Ninurta. Testo citato in *AfO* 13, 111 e 116.

VAT 16360 = *Assur* 11018 a.

VAT 16361 = *Assur* 11018 b.

VAT 16362 = *Assur* 11018 c.

VAT 16363 = *Assur* 11018 d.

VAT 16364 = *Assur* 11018 e.

VAT 16365 = *Assur* 11018 f.

VAT 16366 = *Assur* 11018 g.

VAT 16368 = *Assur* 11018 i.

VAT 16369 = *Assur* 11018 k.

VAT 16372 = *Assur* 11018 n.

VAT 16374 = *Assur* 11018 q.

VAT 16376 = *Assur* 11018 u.

Datazione dei testi *Assur* 11018 come sopra, *VAT* 8595. Testi citati in *AfO* 13, 111.

III, 9

Periodo di regno di Tukultī-Ninurta I

(1243-1207)

Elenco degli Eponimi in ordine alfabetico

ABATTU ved. oltre, sequenza B.

ABĪ-ILĪ ved. oltre, sequenza C.

ADAD-UBALLIṬ (figlio di Mari'annu?)

Eponimo in *MAR V* 67 = *Assur* 13058 cd ?[46] Linee 17'-18' del verso (data):

ITU *Ku-zal-lu* U_4 IV KÁM
li-mu $^{I\ d}$IM-^{it}TI

[46] E' tutt'altro che certo che il testo appartenga all'archivio *Assur* 13058 (cortese informazione di H. Freydank).

Eponimo in *TR* 2058. Linee 15-17 (data):

ITU *Mu-ḫur-*[DIN]GIR U$_4$ X KÁM
⸢*li*⸣-*mu* [^{I}]X-^{il}T[I.LA]
DUMU *Ma-*⸢*ri*⸣-*an-*⸢*ni*⸣

Datazione in *AfO* 13, 118 N. 25, basata sul fatto che in *MARV* 67 è nominata la città Kār-Tukultī-Ninurta. L'identificazione con l'eponimo figlio di Mari'annu di *TR* 2058 è incerta. Ved. la variante di lettura Adad-šamšī, Parte III, 8.

ADAD-UMA''I ved. oltre, sequenza B.

AŠŠUR-BĒL-ILĀNI (*qīpu ša šarri, šakin māti,* **figlio dell'eponimo Ittābši-dēn-Aššur e padre dell'eponimo Urad-Kūbe?)**

Eponimo in *VAT* 10037 = *Assur* 20193 (tavoletta non pubblicata, citata in *MAOG* 4, 201. Linea 2 (data all'inizio del testo):

ITU *Ku-zal-*[*lu* U$_4$] II KÁM *li-mu* ^{I}*A-šur-*EN-DINGIR$^{\text{MEŠ}-ni}$

Eponimo in *ITN* 14 (p. 23a). Linea 44 (data):

ITU *Al-la-na-tu li-mu* $^{I\,d}$*A-šur-*EN-DINGIR^{MEŠ}

Eponimo in *KAJ* 171 = *Assur* 14327 aq. Linee 35-36 (data):

ITU *Al-la-na-tu* U$_4$ IX KÁM
<*li-mu*> ^{d}*A-šur-*EN-DINGIR$^{\text{MEŠ}-ni}$

Eponimo in *TR* 2028. Linee 24-25 (data):

ITU *Kal-mar-tu* U$_4$ III KÁM
[*li-mu*] ^{I}*Aš+šur-*EN-DINGIR$^{\text{MEŠ}-ni}$

Eponimo in *TR* 2905. Linee 13-15 (data):

ITU *A-bu-*LUGAL⸢^{MEŠ}⸣
U$_4$ III KÁM *l*[*i-mu*]
$^{I\,d}$*A-šur-*EN-DINGIR$^{\text{MEŠ}-[ni]}$

Eponimo in *VAT* 10037 (inedito; cortese informazione di H. Freydank).

Eponimo in un testo di Dūr-katlimmu: $^{I\,d}$*A-šur-*EN-DINGIR$^{\text{MEŠ}-ni}$ 1527 I 85 (cortese informazione di W. Röllig).

L'eponimo è probabilmente il *qīpu ša šarri* in *KAJ* 116, linee 9-10:

[ ]^{d}*A-šur-*EN-DINGIR$^{\text{MEŠ}-ni}$ DUMU *I-tab-ši-*[*d*]*e-en-*^{d}*Aš+šur*
[LÚ]⸢*qí*⸣-*pu ša* LUGAL

In tal caso si identifica con lo *šakin māti* di *Stelenreihen* 88 padre dell'eponimo Urad-Kūbe. (Parte III, 10): Linee 4-9:

⸢^{d}⸣*Aš-+šur-*
EN-DINGIR^{MEŠ}
GAR KUR
A *It-*⸢*tab*⸣-[*ši*]-
⸢*de*⸣-*en-Aš+šur*
GAR KUR-*ma*

Datazione in Fine I, 233 nel regno di Salmanassar, ma da collocare nel regno di Tukultī-Ninurta sulla base di *ITN* 14 (cf. *OMA* I, 107). Da *VAT* 10037 risulta inoltre che l'eponimo deve essere collocato in un periodo successivo alla vittoria sui Cassiti (ved. *MAOG* 4/1-2, 201). E. F. Weidner (*AfO* 13, 115 N. 18; cf. Fine I, 241-242) identifica l'eponimo anche con il *bēl pāḫete* di Aššur di *KAJ* 103, 106 e 133:

KAJ 103:5-6 $^{\mathrm{I\,d}}$*A-šur*-EN-DINGIR$^{\text{MEŠ-}ni}$ EN *pa-ḫe-te ša* URU ^{d}*A-šur*

KAJ 106:4-5 $^{\mathrm{I\,d}}$*A-šur*-EN-DINGIR$^{\text{MEŠ-}ni}$ EN *pa-ḫe-te ša* URU ^{d}*A-šur*

KAJ 133:5-6 $^{\mathrm{I\,d}}$*A-šur*-EN-DINGIR$^{\text{MEŠ-}n[i]}$ EN *pa-ḫe-te ša* URU ^{d}*A-š*[*ur*]

Anche questa identificazione è possibile. Con questo *bēl pāḫete* di Assur è identificato poi da H. Freydank l'Aššur-bēl-ilāni di *AOF* 1, 68:26 (ved. *ib.*, pag. 74), testo dell'epoca di Tukultī-Ninurta. Nel caso che Ittabši-dēn-Aššur fosse effettivamente suo padre (dietro la plausibile ipotesi secondo cui l'eponimo viene identificato con il *qīpu* e *šakin māti*) potrebbe essere identificato con l'eponimo Ittabši-dēn-Aššur (Parte III, 8).

AŠŠUR-DA''ĀN figlio di Ikkāru

Eponimo in *KAJ* 111 = *Assur* 14327. Linee 19-21 (data):

ITU *Ku-zal-lu* U$_4$ II KÁM
li-mu $^{\mathrm{I\,d}}$*A-šur-da-a-an*
[DUMU] *Ik-ka-a-ri*

Eponimo in *KAV* 168 = *Assur* 11019 a. Linee 23-24 (data):

I[T]U *šá sa-ra-te* U$_4$ XXV KÁM
li-mu $^{\mathrm{I\,d}}$*A-šur-da-a-an*

Eponimo in *TR* 2910. Linee 21-22 (data):

ITU *šá ke-nu-te* U$_4$ IV[+N. KÁM/KAM]
li-mu $^{\mathrm{I\,d}}$*A-šur-da-*⌜*a*⌝*-ni*

Eponimo in *AO* 20153. Linea 18 (data):*līmu* ^{d}*A-sur-da-a'-an'*

Datazione in Fine I, 241, basata sul fatto che lo scriba di *KAJ* 111 è lo stesso di *KAJ* 128, testo datato con l'eponimo Aššur-nādin-apli, presumibilmente il re (ved. l'eponimo seguente). La disposizione cronologica degli eponimi di Tell al-Rimāḫ data dal Wilcke (cf. Cap. I, I.) conferma la datazione nel regno di Tukultī-Ninurta. E' da escludere che suo padre sia l'omonimo *līmu*.

AŠŠUR-NĀDIN-APLI (figlio di Tukultī-Ninurta e nipote di Salmanassar?)

Eponimo in *Assur* 11017 d (tavoletta non pubblicata, citata in *AfO* 13, 113 N. 6)

Eponimo in *KAJ* 128 = *Assur* 14327. Linee 21-22 (data):

ITU *Al-la-na-tu* U$_4$ XXIII KÁM
li-mu $^{\mathrm{I\,d}}$*A-šur*-SUM-IBILA

Eponimo in *KAV* 169 = *Assur* 11018 p. Linee 25-26 (data):

ITU *Al-l*[*a-na-tu* U$_4$] XII? [KAM/KÁM]
li-mu $^{\mathrm{I\,d}}$*A-šur*-SUM-IBILA

Eponimo in *OIP* 79, Tav. 84, 9 = *F* 269. Linee 9-11 (data):

ITU *Mu-ḫur*-DINGIR^{MEŠ}
[U$_4$] X KÁM *li-mu*
[$^{\mathrm{I\,d}}$]⌜*A*⌝*-šur*-SUM-IBILA

Eponimo in *TCL* 9, 59. Linee 14-16 (data):

> ITU$^{!}$ ^{d}NIN-É.GAL
> U_4 [N. KAM/KÁM *l*]*i*-[*m*]*u*
> ^{I} ⌜^{d}*A*⌝-[*šur*-S]UM-IBILA

Eponimo in *TR* 2069 A+2908. Linee 18-20 (data):

> [ITU]⌜^{d}⌝NIN-É.GAL$^{[l]i}$
> ⌜U_4⌝ x+I KÁM *li*-[*m*]*u*
> $^{I\,d}$*A-šur*-SUM-IBILA

Eponimo in *MARV* 7 = *Assur* 11018 l (citazione già in *AfO* 13, 113 N. 6). Linee 23-24 (data):

> ITU *Ku-z*[*al-lu* U_4] XVII KÁM ⌜*li-mu*⌝
> $^{I\,d}$*A-šur*-[SUM-I]BILA

Eponimo in due testi di Dūr-katlimmu: $^{I\,d}$*A-šur*-SUM-IBILA 685, 686.

Eponimo in *AO* 19227. Linea 26 (data):*līmu* ^{Id}*A-šur*-SUM-IBILA (Ša-kenāte,20.)

L'identificazione con il re Aššur-nādin-apli non è sicura. Ved. quanto scritto al Cap. I, III,A.1, *n* 3. In Fine I, 141, l'identificazione è data come presumibile, con datazione nel regno di Aššur-nādin-apli o, meglio, di Tukultī-Ninurta.[47] La disposizione cronologica degli eponimi di Tell al-Rimāḫ data dal Wilcke (ved. Cap. I, I.) conferma la datazione sotto Tukultī-Ninurta.

Aššur-nādin-apli precede nella cronologia Aššur-pirḫī-ēriš (Parte III, 8) se costui è suo figlio.

AŠŠUR-ZĒRA-IDDINA

Eponimo in *KAJ* 103 = *Assur* 14327u. Linee 18-19 (data):

> ⌜ITU⌝ *Ku-zal-lu* U_4 I KÁM
> [*li-mu*] $^{I\,d}$*A-šur*-NUMUN-SUM^{na}

Eponimo in *KAJ* 106 = *Assur* 14327. Linee 18-19 (data):

> ITU *Ṣi-ip-pu* U_4 I KÁM
> *li-mu* $^{I\,d}$*A-šur*-NUMUN-SUM^{na}

Eponimo in *MARV* 8 = *Assur* 11018 m (citazione già in *AfO* 13, 111 e 113 N. 7). Linee 19-21 (data):

> ITU *Ṣi-pu* [U_4 x]+VI KÁM
> *li-mu*
> $^{I\,d}$*A-šur*-NUM[UN]-⌜SUM⌝^{na}

Eponimo in *MARV* 27 = *T.*(?). Linee 36-37 (data):

> [ITU *Ka*]*l-mar-tu* U_4 ⌜VIII KÁM⌝ *li-mu*
> [^{I}] ⌜^{d}⌝*A-šur*-NUMUN-SUM^{na}

Eponimo in *TR* 3013. Linee 20-21 (data):

> ITU *Ṣi-pu* U_4 XXVII KÁM
> *li-mu* $^{I\,d}$*A-šur*-NUMUN-SUM^{na}

Datazione in Fine I, 241 (cf. *MAOG* 4/1-2, 200), basata sul fatto che in *KAJ* 103 e 106 si parla di prigionieri cassiti, probabilmente catturati durante le vittoriose campagne di Tukultī-Ninurta contro Karduniaš (cf. anche O. Schroeder, *MAOG* 4, *cit*). La prima campagna di Tukultī-Ninurta contro Karduniaš costituisce quindi un termine *ante quem non*. Forse padre dell'eponimo Aššur-mudammeq (parte III, 12) e nipote dell'eponimo Qibi-Aššur (in questa stessa parte III, 9; in tal caso, il suo eponimato sarebbe da collocare in un periodo piuttosto tardo del regno di Tukultī-Ninurta). Cf. *OMA* II,

[47] In *OMA* I, 132 la sigla Tp è un errore per TN.

65 per questa e altre possibilità di parentela. Per la sua collocazione cronologica tra gli eponimi di Tell al-Rimāḥ ved. Cap.I, I.

BĒR-[ved. oltre, sequenza B.

ELLIL-NĀDIN-APLI

Eponimo in *KAJ* 107 = *KAJ* 117 = *Assur* 14327 eo. Linee 16-17 (data):

ITU ^{d}XXX U$_4$ XI KÁM
li'-mu ^{d}EN.LÍL-SUM-IBILA

Eponimo in *KAJ* 133 = *Assur* 14327 s. Linee 16-17 (data):

ITU ^{d}XXX U$_4$ XXVI KÁM
li-mu $^{I\,d}$EN.LÍL-SUM-IBILA

Eponimo in *KAJ* 319 = *Assur* 14327 en. Linee 14-16 (data):

ITU ^{d}XXX U$_4$ XXIII KÁM
[*l*]*i-mu* $^{I\,d}$EN.LÍL-S[UM]-
IBILA[48]

Eponimo in *TR* 3008. Linee 5-7 (data):

ITU *Mu-ḫur*-DINGIR^{MEŠ} U$_4$ XVII KÁM
li-mu
$^{I\,d}$EN.LÍL-SUM-IBILA

Datazione in Fine I, 241 e 242, (cf. *MAOG* 4/1-2, 201) basata sul fatto che un *bēl pāḫete* di Assur attestato in *KAJ* 133 è lo stesso di *KAJ* 103 e 106 (eponimo Aššur-zēra-iddina, ved. sopra).

ERĪB-MARDUK (figlio di Rīš-ḫamru; *bēl pāḫete* della città Rīšē ?)[49]

Eponimo in *Assur* 6045 f e *T.* 232 (testi non pubblicati, citati in *AfO* 13, 117 N. 23 (il nome è probabilmente scritto ^{I}SU-^{d}AMAR.UD).[50]

Sua stele forse in *Stelenreihen* 94 = Stele 18130. Testo completo:

[*ṣa-lam*]
^{I}[S]U-[^{d}]AMAR.⌜UD!⌝
DUMU *Riš'*-[*ḫa-am*]-*ri*
⌜EN⌝ *p*[*a'-ḫe*]-*te*
⌜*ša*⌝ $^{URU!}$*Ri-še*[51]

Datazione in *AfO* 13, 117, basata sul fatto che in T. 232 viene nominata la città Kār-Tukultī-Ninurta (cf. anche sotto Sarniqu e oltre, sequenza B); cf. Fine I, 243.

ERU-APLA-IDDINA

Eponimo in *KAJ* 92 = *Assur* 14327. Linee 11-12 (data):

ITU *Ḫi-bur* U$_4$ {U$_4$} X KÁM

[48] Oppure: 15. $^{I\,d}$EN.LÍL-S[UM-IBILA] 16. DUMU *Uš*-[

[49] Nome del padre e titolo incerti perché la lettura del nome in *Stelenreihen* 94 non è sicura.

[50] Weidner riporta trascritto *Erība-Marduk*; cf. le attestazioni di questi due elementi nei nomi personali medioassiri in *OMA* II, 152 e 192-193.

[51] Ved. *Nota sulla lettura di tre stele di Assur*, *AIUON* 33 = NS 23 (1973), 279. Possibile anche la lettura *Tal*-[*mu*]-*še*; sulla lettura della citta Talmuši (non Rimuši, *corrige* S. Parpola, *NAT* 294) ved. A. Goëtze, *JCS* 7 (1953), 62 e *nota* 78. Una prova decisiva è fornita dell'inedito hurrico di Boğazköy 22/o, che il collega M. Salvini ci ha gentilmente fatto conoscere: r.5' *Ni-nu-wa*, r.6' *Ta-al-mu-uš-ši*, r.7' *Tal-mu-uš-ši*; cf. mA *KAV* 72 r?-10 *Ištar* [*ša*] URU*Ni-nu-a*, r?11 *Ištar* [*ša* UR]U *Tal-mu-še*.

li-mu $^{\mathrm{I\,d}}$*E-ru*-IBILA-[SUM]^{na}

Datazione basata sul fatto che nel testo è citato Urad-Kūbe *ša kurussê*, personaggio attestato anche in *KAJ* 155 (cf. *OMA* I, 502), risalente a questo periodo (ved. oltre, s.v. Sarniqu). Manca in Fine. Nell'ipotesi che Urad-Kūbe sia l'eponimo, la datazione di Eru-apla-iddina andrebbe cercata nell'ultimo periodo del regno di Tukultī-Ninurta (ved. s.v. Urad-Kūbe, Parte III, 10).

ETEL-PÎ-AŠŠUR ved. oltre, sequenza B.

INA-AŠŠUR-ŠUMA-AṢBAT

Eponimo in *KAH* 1, 17. Linea 17 (data):

li-mu ^{I}*I-na*-^{d}*Aš+šur*-MU-*a*[*ṣ*]$^{!}$-*bat*

Eponimo *ib.*, variante B (*ITN*, Tav. 7:54-55):

ITU *Ṣi-ip-*[*pu li-mu*]
I+na-^{d}*A*-[*šur*-MU-*aṣ-bat*]

Datazione sicura perché con l'eponimo sono datati testi storici di Tukultī-Ninurta (cf. *MAOG* 4/1-2, 202). Non è escluso che sia da identificare con Aššur-šuma-aṣbat (ved. oltre, Parte IV, 5).

KAŠTILIAŠU, re cassita, poi *ša rēši*

Eponimo in *AfO* 13, Tav. 7 = *Assur* 14886 i. Linee 29-30 (data):

ITU ^{d}XXX U$_4$ XXII KÁM *li-mu*
^{I}*Kaš-ti-li-a-šu*

Datazione in *AfO* 13, 122, sulla base dell'individuazione del re cassita Kaštiliaš nell'eponimo del testo. Diversamente Fine II, 127-128 (periodo di Ninurta-tukul-Aššur). Conferma la datazione del Weidner il numero di archivio (ved. *OMA* II, 33, 38, 44 sull'archivio i.): i testi di questo archivio risalgono infatti in prevalenza al regni di Salmanassar e di Tukultī-Ninurta e questo testo sarebbe l'unico di epoca posteriore. Poiché la menzione della città Kār-Tukultī-Ninurta (l. 6) esclude un periodo precedente a Tukultī-Ninurta, non rimane che datare il testo nel periodo di questo re. Conferma l'identificazione con il re Kaštiliaš il testo *VAT* 10037, ancora inedito (su cui ved. Schroeder, *MAOG*, 4/1-2, 201-202) che abbiamo potuto vedere grazie alla cortesia del Dr H. Freydank. Questo testo, dell'epoca di Tukultī-Ninurta (eponimo Aššur-bēl-ilāni), presenta ad un certo punto una lista di SÌLA (di orzo?) destinati a personaggi importanti; nell'elenco figurano i "figli del re", i *rabû*, ed anche uno *ša* SAG LUGAL *kaššī'u*, cioè uno *ša rēši*, *šarru kaššī'u*. Sembra dunque evidente che il re cassita Kaštiliaš, dopo la sua cattura, fu ridotto a *ša rēši*, e come tale funse da eponimo.

MUŠALLIM-ADAD ved. oltre, sequenza A.

NABÛ-BĒLA-UṢUR

Eponimo in *Assur* 14886 ac = *VAT* 8697 (testo non pubblicato, citato in *AfO* 13, 314*b*)

Eponimo in *AO* 20155 (inedito). Linea 22 (data):^{d}AG-EN-PA[P] (Ḫibur,1.).

Eponimo in *KAJ* 97 = *Assur* 14886. Linee 11-12 (data, senza specificazione del giorno):

ITU *Ḫi-bur li-mu*
$^{\mathrm{I\,d}}$*Na-bi-um*-EN-PAP

Eponimo in *TR* 2087. Linee 1-2 del lato (data):

[ITU NM U$_4$ N. KÁM]
[*li*]-*mu* $^{\mathrm{I\,d}}$AG-EN-P[AP]

Eponimo in *TR* 3019. Linee 15-16 (data):

> ITU *Ku-zal-lu* U$_4$ XII[+N.] ⌜KÁM *li-mu*⌝
> $^{\text{I d}}$*Na*-⌜*bi'-um*-EN⌟-PAP

Datazione in *OA* 8/3, 185, basata sul fatto che in *TR* 3019 è citato il paese *Na-i-ri*, mai attestato con questo nome prima di Tukultī-Ninurta. Per la sua collocazione cronologica tra gli eponimi di Tell al-Rimāḫ ved. Cap. I, I. Forse Nabû-bēla-uṣur deve essere identificato con l'omonimo importante personaggio di *AOF* 1, 58:22'; 68:16; 70:49 (testo dell'epoca di Tukultī-Ninurta); ved. H. Freydank, *ib.* 76, n. 12.[52] Ved. anche Libūr-zānin-Aššur (parte III, 8).

NINU'ĀJU figlio di Aššur-iddin

Eponimo in *AfO* 13, Tav. 6 (cf. *MARV* 17). Linee 1-2 (data all'inizio del testo):

> *iš-tu* ITU *ša sa-ra-a-te* U$_4$ XI KÁM
> *li-me Ni-nu-a-je-e* DUMU ^{d}*A-šur-i-din*

Eponimo *ib.*, linee 17-18 (data):

> ITU *ša sa-ra-a-te* U$_4$ XI KÁM
> *li-mu* ^{I}*Ni-nu-a-ju-ú*

Eponimo in *Billa* 27 = *UM* 33-58-35. Linee 16-17 (data):

> [ITU *Mu*]-*ḫur*-DINGIR$^{\langle\text{MEŠ}\rangle}$ U$_4$ [N.+]III KÁM
> [*li-mu*] ^{I}*Ni-nu-a*-[*ju-ú*]

Eponimo in *ITN* 39 D. Linee 4-5 (data all'interno del testo):

> ITU *ša sa-ra*]-*a-te* U$_4$ XII KÁM
> [*li-me* ^{I}*Ni-n*]*u-a-je-e* DUMU ^{d}*A-šur*-SUM[53]

Eponimo in *VS* I, 104. Linee 17-18 (data):

> [ITU]^{MEŠ}[54] U$_4$ X KÁM
> [*li-m*]*u* ^{I}*Ni-nu-a*-JA

Datazione basata sul fatto che in *AfO* 13, Tav. 6 (tavoletta rinvenuta a Kār-Tukultī-Ninurta), compare il nome di Tukultī-Ninurta alla l. 3. Data l'attestazione di un altro Ninu'āju (Parte IV, 5) è incerto se sia da collocare nel regno di Tukultī-Ninurta il testo *VS* I, 104. Sicura è invece la datazione di *Billa* 27 (i testi di Tell Billa escludono il periodo di Tiglat-pileser). Ragioni di cronologia portano ad escludere che Ninu'āju sia figlio dell'eponimo Aššur-iddin e fratello dell'eponimo Ṣinâ (Parte II, 5). E' possibile invece che sia fratello dell'eponimo Qarrād-Aššur (ved. l'eponimo seguente).

QARRĀD-AŠŠUR figlio di Aššur-iddin

Eponimo in *AfO* 17, Tav. 5 = *MARV* 14. Linee 37-38 (data):

> ITU *Qar-ra-a-tu* U$_4$ V K[ÁM *li-mu*]
> ^{I}UR. SAG-^{d}*A-šur* DUMU x[

Eponimo in *AOF* 1, 78-80= *MARV* 9= *VAT* 18000. Linee 42-43, pag. 80 (data):

> [ITU NM U$_4$ N.] KÁM *li-mu*
> ^{I}UR.SAG-^{d}[*A-šu*]*r* DUMU ^{d}*A-šur-i-din*

Eponimo in *VAT* 18018 (inedito; sarà prossimamente pubblicato in *MARV* II, 30; cortese informazione

[52] In *AOF* 1 appare come il responsabile di un certo numero di prigionieri cassiti: ERÍN^{MEŠ} *Kaš-ši-e ša pi-it-ti* $^{\text{I d}}$*Na-bi-um*-EN-PAP; *Kaš-ši*-⌜*e*⌝⌜*ša pi-it*⌟[*t*]*i* $^{\text{I d}}$AG-EN-PAP.

[53] Trascrizione : *-idin*

[54] Possibili: [*A-bu*-DINGIR]^{MEŠ}, [*A-bu*-LUGAL]^{MEŠ}, [*Mu-ḫur*-DINGIR]^{MEŠ}.

Eponimo in *VAT* 18018 (inedito; sarà prossimamente pubblicato in *MARV* II, 30; cortese informazione di H. Freydank). Linee 26′-27′ (data);

ITU ^{d}XXX U$_4$ X KÁM
li-mu ^{I}UR.SAG-^{d}*A-šur*

Datazione sicura perché *AfO* 17 è una iscrizione di Tukultī-Ninurta. L'eponimo deve essere collocato in un periodo seguente la fondazione di Kār-Tukultī-Ninurta, città citata sia in questa iscrizione sia in *AOF* 1, 80. Forse Qarrād-Aššur è fratello dell'eponimo Ninu'āju (in questa stessa Parte III, 9).

QIBI-AŠŠUR ved. oltre, sequenza A.

SARNIQU

Eponimo in *KAJ* 255 = *Assur* 14327. Linee 10-12 (data citata nel testo):

i+na ITU *Ḫi-bur* U$_4$ V KÁM
li-me ^{I}*Sar$_4$-ni-qi*

Eponimo *ib.*, linee 13-14 (data):

ITU *Ḫi-bur* U$_4$ V KÁM
li-mu ^{I}*Sar$_4$-ni-qu*

Eponimo in *T.* 232 (testo non pubblicato, citato in *AfO* 13, 117 N. 23).

Eponimo in *MARV* 50. Linee 5-6 (data):

ITU *Ṣi-ip-pu* U$_4$ XXIII ⌜KÁM⌝
[*l*]*i-mu* ^{I}*Sa-ar-ni-qu*

Datazione *ib.*, basata sul fatto che in *T.* 232 viene nominata la città Kār-Tukultī-Ninurta (cf. anche sotto Erīb-Marduk e oltre, sequenza B.); cf. Fine I, 243.
Nell'ipotesi che Urad-Kūbe *ša kursê*, citato in *KAJ* 255, sia l'eponimo, la datazione di Sarniqu andrebbe cercata nell'ultimo periodo del regno di Tukultī-Ninurta (ved. Urad-Kūbe, Parte III, 10).

ŠULMĀNU-ŠUMA-UṢUR ved. oltre, sequenza C.

ŠUNU-QARDŪ ved. Parte III, 8.

TAḪULU

Eponimo in *KAJ* 126. Linee 4′-6′ del verso (data):

ITU *Mu-ḫur*-DINGIR^{MEŠ}
U$_4$ X KÁM *li-mu*
^{I}*Ta-ḫu-lu*

Eponimo in *KAJ* 129 = *Assur* 14327. Linee 16-18 (data):

ITU *Ku-zal-lu*
U$_4$ XIII KÁM *li-mu*
^{I}*Ta-*[*ḫu-l*]*u*

Datazione in *AfO* 13, 118, basata sul fatto che in *KAJ* 129: 11 viene nominata la città Kār-Tukultī-Ninurta. Diversamente in Fine II, 114 e 115 (Ninurta-tukul-Aššur). Il numero di archivio conferma la datazione del Weidner, cf. *OMA* II, 32, 35 e 48.

TUKULTĪ-NINURTA ved. oltre, sequenza A.

UBRU ved. oltre, sequenza A. e Parte III, 6, sequenza G.

URAD-ILĀNI figlio di Išme-Adad

Eponimo in *TR* 2906. Linee 14′-15′ (data);[55]

> [ITU NM U$_4$ N. KAM/KÁM *li-mu*][56]
> ˡÌR˺-DINGIR$^{MEŠ\text{-}ni}$

Eponimo in *VAT* 8702 = *Assur* 11017 y (tavoletta non pubblicata, citata in *AfO* 13, 113 N. 4:

> (*līmu*) ÌR-DINGIR$^{MEŠ\text{-}ni}$ DUMU *Iš-me-Adad* (= X?)

Eponimo in *VAT* 16359 = *Assur* 14438 a (inedito; cf. *AfO* 13, 113 N. 4. Sarà prossimamente pubblicato in *MARV* II, 7; cortese informazione di H. Freydank). Linee 6-8 del verso (data):

> ITU *Qar-ra-tu* U$_4$ XI KÁM
> *li-mu* ˡÌR-DINGIR$^{MEŠ\text{-}ni}$
> DUMU *Iš-me-X*

Il testo *TR* porta ad una datazione nel periodo comprensivo dei regni di Salmanassar e Tukultī-Ninurta (ved. Cap. I, I.), ma il testo *Assur* 11017y sembra indicare una datazione più precisa nel regno di Tukultī-Ninurta, poiché l'archivio *Assur* 11017 risale agli anni di regno di questo re, ad eccezione del testo *Assur* 11017n (Salmanassar, ved. eponimo Abattu nella Parte III, 6). Il regno di Salmanassar non può essere quindi rigorosamente escluso. Urad-ilāni potrebbe essere forse il padre dell'eponimo Sîn-šēja (Parte IV, 1); cf. *OMA* II, 64.

UṢUR-NAMKŪR-ŠARRI figlio di]-ni-[?

Eponimo in *Assur* 11017 g (testo non pubblicato, citato in *AfO* 13, 114 N. 13):

> (*līmu*) *Ú-ṣur-nam-kur-šarri*

Eponimo in *TR* 2031. Linee 17-18 (data):

> ITU *Ṣi-ip-pu* U$_4$ XXVI KÁM
> [*li-mu* ˡ*Ú*]-⌜*ṣur*⌝-*nam-kur*′-LUGAL

Eponimo in *TR* 2043 (non pubbl.). Linee 2′-4′ (data):[57]

> [ ]ḪAR
> [*li-mu Uṣur-n*]*am-kur*-LUGAL
> [DUMU?] ⌜x *ni* x⌝

Eponimo in un testo di Dūr-katlimmu: PAP-*nam-kur*-LUGAL 1527 I 81 (cortese informazione di W. Röllig).

Datazione in *AfO* 13, 114, basata sull'identificazione con l'omonimo Uṣur-namkūr-šarri nominato in *AfO* 13, Tav. 6 (eponimo Ninu'āju, ved. sopra). L'attestazione a Tell al-Rimāḥ conferma almeno il periodo comprensivo dei regni di Salmanassar e di Tukultī-Ninurta. Non è escluso che l'eponimo sia da identificare con ˡPAP-NÍG.GA-MAN *bēl pāḫete* di Kār-Tukultī-Ninurta di *KAH* 2, 56 (cf. *ITN* 35): 3 (periodo di Tukultī-Ninurta) e con l'omonimo *ša rēš šarri* di *VAT* 18017 (stesso periodo, ved. Abī-ilī figlio di Katiri in questa stessa Parte III, 9).

TESTI CON EPONIMO NON ANCORA NOTO

Archivio *Assur* 11017: ved. Parte III, 8.

Assur 11018 t (tavoletta non pubblicata; trascrizione parziale in *AfO* 13, 122).

[55] Da collazione.
[56] Poche tracce leggibili
[57] J. N. Postgate, *OA* 13/1, 72.

Datazione in *OMA* II, 40, basata sul fatto che i testi dell'archivio *Assur* 11018 risalgono al periodo compreso tra i regni di Salmanassar e di Tukultī-Ninurta. Più particolarmente la tavoletta risale al periodo di Tukultī-Ninurta, perché vi sono nominate genti cassite.

TESTI SENZA EPONIMO

AfO 18, Tavv. 17-20 = *VAT* 16462.
Testo proveniente da Kār-Tukultī-Ninurta.

AOF 1,58-70 = *MARV* 1 = *T.* 225 VIII = *VAT* 17999. Data scomparsa.
Il testo risale all'epoca di Tukultī-Ninurta, dopo la sconfitta dei Cassiti e la fondazione della città Kār-Tukultī-Ninurta (dal contesto e dal luogo di ritrovamento).

KAJ 84. Data scomparsa.
Forse da unire con *KAJ* 138 (ved. oltre, Tukultī-Ninurta).

Elenco degli Eponimi secondo la sequenza cronologica

A. Per la sequenza A. ved. Parte III, 6, sequenza G.

UBRU (ved. Parte III, 6: ultimo eponimo del regno di Salmanassar)

↓

TUKULTĪ-NINURTA *uklu*

Eponimo in *KAJ* 138 = *KAJ* 312 = *Assur* 14410. Linee 14'-15' (data; cf. Parte III, 6 sequenza G.):

> [ITU *Ḫi-b*]*ur*[58] U$_4$ XXIX KÁM
> (spazio)
> [*li-mu*] $^{\text{I GIŠ}}$TUKUL^{ti}-^{d}NIN.URTA

Eponimo in *KAJ* 144 = *Assur* 14987 b. Linee 20-22 (data):

> ITU ^{d}XXX U$_4$ XXIII KÁM
> *li-mu* $^{\text{I GIŠ}}$TUKUL^{ti}-^{d}NIN.URTA
> UGULA^{li}

Eponimo in *KAJ* 238 = *Assur* 14987. Linee 9-11 (data):

> ITU ^{d}XXX U$_4$ VIII KÁM
> *li-mu*
> $^{\text{I GIŠ}}$TUKUL^{ti}-^{d}NIN.URTA

Eponimo in *KAJ* 240 = *Assur* 14886. Linea 4 (data all'interno del testo; cf. Parte III, 6, sequenza G.):

> *li-me* $^{\text{I GIŠ}}$TUKUL^{ti}-^{d}N[IN].⌈URTA⌉

Eponimo *ib.*, linea 12 (data all'interno del testo; cf. Parte III, 6, sequenza G.):

> *li-me* $^{\text{I GIŠ}}$TUKUL^{ti}-[^{d}NIN.URTA]

Eponimo in *KAJ* 272 = *Assur* 14987. Linee 7-8 (data):

> ITU *Kal-mar-tu* U$_4$ XXVIII KÁM *li-mu*
> $^{\text{I GIŠ!}}$TUKUL$^{ti!}$-^{d}NIN.⌈URTA⌉ UGULA

Eponimo in *KAV* 196 = *Assur* 14410. Linee 12-14 (data):

> ITU *Ḫi-bur* U$_4$ [N. KAM/KÁM]
> *li*-[*mu*]
> $^{\text{I GIŠ}}$TUKUL^{t}[^{i}-^{d}*Ninurta*]

[58] Mese ricostruito dall'ultimo segno come compare nel duplicato *KAJ* 312.

Eponimo in *MCS* 2, 14 N. 2 = *Assur* 14410. Linee 18-19 (data):

> [ITU *Ḫi-b*]*ur* U$_4$ IX KÁM *li-mu*
> [$^{\text{I GIŠ}}$TUKU]L-^{d}MAŠ UGULA

Eponimo in *VAT* 16377 = *Assur* 11018 z (inedito; sarà prossimamente pubblicato in *MARV* II, 29; cortese informazione di H. Freydank). Linee 16-17 (data):

> ITU *Mu-ḫur*-DINGIR^{MEŠ} U$_4$ VI KÁM *li-mu*
> $^{\text{I GIŠ}}$TUKUL$^{ti\text{-d}}$NIN.URTA UGULA

Eponimo in un testo di Dūr-katlimmu: $^{\text{I GIŠ}}$TUKUL^{ti}-^{d}NIN.URTA UGULA^{li} 735 (cortese informazione di W. Röllig).

Datazione in Fine I, 237, 238. È presumibile che l'anno di eponimato di Tukultī-Ninurta coincida con il suo primo anno di regno.

QIBI-AŠŠUR figlio di Šamaš-aḫa-iddina; fratello dell'eponimo Ištar-ēriš; fratello di Ubru (eponimo?)

Eponimo in *VAT* 8574 (testo non pubblicato, citato in *AfO* 13, 114 N. 11):

Eponimo in *AfO* 13, Tav. 5 = *Assur* 9819. Linea 28 del verso (data):

> [ITU] *Kal-mar-tu* U$_4$ VIII KÁM *li-mu* ^{I}*Qí-bi-*^{d}*A-šur*

Eponimo in *KAJ* 230 = *Assur* 14987. Linee 13-14 (data):

> ITU ^{d}XXX U$_4$ X KÁM *li-m*[*u*]
> [^{I}*Q*]*í-bi-*^{d}*A-šur*

Eponimo in *KAJ* 240 = *Assur* 14886. Linea 13 (data all'interno del testo; cf. Parte III, 6, sequenza G.):

> *li-me* ^{I}*Qí-bi-*[^{d}*A-šur*]

Eponimo *ib.*, linea 19 (data all'interno del testo; cf. Parte III, 6, sequenza G.):

> *li-me* ^{I}*Qí-bi-*^{d}*A-šur*

Eponimo in *KAJ* 271? Ved. Parte III, 8, testi senza eponimo.

Eponimo in *KAJ* 289 = *Assur* 14886. Linee 16-17 (data):

> ITU *Ḫi-bur* U$_4$ XX KÁM *li-mu*
> ^{I}*Qí-bi-*^{d}*A-šur*

Eponimo in *KAJ* 291 = *Assur* 11018 r. Linee 14-16 (data):

> ITU ^{d}NIN.É.GAL^{li}
> U$_4$ IV KÁM *li-mu*
> [^{I}*Q*]*í-bi-*^{d}*A-šur*

Eponimo in *TR* 2014. Linee 16-17 (data):

> IT[U *M*]*u-*[*ḫu*]*r-*[DI]NGIR^{MEŠ} ⌜U$_4$⌝ XXVIII KÁM
> *l*[*i-m*]*u* ^{I}*Qí-bi-*^{d}*A-šur*

Eponimo in *TR* 2044. Linee 1'-2' del verso (data)[59]

> ITU NIN-É[G]AL^{li} U$_4$ XI [K]Á[M]
> *li-mu* ^{I} *Qí-bi-Aš-šur*

Eponimo in *TR* 3005. Linee 9-11 (data):

[59] Da cortese informazione di N. Postgate. Cf. *OA* 13/1, 70.

ITU *A-bu*-LUGAL^MEŠ
U$_4$ XXIV K[ÁM][60] *li-mu*
^I*Qí-bi-*^d*A-šur*

Eponimo in *TR* 3015. Linee 24-26 (data):

ITU *Qar-ra-tu* U$_4$ XXIII KÁM
li-mu ^I⌜*Qí*⌝-*bi-*^d*A-šur*
DUMU ^dUD-⌜ŠEŠ-SUM^*na*!⌝

Eponimo in *TR* 3022. Linee 29-30 (data):

I]TU *Al-la-na-t*[*e*]
U$_4$ XVII KÁM *l*[*i*]-*mu* ^I*Qí-bi-*^d*A*-[*šur*]

Datazione in Fine I, 240 (cf. *MAOG* 4/1-2, 203). Data l'esistenza di un eponimo Qibi-Aššur figlio di Ibašši-ilī (Parte II, 6) non è a rigore certo che tutti i Qibi-Aššur qui riportati siano da identificare. Deve coincidere comunque con la datazione di *KAJ* 240 (secondo anno del regno di Tukultī-Ninurta) l'eponimo Qibi-Aššur figlio di Šamaš-aḫa-iddina attestato nei testi di Tell al-Rimāḥ (periodo Salmanassar e Tukultī-Ninurta) e, non in funzione di eponimo, in *AfO* 23, 79-80 (ved. Ištar-ēriš figlio di Šamaš-aḫa-iddina, Parte III, 6).
Per *KAJ* 230, l'attestazione di Adad-zēra-iqīša figlio di Jākīja colloca il testo nel periodo di Salmanassar o di Tukultī-Ninurta, cf. Fine I, 239 e 250 sg.
Per *KAJ* 289, il numero di archivio porta ad una datazione incerta, ma con maggior probabilità per il periodo Salmanassar—Tukultī-Ninurta che per altri, cf. *OMA* II, 44.
Per *KAJ* 291, il numero di archivio porta al periodo Salmanassar—Tukultī-Ninurta, cf. *OMA* II, 40.
Siamo quindi propensi ad identificare tutti i Qibi-Aššur eponimi nei testi sopra riportati, come già in Fine I, 239, 240. È possibile che la persona in *KAJ* 138:10′, il cui nome è così ricostruibile:

Qí]-*bi-*^d*A-šur*

sia l'eponimo, citato però in un testo che precede l'anno del suo eponimato; cf. sopra, Parte III, 6, sequenza G.
Forse l'eponimo è da identificare con il *sukkallu rabi'u* "re" di Ḫanigalbat di *Stelenreihen* 63;[61] in tal caso sarebbe il bisnonno di Aššur-mudammeq (Parte III, 12), e potrebbe essere il nonno dell'eponimo Aššur-zēra-iddina (in questa stessa Parte III, 9). Sulla base delle liste neoassire sarebbe comunque da riconoscere in lui un *tartānu rabi'u*, dato che dà il suo nome all'anno immediatamente successivo all'eponimato del re (ved. Cap. I, III). Per la sua collocazione cronologica fra gli eponimi di Tell al-Rimāḥ ved. Cap. I, I.

↓

MUŠALLIM-ADAD figlio di Šulmānu-qarrād

Eponimo in *KAJ* 110 = *Assur* 14327 m. Linee 29-30 (data):

ITU *Kal-mar-tu* U$_4$ [N. KAM/KÁM]
li-mu ^I*Mu-šal-lim-*^d[IM][62]

Eponimo in *KAJ* 122 = *Assur* 14327. Linee 19-20 (data):

ITU *Ku-zal-lu* U$_4$ XXIII KÁM
li-mu ^I*Mu-šal-lim*-X

Eponimo in *KAJ* 240 = *Assur* 14886. Linee 25-26 (data; cf. Parte III, 6, sequenza G.):

ITU *Kal-mar-tu* U$_4$ XVIII KÁM
li-mu ^I*Mu-šal-lim*-X

[60] Da collazione.
[61] *EAK*, 21.
[62] *RLA* 2, 451*a*: [Marduk?]; *AfO* 13, 316a: ^d[*A-šur*], ma ved. Fine I, 230-231, *nota* 8.

Eponimo in *KAJ* 241 = *Assur* 14987 a. Linee 13-15 e 6-8 dell'involucro (data):

> ITU *Ṣi-ip-pu* U₄ XV KÁM
> *li-mu* ¹*Mu-šal-lim*-X
> DUMU ᵈ*Šùl-ma-nu*-UR.SAG

Eponimo in *KAJ* 244 = *Assur* 14987 o. Linee 17-20 (data):

> ITU *Mu-ḫur*-DINGIR[MEŠ]
> [U₄] XII KÁM *li-mu*
> [¹*M*]*u-šal-lim*-ᵈ⌜IM⌝
> [DU]MU ᵈ*Šùl-ma-nu*-UR.SAG

Eponimo in *TR* 2057 B. Linee 5'-6' del verso (data):

> ITU *Ḫi-bur* U₄ XX KÁM
> [*l*]*i-mu* ¹*Mu-šal-lim*-X

Eponimo in *TR* 3014. Linee 27-28 (data):

> ITU *šá ke-na-te* U₄ VIII KÁM
> *li-mu* ¹*Mu-šal-lim*-X

Eponimo in *VAT* 8715 (inedito; sarà prossimamente pubblicato in *MARV* II, 12; cortese informazione di H. Freydank). Linee 11-12 (data):

> ⌜ITU⌝ *Ṣi-pu* U₄ XXIV KÁM *li-mu*
> ¹*Mu-šal-lim*-ᵈIM

Eponimo in un testo di Dūr-katlimmu: ¹*Mu-šal-lim*-X 1527 I 189 (cortese informazione di W. Röllig).

Datazione in Fine I, 239 (cf. *MAOG* 4/1-2, 202), basata sulla sequenza degli eponimi. Per la sua collacazione cronologica fra gli eponimi di Tell al Rimāḫ ved. Cap. I, I. Forse Mušallim-Adad è figlio dell'eponimo Šulmanu-qarrād (Parte III, 1) e fratello dell'eponimo Ištar-ēriš (Parte III, 6); cf. *OMA* II, 59. Secondo le liste neoassire (ved. Cap. I, III.), Mušallim-Adad potrebbe essere stato un *rab šaqi'ē*[63] o un *nāgir ekalli*, perché dà il nome al terzo anno di regno del re.

↓

ŠUNU-QARDŪ *rab šaqi'ē*? Ved. Parte III, 8.

B. La sequenza Adad-uma''i — ? → x → Abattu → Etel-pî-Aššur → Bēr-[è dovuta al testo non pubblicato *T.* 232, citato dal Weidner in *AfO* 13, 113 N. 3, che riporta le linee essenziali, ripetute qui sotto:[64]

ll. 2-6 del verso:

> ITU *Ḫi-bur* U₄ VI KÁM *li-mu* ¹ᵈIM[65] *-ú-ma-*[*i*]
> *napḫar*[66] XIV *ri-ik-sa-nu ša iš-tu li-me* ¹[
> ¹*A-bat-te ù li-me* ¹*E-tel-pi-i*-ᵈ*A-š*[*ur*]
> *a-na* URU*Kar*-¹ GIŠTUKUL-ᵈNIN.URTA *ra-ak-s*[*u-ni*]
> ITU *Ḫi-bur* U₄ XIX KÁM *li-mu* ¹ᵈ*Be-er-[*

Ved. anche sotto Erīb-Marduk e Sarniqu, altri due eponimi citati in *T* 232, testo evidentemente scritto dopo la fondazione di Kār-Tukultī-Ninurta. Adad-uma''i non risulta con certezza precedere cronologicamente gli altri tre eponimi.

63 Ma ved. Šunu-qardū, Parte III, 8.
64 Anche in Fine I, 242.
65 Meglio che X. Ved. *OMA* II, 179.
66 PAP o ŠU.NIGÍN.

ADAD-UMA''I

Eponimo in *Assur* 13058 aa (testo non pubblicato, citato in *AfO* 13, 113 N.3).

Eponimo in *T.* 232 (testo non pubblicato, citato in *AfO* 13, 113 N. 3). Linea del verso (data citata nel testo; cf. sopra, B.):

> ITU *Ḫi-bur* U_4 VI KÁM *li-mu* $^{I\,d}$IM-*ú-ma-*[*i*]

Datazione in *AfO* 13, 113, cf. Fine I, 242, basata sulla citazione della città Kār-Tukultī-Ninurta in *T.* 232.

[**NP**] *T.* 232, cf. sopra, B.

ABATTU figlio di Adad-šamšī

Eponimo in *Assur* 11017 i (testo non pubblicato, citato in *AfO* 13, 112):

> (*līmu*) *A-ban-tu* DUMU ^{d}*Adad-šam-ši*

Eponimo in *KAJ* 30 = *Assur* 14987. Linee 26-28 (data):

> ITU *A-bu-*LUGAL^{MEŠ} U_4 VI KÁM
> *li-mu* ^{I}*A-bat-tu*
> DUMU X-*šam-ši*

Eponimo in *T.* 232 (testo non pubblicato, citato in *AfO* 13, 113). Linea 4 del verso (data citata nel testo); cf. sopra, B):

> *li-me*]
> ^{I}*A-bat-te*

Datazione in *AfO* 13, 113; cf. Fine I, 242, 245-246 (ved. anche sotto Adad-uma''i). Gli eponimi di nome Abattu sono due: uno è figlio di Adad-šumu-lēšir (ved. Parte III, 6), e l'altro è figlio di Adad-šamšī. Il problema consiste nel datare i due eponimi e nel riconoscere nell'uno o nell'altro i varî Abattu riportati nei testi senza l'indicazione del patronimico.

I dati a nostra disposizione sono i seguenti: 1. Esiste un Abattu risalente al regno di Tukultī-Ninurta, perché attestato in *T.* 232, dove è citata la città Kār-Tukultī-Ninurta. 2. *KAJ* 30, datato con l'eponimo Abattu figlio di Adad-šamšī, è un testo di Zēra-iqīša, la cui attività è compresa tra il regno di Salmanassar e quello di Tukultī-Ninurta (Fine I, 250-253). 3. *KAJ* 89 (datato con un Abattu senza patronimico) è un testo di Aššur-aḫa-iddina, la cui attività è compresa tra il regno di Adad-nīrārī e quello di Salmanassar (Fine I, 254-255). Si tratta dunque dell'altro Abattu, diverso da quello considerato sopra, al N. 1. Poiché l'attività di Zēra-iqīša, a differenza di quella di Aššur-aḫa-iddina, si svolge anche durante il regno di Tukultī-Ninurta, è ragionevole riconoscere nell'eponimo Abattu figlio di Adad-šamšī (*KAJ* 30), l'altro Abattu, senza patronimico, risalente al regno di Tukultī-Ninurta, e di conseguenza identificare l'eponimo di *KAJ* 89 con il figlio di Adad-šumu-lēšir.

E' viceversa incerto se l'eponimo Abattu qui considerato sia il medesimo di *Assur* 11017 u, *KAJ* 316, *TR* 2080B+2085, *MARV* 12, *MARV* 26 (ved. Abattu figlio di Adad-šumu-lēšir, Parte III, 6). Forse l'eponimo Adad-šumu-lēšir è suo nonno ed il figlio di quest'ultimo, anch'egli di nome Abattu, è suo zio. È incerto se l'eponimo Šulmānu-apla-uṣur sia suo figlio. Ved. per queste possibilità di parentela *OMA* II, 60, cf. *AfO* 13, 113 e Fine I, 246).

ETEL-PÎ-AŠŠUR

Eponimo in *KAJ* 301 = *Assur* 11019 i. Linee 10-12 (data):

> ITU ^{d}NIN-É.GAL
> U_4 XIV KÁM *li-mu*
> ^{I}*E-tel-*KA-^{d}*A-šur*

Eponimo in *MARV* 15 = *Assur* 11018 h (citazione già in *AfO* 1, 111, 113 N. 9). Linee 17-19 (data):

ITU *Ku-zal-lu*
U$_4$ XXIII KÁM
li-mu ^{I}*E-tel-pi-*^{d}*A-šur*

Eponimo in *MARV* 46. Linee 5'-6' del verso (data):

ITU *Ṣi-ip-pu* U$_4$ XV$^{?}$ KÁM
li-mu ^{I}*E-tel-*KA$^{!}$-^{d}*A-*⌜*šur*⌝

Eponimo in *T.*232 (tavoletta non pubblicata, citata in *AfO* 13, 113). Linea 4 del verso (data citata nel testo; cf. sopra, B.):

li-me ^{I}*E-tel-pi-i-*^{d}*A-š*[*ur*]

Datazione in *AfO* 13, 113, cf. Fine I, 242 (ved. sotto Adad-uma''i). Non è escluso che Etel-pî-Aššur sia da identificare con Etel-Aššur di *Stelenreihen* 121 (ved. Parte III, 7).

BĒR-[

Eponimo in *T.*232 (testo non pubblicato, citato in *AfO* 13, 113); linea 7 (data; cf. sopra, B.):

ITU *Ḫi-bur* U$_4$ XIX KÁM *li-mu* $^{I d}$*Be-er-*[

Datazione in *AfO* 13, 113, cf. Fine I, 242 (ved. sotto Adad-uma''i).

C. La sequenza Abī-ilī → Šulmānu-šuma-uṣur è dovuta al testo inedito *VAT* 18007 (che sarà prossimamente pubblicato in *MARV* II, 17; cortese informazione di H. Freydank):

l. 89 ⌜*iš-tu* ITU *Mu-ḫu-ur-*DINGIR^{MEŠ}⌝ U$_4$ XXVII KÁM *li-me* ^{I}*A-bi-*DINGIR ⌜*a-di* ITU⌝ x [
l. 90 *li-me* $^{I d}$*Šùl-ma-nu-*MU-PAP

La citazione di N. *ḫu-rad A-ri/tal-*Tešub alla l. 4 e alla l. 4' dell'involucro (frammento 2) può forse spostare al periodo di Tukultī-Ninurta la datazione di *BM* 121057 ("Iraq" 32, 171 e Tav. 36) in cui è citato un *A-ri/tal-*Tešub re di Šubartu.

ABĪ-ILĪ figlio di Katiri

Eponimo in *Assur* 18782 t (tavoletta non pubblicata; citazione in *AfO* 13, 311*a*).

Eponimo in *MARV* 40 = *T* ? Linee 20-21 (data):

[IT]U ⌜*Al*⌝*-la-*⌜*na*⌝*-tu* U$_4$ VI$^{?}$ KÁM
[*li-m*]*u'* [^{I}]*A-*[*b*]*i-*DINGIR ⌜DUMU *Ka-ti-ri*⌝

Eponimo in *VAT* 18001 (inedito; sarà prossimamente pubblicato in *MARV* II, 20; cortese informazione di H.Freydank). Linea 35 (data):

ITU *Ḫi-bur* U$_4$ I KÁM *li-mu* ^{I}*A-bi-*DINGIR DUMU *Ka-ti-ri*

Eponimo in *VAT* 18007, l. 89 (data citata nel testo; cf. sopra, C.).

Eponimo *ib.*, linea 93 (data citata nel testo):

iš-⌜*tu*⌝ ITU *Mu-ḫur-*DINGIR^{MEŠ} U$_4$ XXV KÁM *li-me* ^{I}*A-*⌜*bi*⌝-DINGIR ⌜*a-di* ITU *Qar-ra*⌝-[*a-te*...

Nonostante sia stato ritenuto come probabilmente risalente all'epoca di Tiglat-pileser (*AfO* 13, 311*a*), l'eponimo deve essere considerato del periodo di Tukultī-Ninurta, perché in *VAT* 18001 e *VAT* 18007 è più volte citata la città Kār-Tukultī-Ninurta. Una conferma sembra provenire da *MARV* 40, che pare rinvenuto appunto a Kār-Tukultī-Ninurta ed in cui è citáto un Uṣur-namkūr-šarri *ša rēš šarri*, che potrebbe essere forse identificato con l'omonimo *līmu* (ved. in questa stessa Parte III, 9).
Ved. anche Abī-ilī nella Parte III, 6.

ŠULMĀNU-ŠUMA-UṢUR

Eponimo in *MAR V* 5. Linea 31 (data):

> ITU *ša sa-ra-a-te* U_4 XXIX KÁM *li-mu* $^{\mathrm{I\,d}}$*Šùl-ma-nu*-M[U]-PA[P]

Eponimo in *TR* 2021. Linee 21-22 (data):

> ITU *Ku-z*[*al-lu* U_4] III+x [K]ÁM
> *li-*⌈*mu*⌉ $^{\mathrm{I\,d}}$*Šùl-ma-nu*-MU-PA[P][67]

Eponimo in *VAT* 18007 (inedito; sarà prossimamente pubblicato in *MAR V* II, 17; cortese informazione di H.Freydank). Linea 79 (data citata nel testo):

> U_4] IX KÁM *li-me* $^{\mathrm{I\,d}}$*Šùl-ma-nu-*⌈MU-PAP⌉

Eponimo *ib.*, linea 89 (data citata nel testo; cf. sopra, C.).

Eponimo *ib.*, frammento 5 dell'involucro. Linee 2′ e 6′-7′ (data citata nel testo):

> 2′. ⌈$^{\mathrm{I\,d}}$*Šùl-ma-nu*-MU⌉-[PAP
> 6′. ⌈*iš*⌉-*tu* ITU ⌈*Mu*⌉-*ḫur*-DINGIR^{MEŠ}
> 7′. $^{\mathrm{I\,d}}$*Šùl-ma-nu-MU-PAP*[

Datazione come per l'eponimo precedente. Alcuni dei funzionarî nominati in *MAR V* 5 potrebbero essere identificati con eponimi e/o funzionarî già noti (es. Mutakkil-Nusku e Qibi-Adad cf. in *AfO* 13, Tav. 5, secondo anno di regno di Tukultī-Ninurta; Adad-šamšī cf. l'eponimo; Ubru cf. l'eponimo; Abattu cf. l'eponimo).

III, 10

Periodo di regno di Tukultī-Ninurta I *ante quem non*

Elenco degli Eponimi in ordine alfabetico

ŠULMĀNU-APLA-UṢUR figlio di Abattu

Eponimo in *Assur* 13058 g. Datazione incerta, basata sull'ipotesi che il padre sia l'eponimo Abattu del regno di Tukultī-Ninurta. In tal caso, Abattu precederebbe Šulmanu-apla-uṣur. È anche possibile una collocazione di quest'ultimo eponimo in epoca lievemente antecedente, ma comunque non precedente il regno di Salmanassar, data l'esistenza di un altro eponimo di nome Abattu attestato appunto nel regno di Salmanassar (ved. parte III, 6). Preferiamo comunque la datazione più tarda sulla base del numero di archivio, i cui documenti risalgono prevalentemente al periodo di tempo compreso tra il regno di Ninurta-apil-Ekur e Tiglat-pileser I (per questa ragione è escluso Abattu della parte II, 4). Ved. anche Parte III,7.

URAD-KŪBE *šakin māti*, figlio dello *šakin māti* Aššur-bēl-ilāni e nipote dello *šakin māti* Ittabši-dēn-Aššur

Eponimo in *A*. 75 (testo non pubblicato, citato da R. Frankena, *BiOr* 13, 142a n. 3):

> (*līmu*) ^{I}ÌR-*Ku-be* DUMU ^{d}*A-šur*-EN-DINGIR$^{\mathrm{MEŠ}\text{-}ni}$

Sua stele in *Stelenreihen* 88 = Stele 17950. Testo completo:

> *ṣa-lam*
> ^{I}ÌR-^{d}*Ku-be*
> GAR KUR

[67]Coll. Postgate, *OA* 13 (1974), 71.

A ⌜d⌝ *Aš+šur-*
-EN-DINGIR^{MEŠ}
GAR KUR
A *It-*⌜*tab*⌝-[*ši*]-
⌜*de*⌝-*en-Aš+šur*
GAR KUR-*ma*

Poiché il padre Aššur-bēl-ilāni è sicuramente la stessa persona citata in *KAJ* 116, linea 9 del verso[68] (con il titolo di *qīpu ša šarri*), la datazione di Urad-Kūbe non deve essere ricercata in un periodo precedente a quello in cui fu redatto *KAJ* 116, che risale al regno di Salmanassar o di Tukultī-Ninurta. Si aggiunga che Aššur-bēl-ilāni (ved., Parte III, 9) è probabilmente l'eponimo del periodo di Tukultī-Ninurta, mentre il nonno, Ittabši-dēn-Aššur (ved. Parte III, 8), è probabilmente l'eponimo del periodo di Salmanassar o di Tukultī-Ninurta. In base a questi dati possiamo ritenere Urad-Kūbe eponimo in un periodo non antecedente il regno di Tukultī-Ninurta (cioé corrispondente all'ultima fase del regno di questo re, o ad una fase di poco successiva; ved. "Assur" 1/2, 6). Ved. anche p.104.

Urad-Kūbe non può essere identificato né con l'omonimo *abarakku* di *KAJ* 47 (ved. s.v. Aššur-āmirī, Parte II, 4), né con l'omonimo *ḫazi'ānu* dei testi dell'archivio 6096 (Parte IV, 2). Più possibile l'identificazione con il *ša kursê* di *KAJ* 92 e 255 (periodo di regno di Tukultī-Ninurta). Se tale identificazione fosse esatta, ci sarebbe ragione di pensare che Eru-apla-iddina e Sarniqu, con cui sono datati *KAJ* 92 e 255 (Parte III, 9), siano stati eponimi durante l'ultimo periodo di regno di Tukultī-Ninurta.

Secondo le liste neoassire Urad-Kūbe, in quanto *šakin māti*, dovette essere eponimo verso il sesto anno di regno dello sconosciuto sovrano.

III, 11

Periodo di regno di Aššur-nādin-apli

(1206-1203)

AŠŠUR-DA''ĀN ved. Parte III, 9

AŠŠUR-NĀDIN-APLI ved. Parte III, 9

ERĪB-SÎN

Eponimo in *YOS* 9 N. 71 = *AfO* 6, 13 = *ITN* 40. Linea 41 (data):

[IT]U *Ku-zal-lu* U_4 XXIX KAM *li-mu* ^{I}SU-^{d}XXX

Datazione sicura perché con questo eponimo è datata un'iscrizione di Aššur-nādin-apli. Forse identificabile con l'omonimo *rab alāni* di *KAJ* 107 e *KAJ* 319 (testi datati con l'eponimo Ellil-nādin-apli del periodo di regno di Tukultī-Ninurta, Parte III, 9).

[68] Cf. anche *BiOr* 13, 132 *n.* 3.

III, 12

Periodo di regno di Aššur-nādin-apli *ante quem non*

AŠŠUR-MUDAMMEQ *šakin* **Ninu'a, figlio di Aššur-zēra-iddina, nipote di Aššur-dammeq, [pronipote?] del** *sukkallu rabi'u* **Qibi-Aššur**

Sua stele in *Stelenreihen* 63 = Stele 17752. Testo completo:

> *ṣa-lam*
> [I]*Aš+šur-mu-dam-me-eq*
> *ša-kín* KUR [URU]*Ni-nu-a*
> A *Aš+šur*-NU[M]UN-SUM[*na*]
> A *Aš+šur-dam-me-eq*
> [A ?] *Qí-bi-Aš+šur*
> [SUKAL] GAL
> [MAN [KUR]*Ḫa-ni*] *-gal-bat*

Datazione in "Assur", 1/2, 7, sulla base dell'identificazione del bisnonno (se l'integrazione è giusta) Qibi-Aššur con l'eponimo Qibi-Aššur, che diede il suo nome al secondo anno di regno di Tukultī-Ninurta (ved. Parte III, 9). Tale identificazione è stata suggerita da R. Borger, *EAK*, 21, di cui accettiamo l'interpretazione "gran [*sukkallu*] (e) re di Ḫanigalbat" (ved. anche sotto Mardukīja, Parte III, 14). Nel caso che il padre, Aššur-zēra-iddina, sia da identificare con l'eponimo che porta lo stesso nome, risalente anch'egli al periodo di regno di Tukultī-Ninurta (in tal caso allora negli ultimi anni di regno), Aššur-mudammeq deve essere stato eponimo in un periodo di poco successivo al regno di questo re. Accettando i suggerimenti del Borger viene comunque automaticamente esclusa l'identificazione di Aššur-mudammeq di *Stelereihen* 63 con l'eponimo di *KAJ* 130,[69] che porta lo stesso nome ma che risale al periodo di regno di Adad-nīrārī o di Salmanassar (ved. Parte III, 3). Per le possibili parentele di Aššur-mudammeq ved. *OMA* II, 65.

III, 13

Periodo di regno di Aššur-nīrārī III

(1202-1197)

ILĪ-IḪADDA

Eponimo in un testo non pubblicato, numero di archivio sconosciuto; citazione in *AfO* 13, 315a (s.v. Ilipada).

La nostra datazione nel regno di Aššur-nīrārī III si basa sulla possibile identificazione dell'eponimo con il *sukkallu rabi'u* e "re" di Ḫanigalbat padre dell'eponimo Mardukīja (Parte III, 14), a sua volta identificato da R. Borger con il destinatorio di una lettera del re di Babilonia (in cui viene qualificato "re" insieme ad Aššur-nīrārī III) e con il padre del re Ninurta-apil-Ekur.
Ved. anche nella Parte III, 3.

[69] Contro tale identificazione è invece E. F. Weidner (in *Ugaritica* 6, 526), che traduce "...Qibi-Aššur, des Oberkommissars *des* Königs von Ḫanigalbat".

III, 14

Periodo di regno di Aššur-nīrārī III *ante quem non*

MARDUKĪJA *šakin* **Kutmuḫi, figlio di Ilī-iḫadda**

Sua stele in *Stelenreihen* 129 = Stele 18921. Testo completo:

ṣa-lam
$^{\mathrm{I\,d}}$AMAR.UD-*ja*
GAR ^{KUR}*Kut-mu-ḫi*
A DINGIR-*ḫad-da*
SUKAL GAL
MAN ^{KUR}*Ḫa-ni-*
gal-bat

Datazione basata sul suggerimento di R. Borger (*EAK*, 21) di identificare il padre con Ilī-iḫadda, chiamato "re" insieme ad Adad-nīrārī III in una lettera inviata dal re di Babilonia. L'identificazione si basa sulla interpretazione *sukkallu rabi'u, e* re di Ḫanigalbat alle linee 5-7 della stele. Secondo il Borger questo Ilī-iḫadda (ved. Parte III, 13) sarebbe da identificare anche con il padre del re Ninurta-apil-Ekur, che si vantava di essere della stirpe di Erība-Adad I, stirpe a cui apparterrebbe quindi anche l'eponimo Mardukīja. Se tali identificazioni sono valide, Ilī-iḫadda risalirebbe dunque al periodo di regno di Aššur-nīrārī III, e suo figlio Mardukīja ad un periodo sicuramente non precedente, e da cercarsi forse intorno al regno di Ninurta-apil-Ekur. Ved. "Assur" 1/2, 2.[70]

E' possibile che il padre di Mardukīja sia stato anche eponimo; ved. Parte III, 13.

[70] E. F. Weidner, in *Ugaritica* 6, 526 sgg. è di diverso parere.

PARTE IV

EPONIMI E DOCUMENTI DEL XII SECOLO A.C.

IV, 1

Periodo di regno di Ninurta-apil-Ekur

(1191-1179)

TESTI SENZA EPONIMO

MARV 53 = *ITN* 49 = *Assur* 13058 cd. Data scomparsa.

Il re Ninurta-apil-Ekur è citato nel testo (linea 5′).

IV, 2

Periodo di regno di Aššur-dān (circa)

(1178-1133)

Elenco degli Eponimi in ordine alfabetico

AŠŠUR-BĒL-LĪTE ved. oltre, sequenza B.

AŠŠUR-ŠĒZIBANNI ved. oltre, sequenza A.

ĀTAMMAR-DĒN-AŠŠUR ved. oltre, sequenza B.

BUṬNU?

Eponimo in "Iraq" 32, Tav. 36 = *BM* 123367. Linea 10′ del verso (data):

[ITU NM] U$_4$ XXVI KÁM *li-mu* ${}^{\text{I}}$BU-UT-*nu*

Datazione *ibidem*, p. 18, (J. N. Postgate) basata sulla supposta identificazione di Iqīšanni, padre di una persona citata nel testo, con lo *ḫazi'ānu* di Ninive attestato in tavolette dell'archivio di Ninurta-tukul-Aššur (considerate in questa stessa Parte IV, 2). Secondo Postgate la datazione andrebbe spostata ad una generazione dopo il regno di Ninurta-tukul-Aššur, perché nel testo *BM* 123367 lo *ḫazi'ānu* è un altro. L'autore, *ib.*, avanza anche l'ipotesi di una possible identificazione con]x-nu di *KAV* 21, III:2′ (ved. Parte IV, 5). Tali identificazioni potrebbero essere giuste ma non sono comunque sicure. Incerta è anche la lettura del nome; J. N. Postgate contrappone all'interpretazione *Kur-ba-nu* di A. R. Millard ("Iraq" 32, 173), la lettura *Bu-uṭ-nu* e, in alternativa, *Še-na-nu*, perché lo scriba della tavoletta scrive il segno BA diverso dal secondo segno del nome. In W. Lambert e A. R. Millard, *Cat. Sup.* 2, 20, troviamo un'altra ipotesi: *Bu-na?-nu*. Tale lettura è stata ritenuta valida, recentemente, dal Weidner (*AfO* 24, 141) in considerazione del fatto che esiste un altro eponimo con questo nome, figlio di Sîn-apla-iddina.[1] In *OMA* I, 184, anche perché Būnānu risultava ancora *hapax* nel medioassiro, abbiamo supposto (senza conoscere ancora la copia del testo) la lettura *Pu-ta?-nu*, dato che è attestato un eponimo Pūtānu (ved. Parte III, 6). Alla luce della copia vorremmo ora proporre, pur ritenendo sempre valide le altre alternative, la lettura *Pu-ta$_5$-nu*, anche se il valore *ta$_5$* per UD non sembra finora attestato in mA (cf. *AS* 221).

[1] In un testo con Photo *Assur* 3529.

Ovviamente, se è valida la lettura Kurbānu, la datazione va ricercata sotto il regno di Adad-nīrārī (Parte III, 1), mentre se è valida la lettura Pūtānu va ricercata sotto il regno di Salmanassar (Parte III, 6); leggendo invece Būnānu si presta, come alternativa alla datazione di Postgate, una collocazione in un periodo non antecedente e forse posteriore al regno di Tiglat-pileser, supponendo che l'eponimo Sîn-apla-iddina (ved. Parte IV, 5) fosse suo padre.

ERU-APLA-UṢUR *sukkallu rabi'u, šakin* **Ḫalaḫḫi** / *bēl pāḫete ša* **Ḫalaḫḫi, figlio di Samēdu, nipote di Aššur-zēra?-uṣur**

Sua stele in *Stelenreihen* 128 = stele 19152. Testo completo:

ṣa-lam
I dE-ru-A-PAP
LÚSUKAL GALe
šá-kìn KUR*Ḫa-laḫ'-ḫi'*
A I*Sa-me-di*
šá-kìn URU*Ni-nu-a*
A I*Aš+šur*-NUMUN?-PAP

bēl pāḫete di Ḫalaḫḫi in *KAJ* 191. Linee 2-4:

na-mur-tu šá I d*E-ru*-A-PAP
EN *pa-ḫi-ti*
ša URU*Ḫa-láḫ-ḫi*

Datazione basata sul fatto che l'eponimo di *KAJ* 191 è Sîn-šēja, su cui ved. oltre. Cf. Fine II, 111; "Assur" 1/2, 3. Non è però escluso un periodo di poco posteriore, perché se Eru-apla-uṣur fu eponimo quando ebbe la carica di *sukkallu rabi'u* (cf. Cap.I, III B), il periodo in cui fu governatore di Ḫalaḫḫi era precedente all'anno del suo eponimato.

IŠTAR-TŪ[RA]? *abarakku, ukil ekalli*

Funzionario in *Stelenreihen* 100 = Stele 18137. Linee 4-5 (testo completo):[2]

ṣa-
-lam
I dXV-*tu-*
-[*ra*?] AGRIG
UGULA É.GAL*li*
(resto rovinato)

La datazione nel "periodo di regno di Aššur-dān *circa*" è solo ipotetica, e deriva del fatto che la stele è vicina ad altre due, databili in questo periodo (ved. s.v. Mardukīja Parte III, 14 e Eru-apla-uṣur in questa stessa Parte IV, 2).

SÎN-ŠĒJA ved. oltre, sequenza A.

ŠENANU ved. Buṭnu

TESTI SENZA EPONIMO

IAMY 15-16, 225 = *AfO* 10, 42 N. 100 = *Assur* 6096 br. Senza data.

KAJ 222 = *Assur* 6096. Senza data.

NTA, A. 776 = *AfO* 10, 44 N. 108 = *Assur* 6096 da. Senza data.

[2] I segni che riportiamo trascritti sono quelli che ci sembra possibile leggere dalla foto in *Stelenreihen*, foglio 20 fig. 164. Cf. comunque la trascrizione *ibidem*, pag. 76 e in *RLA* 2, 438a.

NTA, A. 2610 = *AfO* 10, 44 N. 109 = *Assur* 6096 cf. Linee 10-11 (data parzialmente scomparsa):

> [ITU NM U$_4$] XIV KÁM
> [*li-mu*

NTA, A. 3190 = *AfO* 10, 41 N. 94 = *Assur* 6096 by2. Linee 11-12 (data parzialmente scomparsa):

> ITU *ša sa-ra-te* U$_4$ XII ⌜KÁM⌝
> *li-mu*⌜$^{\text{I d}}$⌝[

NTA, A. 3194 = *AfO* 10, 40 N. 89 = *Assur* 6096 dc. Senza data.

I testi sopra citati appartengono all'archivio *Assur* 6096 da cui proviene la maggior parte dei testi che nominano Ninurta-tukul-Aššur (ved. oltre, Aššur-šēzibanni e Sîn-šēja).

"Iraq" 32, Tavv. 33-34 = *BM* 122635+122642. Data scomparsa.
La natura del documento e la citazione della città DÙG.GA-*ja* fanno avvicinare il testo a quelli relativi a Ninurta-tukul-Aššur, per cui ved. sopra e la sequenza A.

Elenco degli Eponimi secondo la sequenza cronologica
o comunque in reciproca corrispondenza

A. La sequenza Aššur-šēzibanni ⟶ Sîn-šēja è dovuta a testo *AfO* 10, 33 N. 50, dove alle linee 40-44 si può leggere:

> *iš-tu* ITU *Ḫi-bur* U$_4$ XI KÁ[M *l*]*i-me*
> ^{I}*Aš+šur*-KAR-*a-ni* DUMU *Pa-'u-z*[*i*]
> *a-di* ITU *Ṣi-pi* U$_4$ XXVIII KÁM
> *li-me* $^{\text{I d}}$XXX-*še-ja*
> DUMU ÌR-DINGIR^{MEŠ} L[Ú ...]

Ci sembra che per Aššur-šēzibanni e Sîn-šēja la datazione sia da ricercare negli ultimi anni di regno di Aššur-dān, sia che Ninurta-tukul-Aššur (continuamente citato come destinatario di offerte nei testi datati con questi due eponimi) fosse un coreggente o no. La questione investe il problema della interpretazione della frase *ṭuppīšu šarrūta ēpuš*, con cui viene designato il regno di Ninurta-tukul-Aššur nelle liste dei sovrani assiri.[3] Essa può significare che Ninurta-tukul-Aššur fu re durante il regno stesso del padre (ovviamente verso la fine), cioè coreggente per un certo periodo di tempo; oppure può significare che questo periodo di coreggenza coincise con l'ultimo anno di regno, intendendo *ṭuppu* come "periodo di un anno";[4] altrimenti si potrebbe intendere *ṭuppīšu* come riferentesi a Ninurta-tukul-Aššur, non a suo padre Aššur-dān, con il significato di "un anno" (cioè l'anno del suo eponimato?): Ninurta-tukul-Aššur sarebbe stato re per il limitato periodo di un anno circa. Anche nel caso fosse valida quest'ultima interpretazione, i testi datati con i nostri due eponimi devono però risalire sempre al regno di Aššur-dān. Se fossero stati compilati durante l'unico anno di regno di Ninurta-tukul-Aššur essi sarebbero infatti datati con il suo nome, né si può pensare che risalgano a quella porzione di anno in cui Ninurta-tukul-Aššur era già re, ma non ancora eponimo, perché gli eponimi qui sono due. Ci sembra dunque che Ninurta-tukul-Aššur all'epoca degli eponimi Aššur-šēzibanni e Sîn-šeja non fosse ancora re, ma o coreggente o semplicemente principe, e che sotto tale veste ricevesse offerte (ved. come parallelo *KAJ* 290, epoca di Salmanassar, offerta a Tukultī-Ninurta *mār šarri*). Lo stesso dicasi a proposito della sequenza B.

AŠŠUR-ŠĒZIBANNI figlio di Pa'uzi

Eponimo in *AfO* 10, 33 N. 50 = *Assur* 6096 b. Linee 40-41 (data citata nel testo; ved. sopra)

[3] Ved. su questa espressione Weidner, *AfO* 13 (1939-41), 111 n. 12; A. Poebel, *JNES* 2 (1943), 56 sgg.; M. B. Rowton, "Iraq" 8 (1946), 97 sgg.; Fine II, 207 sgg.

[4] Cf. per questo significato L. Oppenheim, *RA* 33, 143 sgg.

Eponimo in *KAJ* 197 = *Assur* 6096. Linee 1-3 (data citata nel testo):

> *i+na* ITU *Ḫi-bur*
> U$_4$ XXVIII KÁM
> *li-me* ^{I} *Aš+šur*-KAR-*a-ni-ma*

Eponimo in *KAJ* 237 = *Assur* 6096. Linee 13-15 (data):

> ITU *Ḫi-bur* U$_4$ XIX KÁM *li-mu*
> ^{I}*Aš+šur*-KAR-*a-ni*
> DUMU *Pa-ú-zi*

Eponimo in *KAJ* 281 = *Assur* 6096. Linee 10-12 (data):

> ITU *Ḫi-bur* U$_4$ XX+X K[ÁM]
> *li-mu* ^{I}*Aš+šur*'-KAR-⸢*a*⸣-[*ni*]
> DUMU *Pa'-'u-*[*zi*]

Eponimo in *NTA*, A. 297 = *AfO* 10, 34 N. 52 = *Assur* 6096 bt2. Linee 12-13 (data):

> ITU *Ḫi-bur* U$_4$ XIII KÁM *li-mu*
> ^{I}*Aš+šur*-⸢KAR⸣-*a-ni-ma*

Eponimo in *NTA*, A. 1742 = *AfO* 10, 34 N. 54. = *Assur* 6096 ck. Linee 7-8 (data):

> ITU *Ḫi-bur* U$_4$ XXV KÁM
> *li-mu* ^{I}*Aš+šur*-⸢KAR-*a-ni*⸣ (coll.)

Eponimo in *NTA*, A. 2615 = *AfO* 10, 34 N. 51 = *Assur* 6096 cy. Linee 7-8 (data):

> ITU *Ḫi-bur* U$_4$ I KÁM
> *li-mu* ^{Id}*A-šur*-⸢KAR⸣-*an'-ni-ma*

Eponimo in *NTA*, A. 3185 = *AfO* 10, 34 N. 53 = *Assur* 6096 bi. Linee 10-11 (data):

> ITU *Ḫi-bur* U$_4$ XIX KÁM *li-mu*
> ^{I}*Aš+šur*-KAR-*a-ni* DUMU *Pa-'u-zi*

Aššur-šēzibanni potrebbe essere forse il *tartānu šakin* Ninu'a, Kutmuḫi e Niḫri'a di *Stelenreihen* 66. Ved. a questo proposito sotto Aššur-šēzibanni della Parte II, 6.

SÎN-ŠĒJA figlio di Urad-ilāni

Eponimo in *AfO* 10, 30 = *Assur* 13058 ac. Linee 13-14 (data):

> ITU *Mu-ḫur*-DINGIR^{MEŠ} U$_4$ I KÁM
> *li-mu* ^{I}XXX-*še-ja*

Eponimo in *AfO* 10, 31 (*VAT* 9375) = *Assur* 6096 as. Linee 13-14 (data):

> ITU *Ṣi-pu* U$_4$ XVIII KÁM
> *li-mu* ^{Id}XXX-*še-ja*

Eponimo in *AfO* 10, 31 (*VAT* 9363) = *Assur* 6096 aw. Linee 9-10 (data):

> ITU *Ku-zal-lu li-mu*
> ^{I}XXX-*še-ja*

Eponimo in *AfO* 10, 31 (*VAT* 9405) = *Assur* 6096 s. Linee 19-20 (data):

> ITU *Qar-ra-a-tu* U$_4$ XX+[X] KÁM
> *li-mu* ^{Id}XXX-*še-ja*

Eponimo in *AfO* 10, 31, *VAT* 9410 = *Assur* 6096 b = *AfO* 10, 33 N. 50. Linee 42-44 (data all'interno del testo; cf. sopra, A.):

a-di ITU *Ṣi-pi* U_4 XXVIII KÁM
li-me $^{I\,d}$XXX-*še-ja*
DUMU ÌR-DINGIR$^{MEŠ\,I}$[^{Ú}...]

Eponimo in *KAJ* 131 = *Assur* 6096. Linee 12-14 (data):

ITU *Qar-ra-a-tu*
U_4 XX KÁM *li-mu*
$^{I\,d}$XXX-*še-ja*

Eponimo in *KAJ* 185 = *Assur* 6096. Linee 16-17 (data):

[I]TU *Al-la-na-a-tu* U_4 VI KÁM
[*l*]*i-mu* $^{I\,d}$XXX-*še-ja*

Eponimo in *KAJ* 186 = *Assur* 6096. Linee 10-12 (data):

ITU *Ṣi-ip-pi*
U_4 XIX KÁM *li-me*
$^{I\,d}$XXX-*še-ja*

Eponimo in *KAJ* 187 = *Assur* 6096. Linee 18-20 (data):

ITU ^{d}XXX U_4 I KÁM
li-mu
$^{I\,d}$XXX-*še-ja*

Eponimo in *KAJ* 188 = *Assur* 6096. Linee 18-19 (data):

ITU *Qar-ra-a-tu*
U_4 XXIX KÁM *li-mu*
$^{I\,d}$XXX-*še-ja*

Eponimo in *KAJ* 189 = *Assur* 6096. Linee 14-15 (data):

ITU *Ṣi-pu* U_4 XXIII KÁM
li-mu $^{I\,d}$XXX-*še-ja*

Eponimo in *KAJ* 191 = *Assur* 6096. Linee 16-18 (data):

ITU *šá ke-na-a-te*
U_4 VII KÁM *li-mu*
$^{I\,d}$XXX-*še-ja*

Eponimo in *KAJ* 192 = *Assur* 6096. Linee 21-22 (data all'interno del testo):

ITU ⌜*Kal*⌝-*mar-tu* U_4 XIII KÁM
li-mu $^{I\,d}$XXX-*še-ja*

Eponimo *ibidem*, linee 28-29 (data):

...ITU *K*[*a*]*l-mar-tu*
li-mu $^{I\,d}$XXX-*še-ja*

Eponimo in *KAJ* 193 = *Assur* 6096. Linee 12-13 (data):

ITU ^{d}XXX U_4 VI KÁM
li-mu $^{I\,d}$XXX-*še-ja*

Eponimo in *KAJ* 194 = *Assur* 6096. Linee 8-10 (data):

ITU *Kal-mar-tu*
U$_4$ XXV KÁM *li-mu*
$^{\mathrm{I\,d}}$XXX-*še-ja*

Eponimo in *KAJ* 195 = *Assur* 6096. Linee 11-13 (data):

ITU *šá ke-na-a-te*
U$_4$ XVIII KÁM *li-mu*
$^{\mathrm{I\,d}}$XXX-*še-ja*

Eponimo in *KAJ* 198 = *Assur* 6096. Linee 11-13 (data):

⌜ITU⌝ *šá ke-na-a-te*
U$_4$ XXII KÁM *li-mu*
$^{\mathrm{I\,d}}$XXX-*še-ja*

Eponimo in *KAJ* 199 = *Assur* 6096. Linee 14-15 (data):

[ITU *Ṣi-*(*ip*)]*-pu* U$_4$ XII KÁM
[*li-mu*] $^{\mathrm{I\,d}}$XXX-*še-ja*

Eponimo in *KAJ* 200 = *Assur* 6096. Linee 8-10 (data):

ITU *Ku-zal-lu*
U$_4$ IV KÁM *li-mu*
$^{\mathrm{I\,d}}$XXX-*še-ja*

Eponimo in *KAJ* 201 = *Assur* 6096. Linee 10-12 (data):

ITU *Qar-ra-a-tu*
U$_4$ XX KÁM *li-mu*
$^{\mathrm{I\,d}}$XXX-*še-ja*

Eponimo in *KAJ* 202 = *Assur* 6096. Linee 7-9 (data):

ITU *ša ke-na-a-te*
U$_4$ IV KÁM *li-mu*
$^{\mathrm{I\,d}}$XXX-*še-ja*

Eponimo in *KAJ* 203 = *Assur* 6096. Linee 15-16 (data):

ITU *Ṣi-pu* U$_4$ II KÁM
li-mu $^{\mathrm{I\,d}}$XXX-*še-ja*

Eponimo in *KAJ* 204 = *Assur* 6096. Linee 15-16 (data):

ITU *Qar-ra-a-tu* U$_4$ II KÁM
li-mu $^{\mathrm{I\,d}}$XXX-*še-ja*

Eponimo in *KAJ* 205 = *Assur* 6096. Linee 16-17 (data):

ITU *Ṣip-pu* U$_4$ III KÁM
li-mu $^{\mathrm{I\,d}}$XXX-*še-ja*

Eponimo in *KAJ* 206 = *Assur* 6096. Linee 10-12 (data):

ITU *Kal-mar-tu*
U$_4$ VII KÁM *li-mu*
$^{\mathrm{I\,d}}$XXX-*še-ja*

Eponimo in *KAJ* 207 = *Assur* 6096. Linee 6-9 (data):

ITU ^{d}XXX
[U$_4$] IV KÁM
[*l*]*i-mu*
$^{I\,d}$XXX-*še-ja*

Eponimo in *KAJ* 208 = *Assur* 6096. Linee 19-20 (data):

ITU *ša ke-na-a-te* U$_4$ XV KÁM *li-mu*
$^{I\,d}$XXX-*še-ja*

Eponimo in *KAJ* 209 = *Assur* 6096. Linee 14-15 (data):

ITU *Kal-mar-tu*
li-mu ^{I}XXX-*še-ja*

Eponimo in *KAJ* 210 = *Assur* 6096. Linee 13-14 (data):

ITU *Ku-zal-lu* U$_4$ XI KÁM *li-mu*
$^{I\,d}$XXX-*še-ja*

Eponimo in *KAJ* 211 = *Assur* 6096. Linee 15-17 (data):

ITU *Al-la-na-tu*
U$_4$ XXI KÁM *li-mu*
$^{I\,d}$XXX-*še-ja*

Eponimo in *KAJ* 212 = *Assur* 6096. Linee 14-15 (data):

ITU *Al-la-na-a-tu* U$_4$ II+[X KÁM]
li-mu $^{I\,d}$XXX-*še-ja*

Eponimo in *KAJ* 213 = *Assur* 6096. Linee 15-17 (data):

ITU *Al-la-na-a-tu*
U$_4$ XXVI KÁM *li-mu*
$^{I\,d}$XXX-*še-ja*

Eponimo in *KAJ* 214 = *Assur* 6096? Linee 24-25 (data):

ITU ^{d}XXX U$_4$ V KÁM *li-*[*mu* $^{I\,d}$XXX-*še-ja* ?]

Eponimo in *KAJ* 216 = *Assur* 6096. Linee 15-16 (data):

ITU *Qar-ra-tu* U$_4$ XI KÁM
li-mu $^{I\,d}$XXX-*š*[*e*]-⌜*ja*⌝

Eponimo in *KAJ* 221 = *Assur* 6096. Linee 12-13 (data):

ITU *Qar-*<*ra*>*-tu* U$_4$ XV KÁM
li-mu $^{I\,d}$XXX-*še-ja*

Eponimo in *KAJ* 235 - *Assur* 6096. Linee 7-8 (data):

ITU *Qar-ra-a-tu* U$_4$ X KÁM
li-mu $^{I\,d}$XXX-*še-ja*

Eponimo in *KAJ* 254 = *Assur* 6096. Linee 22-23 (data):

ITU *Qar-ra-tu* U$_4$ XVI KÁM
li-mu $^{I\,d}$XXX-*še-ja*

Eponimo in *KAJ* 264 = *Assur* 6096. Linee 19-21 (data):

ITU *Qar-ra-a-tu* U$_4$ XXII KÁM *li-mu*
$^{\text{I d}}$XXX-*še-ja*
DUMU ÌR-DINGIR$^{\text{MEŠ-}ni}$

Eponimo in *KAJ* 265 = *Assur* 6096. Linee 12-13 (data):

ITU *Ṣip-pu* U$_4$ XVI KÁM
li-mu $^{\text{I d}}$XXX-*še-ja*

Eponimo in *KAJ* 278 = *Assur* 6096. Linee 12-14 (data):

ITU *Kal-*[*mar*]*-tu*
U$_4$ VIII KÁM *l*[*i*]*-mu*
$^{\text{I d}}$XXX-*še-ja*

Eponimo in *KAJ* 280 = *Assur* 6096. Linee 15-17 (data):

ITU ^{d}NIN-É.GAL^{li}
U$_4$ XI KÁM *li-mu*
$^{\text{I d}}$XXX-*še-ja*

Eponimo in *KAJ* 282 = *Assur* 6096. Linee 15-16 (data):

ITU *Al-la-na-a-tu*
U$_4$ III KÁM *li-mu* $^{\text{I d}}$XXX-*še-ja*

Eponimo in *KAJ* 283 = *Assur* 6096. Linee 15-16 (data):

ITU *Qar-ra-a-tu* U$_4$ XXVI KÁM
li-mu $^{\text{I d}}$XXX-*še-ja*

Eponimo in *KAJ* 284 = *Assur* 6096. Linee 10-11 (data):

ITU *Ku-zal-lu* U$_4$ XVII KÁM
li-mu $^{\text{I d}}$XXX-*še-ja*

Eponimo in *KAJ* 286 = *Assur* 6096 ? Linee 9-10 (data):

ITU *Kal-mar-tu*
U$_4$ XXX KÁM *li-mu* <$^{\text{I d}}$XXX-*še-ja* ?>

Eponimo in *KAJ* 288 = *Assur* 6096. Linee 16-18 (data):

ITU *Qar-ra-a-tu*
U$_4$ XXIX KÁM *li-mu*
[^{I}]^{d}XXX-*še-ja*

Eponimo in *MARV* 61 = *AfO* 10, 31, *VAT* 9378 = *Assur* 6096 ay. Linee 13-15 (data):

ITU *šá sa-ra-a-tu*
[U$_4$ x]+II KÁM *li-mu*
[^{I}]^{d}XXX-*še-ja*

Eponimo in *MARV* 68 = *AfO* 10, 31, *VAT* 9405 = *Assur* 6096 s. Linee 19-20 (data):

ITU *Qar-ra-a-*⌜*tu*⌝ U$_4$ XXIV KÁM
li-mu $^{\text{I d}}$XXX-*še-ja*

Eponimo in *NTA*, A. 113 = *AfO* 10, 41-52 N. 95. = Assur 6096 cp. Linee 8-11 (data all'interno del testo):

iš-tu ITU *Kal-mar-te* U$_4$ XII KÁM
li-me $^{\text{I d}}$XXX-*še-ja* DUMU ÌR-DINGIR$^{\text{MEŠ-}ni}$

a-di ITU *ša ke-na-a-te* U_4 XXII KÁM
li-me KI.MIN-*ma*

Eponimo *ibidem*, linee 20-23 (data all'interno del testo):

iš-tu ITU *Kal-mar-te* U_4 XII KÁM
li-me [I d]XXX-*še-ja*
a-di ITU KI!.MIN-*ma* U_4 XXIII KÁ[M]
[*l*]*i-me* KI.MIN-*ma*

Eponimo in *NTA*, A. 295 = *AfO* 10, 36 N. 66 = *Assur* 6096 bx. Linee 7-9(data):

ITU *Qar-ra-tu* U_4 XXVIII KÁM *li-mu*
[I d]XXX-*še-ja*

Eponimo in *NTA*, A. 1041 = *Assur* 6137 a. Linee 12-13 (data):

ITU *ša ke-na-t*[*e* U_4 N. KÁM]
li-mu [I d]XXX-*š*[*e-ja*]

Eponimo in *NTA*, A. 1724 = *AfO* 10, 37 N. 75 = *Assur* 6096 bz. Linee 13-15 (data):

ITU *Kal-mar-tu*
U_4 XIX KÁM *li-mu*
[I d]XXX-*še-ja*

Eponimo in *NTA*, A. 1735 = *AfO* 10, 43 N. 101 = *Assur* 6096 bq. Linee 22-24 (data):

ITU *Qar-ra-a-tu*
U_4 XXIV KÁM *li-mu*
[I d]XXX-*še-ja*

Eponimo in *NTA*, A. 1736 = *AfO* 10, 42 N. 97 = *Assur* 6096 bd. Linee 15-16 (data):

ITU *ša ke-na-te* U_4 XXI KÁM
li-mu [I d]XXX-*še-ja*

Eponimo in *NTA*, A. 1737 = *AfO* 10, 39 N. 82 = *Assur* 6096 be. Linee 13-15 (data):

ITU *Kal-mar-tu*
U_4 XVIII KÁM *li-mu*
[I d]XXX-*še-ja*

Eponimo in *NTA*, A. 1738 = *AfO* 10, 44 N. 106 = *Assur* 6096 cv?. Linee 13-14 (data):

ITU *Ku-zal-lu* U_4 VIII KÁM
[*li*]*-mu* [I d]XXX-*še-ja*

Eponimo in *NTA*, A. 1739 = *AfO* 10, 37 N. 71 = *Assur* 6096 cd?. Linee 11-13 (data):

ITU *Qar-ra-a-tu*
U_4 XII KÁM *li-mu*
[I d]XXX-*še-ja*

Eponimo in *NTA*, A. 1740 = *AfO* 10, 34 N. 55 = *Assur* 6096 af?. Linee 17-18 (data):

ITU *Ṣi-ip-pu* U_4 XIII KÁM
li-mu [I d]XXX-*š*[*e-j*]*a*

Eponimo in *NTA*, A. 1741 = *AfO* 10, 36 N. 68 = *Assur* 6096 cq. Linee 13-15 (data):

ITU *Qar-ra-a-tu*
U_4 XXIV KÁM *li-mu*
[I d]XXX-*še-ja*

Eponimo in *NTA*, A. 1743 = *AfO* 10, 39 N. 85 = *Assur* 6096 ci. Linee 12-13 (data):

ITU ⸢^{d}⸣XXX U$_4$ XXIII KÁM
li-mu ^{I} ^{d}XXX-*še-ja*

Eponimo in *NTA*, A. 1744 = *AfO* 10, 41 N. 93 = *Assur* 6096 bt. Linee 11-13 (data):

ITU ^{d}NIN É.GAL^{li}
U$_4$ II KÁM
li-mu ^{I}XXX-*še-ja*

Eponimo in *NTA*, A. 1745 = *AfO* 10, 36-37 N. 69 = *Assur* 6096 dd. Linee 7-8 (data):

ITU *Qar-ra-tu*
li-mu ^{I} ^{d}XXX-*še-*[*ja*]

Eponimo in *NTA*, A. 1746 = *AfO* 10, 37 N. 70 = *Assur* 6096 cd. Linee 13-14 (data):

ITU *Qar-ra-a-tu* U$_4$ XXVI KÁM
li-mu ^{I} ^{d}XXX-*še-ja*

Eponimo in *NTA*, A. 1747 = *AfO* 10, 43-44 N. 105 = *Assur* 6096 cm. Linee 15-16 (data):

ITU *Qar-ra-tu* U$_4$ XXVIII [KÁM]
li-mu ^{I} ^{d}XXX-*še-ja*

Eponimo in *NTA*, A. 1748 = *AfO* 10, 38 N. 79 = *Assur* 6096 cu. Linee 13-15 (data):

ITU *Kal-mar-t*[*u* U$_4$ N. KÁM]
li-mu ^{I}[^{d}XXX-*še-ja*]
DUMU Ì[R-DINGIR$^{MEŠ-ni}$]

Eponimo in *NTA*, A. 1749 = *AfO* 10, 39 N. 86 = *Assur* 6096 cc. Linee 10-11 (data):

ITU ^{d}XXX U$_4$ XXVI KÁM
li-mu ^{I}XXX-*še-ja*

Eponimo in *NTA*, A. 1750 = *AfO* 10, 40 N. 88 = *Assur* 6096 bc. Linee 13-14 (data):

ITU *Ku-zal-lu* U$_4$ IX KÁM *li-mu*
^{I} ^{d}XXX-*še-ja*

Eponimo in *NTA*, A. 1751 = *AfO* 10, 41 N. 91 = *Assur* 6096 bf. Linee 14-15 (data):

ITU *Al-la-na-a-tu*
U$_4$ XIX KÁM *li-mu*
^{I} ^{d}XXX-*še-ja*

Eponimo in *NTA*, A. 1765 = *AfO* 10, 43 N. 103 = *Assur* 6096 de. Linee 16-18 (data):

ITU *Kal-mar-tu*
[U$_4$] XII KÁM *li-mu*
^{I} ^{d}XXX-*še-ja*

Eponimo in *NTA*, A. 1812 = *AfO* 10, 30 = *Assur* 12758. Linee 17-18 (data):

ITU [x] x x [x U$_4$] XXII KÁM
⸢*li-mu*⸣ ^{I} ^{d}XXX-[*še-ja*]

Eponimo in *NTA*, A. 1828. Linee 14-16 (data):

ITU *Kal-mar-tu*
U$_4$ XIV KÁM *li-mu*
[^{I}] ^{d}XXX-*še-ja*

Eponimo in *NTA*, A. 2601 = *AfO* 10, 37 N. 73 = *Assur* 6096 bk^2. Linee 8-9 (data):

ITU *Kal-mar-tu* U_4 VIII KÁM
li-mu ^{I}XXX-*še-ja*

Eponimo in *NTA*, A. 2602 = *AfO* 10, 35 N. 58 = *Assur* 6096 bs. Linee 12-14 (data):

ITU *Qar-ra-a-tu*
U_4 III KÁM *li-mu*
$^{I\,d}$XXX-*še-ja*

Eponimo in *NTA*, A. 2603 = *AfO* 10, 38 N. 77 = *Assur* 6096 bm. Linee 10-13 (data):

ITU *Kal-mar-tu*
U_4 XXIX KÁM *li-ṃu*
$^{I\,d}$XXX-*še-ja*

Eponimo in *NTA*, A. 2604 = *AfO* 10, 39 N. 84 = *Assur* 6096 ch^2. Linee 15-16 (data):

ITU ^{d}XXX U_4 XX KÁM
li-mu $^{I\,d}$XXX-*še-ja*

Eponimo in *NTA*, A. 2605 = *AfO* 10, 34 N. 56 = *Assur* 6096 bw. Linee 13-14 (data):

ITU *Ṣi-pu* U_4 XXII KÁM
li-mu $^{I\,d}$XXX-*še-ja*

Eponimo in *NTA*, A. 2606 = *AfO* 10, 38 N. 78 = *Assur* 6096 cb. Linee 14-16 (data):

ITU *Kal-mar-tu*
U_4 XXVIII KÁM *li-mu*
$^{I\,d}$XXX-*še-ja*

Eponimo in *NTA*, A. 1607 = *AfO* 10, 42 N. 98 = *Assur* 6096 ck^2. Linee 3-5 (data):

ITU *ša ke-na-a-t*[*e*]
U_4 XXI KÁM *li-*[*mu*]
$^{I\,d}$XXX-*še-ja*

Eponimo in *NTA*, A. 2608 = *AfO* 10, 36 N. 65 = *Assur* 6096 ch. Linee 9-10 (data):

ITU *Qar-ra-a-tu* U_4 XXIV KÁM
li-mu $^{I\,d}$XXX-*še-ja*

Eponimo in *NTA*, A. 2609 = *AfO* 10, 35 N. 60 = *Assur* 6096 ce. Linee 18-19 (data):

ITU *Qar-ra-a-tu* U_4 XI KÁM
li-mu $^{I\,d}$XXX-*še-ja*

Eponimo in *NTA*, A. 2611 = *AfO* 10, 43 N. 102 = *Assur* 6096 cv. Linee 11-12 (data):

ITU ^{d}XXX U_4 XVII+[II] KÁM
[*l*]*i-mu* ^{I}XXX-*še-ja*

Eponimo in *NTA*, A. 2612 = *AfO* 10, 38-39 N. 81 = *Assur* 6096 cr. Linee 6-8 (data):

ITU *Kal-mar-*⌜*tu*⌝
U_4 IV KÁM *l*[*i-mu*]
$^{I\,d}$XXX-*še-ja*

Eponimo in *NTA*, A. 2613 = *AfO* 10, 39 N. 83 = *Assur* 6096 cg. Linee 8-9 (data):

ITU ^{d}XXX U_4 IX KÁM
li-mu ^{d}XXX-*še-ja*

Eponimo in *NTA*, A. 2614 = *AfO* 10, 35 N. 62 = *Assur* 6096 db. Linee 8-10 (data):

> ITU *Qar-ra-tu*
> U_4 XV KÁM *li-mu*
> $^{\rm I\,d}$XXX$^{!}$-*še-ja*

Eponimo in *NTA*, A. 2616 = *AfO* 10, 37 N. 74 = *Assur* 6096 dg. Linee 7-9 (data):

> ITU *Kal-mar-tu*
> U_4 XI KÁM *li-mu*
> $^{\rm I\,d}$XXX-*še-ja*

Eponimo in NTA, A. 2617 = AfO 10, 38 N. 80 = Assur 6096 ca. Linee 12-13 (data):

> ITU *Kal-mar-tu*
> U_4 XVII KÁM *li-mu* $^{\rm I\,d}$XXX-*še-ja*

Eponimo in *NTA*, A. 2622 = *Assur* 6411. Linee 8-10 (data):

> ITU *ša sa-ra-a-te*
> U_4 XXVIII KÁM *li-mu*
> $^{\rm I\,d}$XXX-*še-ja*

Eponimo in *NTA*. A 3061 = *AfO* 10, 34-35 N. 57 = *Assur* 6096 cs. Linee 8-11 (data):

> [ITU *Si*]-*pu*
> [U_4]⌜V?⌝ KÁM
> [*l*]*i-mu*
> ⌜$^{\rm I\,d}$⌝XXX-*se-ja*

Eponimo in *NTA*, A. 3181 = *AfO* 10, 44 N. 111 = *Assur* 6096 ba. Linee 11-12 (data):

> [I]TU $^{\rm d}$XXX U_4 VII KÁM *li-mu*
> ⌜$^{\rm I}$⌝$^{\rm d}$XXX-*še-ja*

Eponimo in NTA, A. 3182 = AfO 10, 39 N. 87 = Assur 6096 bb. Linee 12-14 (data):

> ITU $^{\rm d}$XXX
> *li-mu*
> $^{\rm I}$XXX-*še-ja*

Eponimo in *NTA*, A. 3183 = *AfO* 10, 36 N. 64 = *Assur* 6096 bg. Linee 1-2 (data l''inizio del testo):

> *i-na* ITU *Qar-ra-a-te* U_4 XX KÁM
> *li-me* $^{\rm I\,d}$XXX-*še-ja*

Eponimo in *NTA*, A. 3184 = *AfO* 10, 35 N. 61 = *Assur* 6096 bh. Linee 12-13 (data):

> ITU *Qar-ra-tu* U_4 XI KÁM
> *li-mu* $^{\rm I\,d}$XXX-*še-ja*

Eponimo in *NTA*, A. 3186 = *AfO* 10, 40-41 N. 90 = *Assur* 6096 bk. Linee 20-21 (data):

> ITU *Al-la-na-a-tu* U_4 XXVI KÁM
> *li-mu* $^{\rm I\,d}$XXX-*še-ja*

Eponimo in *NTA*, A. 3187 = *AfO* 10, 38 N. 76 = *Assur* 6096 bn. Linee 11-13 (data):

> ITU *Kal-mar-tu*
> U_4 XXII KÁM *li-mu*
> $^{\rm I\,d}$XXX-*še-ja*

Eponimo in *NTA*, A. 3188 = *AfO* 10, 35-36 N. 63 = *Assur* 6096 bo. Linee 16-17 (data):

ITU *Qar-ra-tu* U_4 XVII KÁM
li-mu $^{\text{I d}}$XXX-*še-ja*

Eponimo in *NTA*, A. 3189 = *AfO* 10, 42 N. 99 = *Assur* 6096 bp. Linee 8-9 (data):

ITU *A-bu*-LUGAL$^{\text{MEŠ-}ni}$ U_4 XIII KÁM
li-mu $^{\text{I d}}$XXX-*še-ja*

Eponimo in *NTA*, A. 3191 = *AfO* 10, 44 N. 107 = *Assur* 6096 bv. Linee 14-15 (data):

ITU *šá sa-ra-a-te*
U_4 XXIII KÁM *li-mu*
^{I}XXX-*še-ja*

Eponimo in *NTA*, A. 3192 = *AfO* 10, 41 N. 92 = *Assur* 6096 by. Linee 15-16 (data):

ITU ^{d}NIN É.GAL^{li}
U_4 IX KÁM *li-mu* $^{\text{I d}}$XXX-*še-ja*

Eponimo in *NTA*, A. 3193 = *AfO* 10, 35 N. 59 = *Assur* 6096 cn. Linee 8-10 (data):

ITU *Qar-ra-tu*
U_4 VII KÁM *li-mu*
$^{\text{I d}}$XXX-*še-ja*

Eponimo in *NTA*, A. 3195 = *AfO* 10, 42 N. 96 = *Assur* 6096 cl. Linee 11-13 (data):

ITU *šá ke-na-a-te*
U_4 III KÁM *li-mu*
$^{\text{I d}}$XXX-*še-ja*

Eponimo in *NTA*, A. 3196 = *AfO* 10, 40 N. 89 = *Assur* 6096 co. Linee 31-32 (data):

ITU [*A*]*l*-[*l*]*a-na-a-tu* U_4 XXVI KÁM *li-mu*
[^{I}] ⌜^{d}⌝XXX-*še-ja*

Eponimo in *NTA*, A. 3197 = *AfO* 10, 44 N. 110 = *Assur* 6096 cz. Linee 12-14 (data):

ITU ^{d}XXX U_4 III KÁM
⌜*li-mu*⌝
⌜$^{\text{I d}}$XXX-*še-ja*⌝

Eponimo in *NTA*, A. 3198 = *AfO* 10, 37 N. 72 = *Assur* 6096 cw. Linee 1-2 (data all'inizio del testo):

[*i*]-*na* ITU *Kal-mar-tu* U_4 I [KÁM]
li-me $^{\text{I d}}$XXX-*še-ja*

Eponimo in *NTA*, A. 3199 = *AfO* 10, 36 N. 67 = *Assur* 6096 cx. Linee 9-10 (data):

ITU *Qar-ra-tu* U_4 XXIX KÁM
li-mu $^{\text{I d}}$XXX-*še-ja*

Sîn-šēja potrebbe essere forse il figlio dell'eponimo Urad-ilāni (Parte III, 9); cf. *OMA* II, 64.

B. Corrispondenze Ātammar-dēn-Aššur—Adad-mušabši e Ātammar-dēn-Aššur—Aššur-bēl-ilī'te

1. La corrispondenza Ātammar-dēn-Aššur—Adad-mušabši è dovuta al testo *MARV* 51 = *Assur* 13058 eg, dove alle linee 10′-11′ del verso è leggibile:

... ITU *Ṣi-pi* ⌜U_4 XXV⌝ KÁM *li-me* ^{I}*A-ta-mar*-DI-^{d}*Aš*+*šur*
... ITU *A*]*l-la-na-te* U_4 XXVI KÁM *li-me* $^{\text{I d}}$IM-*mu*-[*š*]*ab-ši*

2. La corrispondenza Ātammar-dēn-Aššur—Aššur-bēl-lī'te è dovuta al testo *VAT* 18065 = *Assur* 18773 ap (inedito; sarà prossimamente pubblicato in *MARV* II,14; cortese informazione di H. Freydank); linee 1-2 e 5-6 del verso?:

> *iš-tu* ITU *Al-*⌜*la*⌝*-na-te* U_4 XVIII KÁM *li-me* [I]*A-ta-mar-de-en-Aš-šur*
> *a-di* ITU *ša sa-ra-te* U_4 XX+x ⌜KÁM⌝ *li-me an-ni-e-ma* L $U_4^{MEŠ}$
>
> ....
>
> *iš-tu* ITU *Qar-ra-a-te* U_4 XXVII KÁM *li-me* [Id]*A-šur*-EN-*li-'-te*
> *a-di* ITU *Kal-mar-te* U_4 XVII KÁM XXI $U_4^{M[EŠ]}$

ADAD-MUŠABŠI

Eponimo in *MARV* 51 = *Assur* 13058 eg. Linea 11′ del verso: ved. sopra, B1.

AŠŠUR-BĒL-LĪ'TE

Eponimo in *VAT* 18065 = *Assur* 18773 ap. Linea 5 del verso? (data citata nel testo): ved. sopra, B 2.

ĀTAMMAR-DĒN-AŠŠUR

Eponimo in *MARV* 51 = *Assur* 13058 eg. Linea 2 (data citata nel testo):

>]⌜U_4⌝ XXVI KÁM *li-me* [I]*A-ta-*⌜*mar*⌝-[DI]-[d]*A-šur*

Eponimo *ibidem*, linea 10′ del verso: ved. sopra, B2.

Eponimo in *VAT* 18065 = *Assur* 18773 ap. Linea 1 del verso? (data citata nel testo): ved. sopra, B1.

La datazione è incerta.I tre eponimi sono stati collocati in questo periodo perché il testo MARV 51 nomina un Ninurta-tukul-Aššur, che potrebbe essere il re (o coreggente), alla l. 3′ del verso. Nell'archivio *Assur* 13058 c'è almeno un testo riferibile al re/coreggente Ninurta-tukul-Aššur (ved. sopra, Sîn-šēja, *AfO* 10, 30). Nel caso che il personaggio nominato ed il re/coreggente siano la stessa persona, valgono per questi tre eponimi le stesse considerazioni fatte a proposito della datazione della sequenza A (ved. sopra).

Periodo di regno di Ninurta-tukul-Aššur ved. Parte IV, 2

Per IV R34, 2 = K 212+4448 e *JRAS* 1904, 415 = *BM* 1912-5-13, 2 ved. *AfO* 10, 2 sgg, *ARI*, 143 sgg.

IV, 3

Periodo di regno di Aššur-rēša-īši

(1132-1115)

Forse risalgono a questo periodo alcuni eponimi annoverati nel periodo di regno di Tiglat-pileser I (Parte IV, 5).

IV, 4

Periodo compreso fra il regno di Ninurta-apil-Ekur e il regno di Tiglat-pileser I (1191-1076)

Elenco degli Eponimi in ordine alfabetico

AŠŠUR-APLA-IQĪŠA

Eponimo in *MARV* 34 = *Assur* 13058 r (citazione già in *AfO* 13, 311-312). Linee 10-12 (data):

> ITU *A-bu*-MAN$^{MEŠ-ni}$
> U$_4$ XXII ⌈KÁM⌉ *li-mu*
> ⌈I⌉ *Aš*+*š*[*ur*-IBI]LA-NÍG.BA

Eponimo in un testo non pubblicato (citazione in *AfO* 13, 311-312).

> (*līmu*) *Aš-šur*-IBILA-NÍG.BA

La datazione generica che qui viene data deriva dal numero dell'archivio *Assur* 13058,[5] in gran parte non pubblicato, i cui documenti risalgono prevalentemente al periodo compreso tra i regni di Ninurta-apil-Ekur e Tiglat-pileser. La datazione è comunque ipotetica, perché è attestato qualche esempio di testo di questo archivio risalente ad un periodo precedente.[6]

IBRI-ŠARRI *tartānu rabi'u*

Eponimo in *MARV* 63 = *Assur* 13058 be / hh (citazione già in *AfO* 13, 116 e *BiOr* 13, 142a *nota* 3). Linee 10-11 (data):

> ITU *Ṣip-pu* U$_4$ XVI KÁM *li-mu*
> *Ib-ri-Šar-ri tar-ta-nu* GAL^{ú}

Datazione come per l'eponimo precedente. Seguendo il suggerimento delle liste neoassire, Ibri-Šarri, essendo *tartanu rabi'u*, dovette essere eponimo nel secondo anno di regno dello sconosciuto sovrano sotto cui rivestì l'importante carica.

MUTAKKIL-AŠŠUR

Eponimo in *Assur* 13058 v (tavoletta non pubblicata; citazione in *RLA* 2, 451 a e *AfO* 13, 316 a):

> (*līmu*) *Mu-ták-kil*-^{d}*A-šur*

Datazione come per Aššur-apla-iqīša (ved. sopra).

NINURTA-APLA-IDDINA *rab kiṣri*, **[ ]** *ḫurādē*, **figlio di Erīb-Aššur; padre di Marduk-uballissu, (funzionario di un Tiglat-pileser).**

Funzionario in *Stelenreihen* 67 = stele 17761. Testo completo al Cap. I, III, *nota* 6.

La paternità di Marduk-uballissu è dimostrata dalla sua stele (ved. Marduk-uballissu, Parte IV, 5). Se costui su funzionario sotto Tiglat-pileser I, Ninurta-apla-iddina deve essere ricercato nel regno di questo

[5] Per l'archivio *Assur* 13058 ved. E. F. Weidner, *Amts- und Privatarchive aus mittelassyrischer Zeit*, Festschrift Christian (Wien 1956), 111.

[6] Ved. Ellil-nīrārī, *MARV* 24, Parte II, 7; Adad-uballiṭ, *MARV* 67, Parte III, 9 (numero di archivio non sicuro).

re, o poco prima. Se invece suo padre Erīb-Aššur era l'eponimo del regno di Tiglat-pileser I, la datazione è posteriore, e si deve intendere Marduk-uballissu come funzionario del re Tiglat-pileser II, sia pure con molte riserve perché il periodo intercorso tra Tiglat-pileser I e Tiglat-pileser II è eccessivo per tre generazioni.

ALTRI EPONIMI

È possibile che appartengano al periodo intermedio Ninurta-apil-Ekur—Tiglat-pileser I alcuni eponimi che abbiamo riportato sotto il regno di quest'ultimo re. (ved. Parte IV, 5): in particolare gli eponimi dell'archivio *Assur* 13058 (Aššur-abuk-aḫa, Aššur-kettī-šeṣi, Aššur-šallimšunu, Erīb-Aššur, Ikkaru, Ipparšidu e Pišqija).

TESTI SENZA EPONIMO

MAOG 3/1-2, 37-38 = *Assur* 13058 ft. Senza data.

MARV 35 = 13058? ei. Senza data.

MARV 55 = *Assur* 13058 hw. Data scomparsa.

MARV 59 = *Assur* 13058 cd. Data scomparsa.

MARV 64 = *Assur* 13058 fb. Data scomparsa.

MARV 72 = *Assur* 13058 b. Data parzialmente scomparsa (ll. 11-12):

> ITU *A-bu-*[LUGAL^{MEŠ} U$_4$] ⸢XXVI? KAM?⸣
> *li-mu* [1][

Per la datazione di questi testi, basata sul numero di archivio, *Assur* 13058, ved. sopra, Aššur-apla-iqīša.

IV, 5

Periodo di regno di Tiglat-pileser I

(1114-1076)[7]

Bisogna necessariamente premettere all'elenco degli eponimi del regno di Tiglat-pileser I qualche considerazione sul loro numero. E. F. Weidner, in *AfO* 16,[8] 214-215,[9] ha presentato una completa tabella di questi eponimi, traendoli dall'analisi sia dei testi storici sia dei testi della Biblioteca di questo re, sia dei testi rinvenuti in dieci giare trovate nell'area del tempio di Assur[10] ed annoverandone in tutto 35. A questo numero ha inoltre aggiunto 8 eponimi dell'elenco in *KAV* 21 (da noi riportato sopra, Cap. I, II d.), che non possono essere in alcun modo identificati con nessuno dei 35 suddetti. Il totale porta a 43 eponimi, cioé un numero sovrabbondante rispetto ai 39 anni di regno di Tiglat-pileser. Per questo il Weidner ha pensato che qualcuno di questi eponimi risalisse più precisamente al regno di Aššur-rēša-īši. o a quello di uno dei suoi immediati successori.

Riesaminando rapidamente la questione, riportiamo qui di nuovo l'elenco degli eponimi di Tiglat-pileser in *KAV* 21, III: 1'-11', rilevando le possibili identità con gli eponimi di nostra conoscenza.

]PAP — può essere sia Aššur-abuk-aḫa, sia Bēr-nāṣir, sia Marduk-apla-uṣur[11]

]nu — può essere Aššur-šallimšunu

[7] Per alcuni eponimi è più esatta la dicitura "Periodo di regno di Tiglat-pileser *circa*." Ved. la trattazione che segue sotto ogni singolo nome.

[8] E. F. Weidner, *Die Bibliothek Tiglatpilesers I.*, *AfO* 16 (1952-53), 197.

[9] *Die Eponymen der Zeit Tigaltpilesers I.*

[10] Ved. Weidner, *cit.*, 213, per le ragioni che inducono a ritenere in tutto o in parte questi testi come risalenti a Tiglat-pileser.

[11] Per PAP = *aḫu* o **nṣr* nei nomi di persona medioassiri cf. in *OMA* II, 100 e 143. Molto più probabili le forme di **nṣr*.

]dî	(nessun parallelo)
]DU	può essere sia Ina-ilīja-allak, sia Ipparšidu[12]
]Aššur	può essere sia Erīb-Aššur; sia Taklāk-ana-Aššur[13]
]daumti[14]	(nessun parallelo)
( ]šakin, o meglio *šakin māti*,	sembra essere un titolo, più che un nome)[15]
]sunu	(nessun parallelo)
Šul]mānu-šuma-iddina	(nessun parallelo)
Pa]u'zu[16]	
]ibši[17]	(nessun parallelo)

Inserendo dunque anche]DU e Pa'uzu nei nomi che possono essere identificati, e riconoscendo nei segni della settima linea un titolo, e non un nome di persona, si riduce a cinque il totale degli eponimi che non trovano alcun parallelo con gli altri, attestati sia nei testi storici sia nei testi della biblioteca di Tiglat-pileser. A questi ultimi bisogna inoltre togliere Ninurta-nādin-apli, (N. 6 dell'elenco del Weidner, *AfO* 16, 214 b), perché non risulta eponimo, ma padre di un eponimo, Aššur-apla-[(N. 1 dell'elenco; ved. Weidner, *AfO* 18, 347 *nota* 21), e forse anche Ninurta-ašarēd, visto che potrebbe essere l'eponimo risalente al regno di Šamšī-Adad V.[18] Il numero totale sarebbe quindi 33/34+6 = 39/40, non 43. Bisogna d'altronde aggiungere l'eponimo in Harem = *AfO* 17, Tav. 7, (ved. Weidner, *AfO* 18, 347 *nota* 21: lettura [S]în-apla-iddina). Né bisogna trascurare Ragiššanu di *VAT* 18901, Aššur-ālik-pāna di *MKT* 1,[19] e altri eventuali incerti, come Ipparšidu e Aššur-kēna-šallim. Il numero formulato dal Weidner viene dunque ristabilito, sia pure con qualche nome mutato, e resta quindi il problema che aveva messo in luce. Non ci rimane che accettare la sua ipotetica soluzione, senza dimenticare peraltro che esiste la possibilità che alcuni testi risalgano, nell'originale o nella copia, a periodi anche precedenti a quello di Aššur-rēša-īši. Potrebbe farlo supporre ad esempio la citazione di un Ubru figlio di Šamaš-aḫa-iddina nei colofoni di *KAR* 427 e 428 (testi N. 82 e 83 della biblioteca di Tiglat-pileser),[20] che potrebbe essere forse identificato con Ubru figlio di Šamaš-aḫa-iddina di *AfO* 23, 79-80: 20, 27, testo risalente al periodo di regno di Salmanassar (eponimo Aššur-mušabši, Parte III, 6).[21]

Non appare viceversa probante, come potrebbe sembrarlo in un primo tempo, il fatto che in *MARV* 5:3 compaia un Šamaš-šumu-lēšir GAL LÚḪAL.MEŠ: stesso nome e stesso titolo portati dal padre di Šamaš-zēra-iddina, colofone in *AfO* 16, Tav. 12 a e Tav. 13, Bezold, Cat. 4, 1644, *KAR* 152. Poiché *MARV* 5 risale al periodo di regno di Salmanassar o di Tukultī-Ninurta, verrebbe da anticipare la datazione dei testi citati, e quindi degli eponimi che vi sono attestati, Berê e Ištu-Aššur-ašāmšu. Quest'ultimo tuttavia risale sicuramente al periodo di Tiglat-pileser, per cui dobbamo pensare che Šamaš-šumu-lēšir fosse il nonno dell'omonimo *bā'riu*, e bisnonno di Šamaš-zēra-iddina (ved. "Assur" 1/8, 175).

[12] Per DU = *'lk nei nomi di persona medioassiri cf. in *OMA* II, 102. A favore di Ina-ilīja-allak sta il fatto che questo eponimo è attestato con sicurezza nel periodo di Tiglat-pileser, mentre a favore di Ipparšidu depone la parte conservata del segno che precede DU.

[13] Per il primo è il Weidner, *AfO* 16, 214; per il secondo è Ungnad, *RLA* 2, 435. da Schötz, *JSOR* 9, 33 sgg. Il Weidner (*AfO* 18, 347 *nota* 22) esclude Taklāk-ana-Aššur perché le tracce del segno che precede -Aššur non coincidono con *na*. Per la stessa ragione dovremmo tuttavia escludere anche Erīb-Aššur.

[14] Per questa strana finale, non serve come parallelo *Da-im-ti*-AN di *ARu* 7:29, da leggere *Na-im-ti*- (coll).

[15] I due segni possono essere letti sia *šá-kìn* sia GAR KUR. Nessun nome di persona medioassiro termina con questi due segni. Non sono a favore dell'interpretazione *šakin māti* le liste neoassire, che pongono lo *šakin māti* tra gli eponimi dei primi anni di regno di un sovrano, mentre la lista che qui consideriamo riporta gli eponimi degli ultimi anni di Tiglat-pileser. Si tratta tuttavia di un indizio, non di una prova, perché le liste neoassire non possono fra testo con certezza per il periodo precedente. E' possibile inoltre che durante il lungo regno di Tiglat-pileser lo *šakin māti* sia cambiato, e che il nuovo sia stato eponimo a regno avanzato.

[16] Ved. oltre, s.v. Pa'uzu, eponimo in un testo ancora inedito.

[17] Forse da integrare [Šumu-l]ibši o [ND - muš]ibši, cf. in *OMA* II, 109.

[18] Cf. Weidner, *AfO* 16, 210*a* (N. 70); così come è tardo anche l'eponimo Še'i-Aššur del testo N. 112. Ved. in *AfO* 16, 211.

[19] Cf. anche *AfO* 16, 210*a*, N. 76.

[20] *AfO* 16, 210*b*.

[21] Ma ved. sotto Ubru, Parte III, 6, per le ragioni che vorrebbero esclusa questa identificazione.

Per puntualizzare dunque la questione, bisogna dire che solo una parte dei circa 43 eponimi risale con assoluta certezza al regno di Tiglat-pileser: sono quelli citati nei testi storici,[22] a cui possiamo aggiungere gli eponimi di *KAV* 21, con una identificazione senza alternative[23] e qualche altro.[24] Per altri invece il periodo di regno di Tiglat-pileser non è altrettanto certo, sicché potrebbero risalire o al periodo immediatamente precedente[25] o ad un periodo successivo (ved. *nota* 18) o infine ad un periodo notevolmente precedente. Riguardo a quest'ultima possibilità, sarà utile notare i casi di omonimia tra alcuni eponimi riportati dal Weidner ed altri eponimi che risalgono a periodi precedenti:

Adad-šumu-lēšir:	cf. Adad-šumu-lēšir del periodo di Salmanassar o di Tukultī-Ninurta (Parte III, 8)
Adad-uma''i	cf. Adad-uma''i del periodo di Tukultī-Ninurta (Parte III, 9)
Aššur-aḫa-iddina	cf. Aššur-aḫa-iddina del periodo compreso tra i regni di Adad-nīrārī e Tukultī-Ninurta (Parte III, 4)[26]
Aššur-ālik-pāna	cf. Aššur-ālik-pāni del periodo di Salmanassar (Parte III, 6)
Aššur-šuma-aṣbat	cf. Ina-Aššur-šuma-aṣbat[27] del periodo di Tukultī-Ninurta (Parte III, 9)
Erīb-Aššur	cf. Erīb-Aššur del periodo di Erība-Adad (Parte II, 2)[28]
Marduk-aḫa-ēriš	cf. Marduk-aḫa-ēriš del periodo compreso tra i regni di Adad-nīrārī e Tukultī-Ninurta (Parte III, 4)

Si tratta, ovviamente, di accostamenti solo ipotetici, che non implicano una identità,[29] ma non si può comunque escludere che qualcuno di essi sia la chiave che spieghi il numero degli eponimi sovrabbondante rispetto agli anni di regno di Tiglat-pileser.

Elenco degli Eponimi in ordine alfabetico

ADAD-APLA-IDDINA

Eponimo in *VAT* 14472 = *Assur* 18764 q (tavoletta non pubblicata; citazione in *AfO* 16, 215 a N. 9):

(*līmu*) X-IBILA-SUM^{na}

ADAD-ŠUMU-LĒŠIR

Eponimo in *VAT* 14456 = *Assur* 18764 w (tavoletta non pubblicata; citazione in *AfO* 16, 215*a* N. 10):

(*līmu*) ^{d}I[M]-MU-*le-šir*

Ved. sopra (premessa all'elenco della Parte IV, 5) per una ipotetica identificazione. Ved. inoltre]MU-*lēšir* per una possibile identificazione.

[22] Cioè cinque dei primi otto dell'elenco in *AfO* 16, 214: Aššur-šuma-ēriš, Ina-ilīja-allak, Ninu'āju, Taklāk-ana-Aššur e lo stesso Tiglat-pileser.

[23] Cioè Aššur-šallimšunu, Šulmānu-šuma-iddina, Pa'uzu.

[24] Es. Ištu-Aššur-ašāmšu, eponimo in una iscrizione in cui è citato Ezbu-lēšir, "servo di Tiglat-pileser"; inoltre Mudammeq-Bēl e Upitte, eponimi in una iscrizione in cui è citato lo stesso Ezbu-lēšir (cf. *AfO* 10, 28 *nota* 213, 215*b* N. 28); forse anche gli eponimi citati in testi con doppio nome di mese (cf. *AfO* 10, 28-29 e *AfO* 16, 215*b* N. 30)? La cosa non ci sembra sicura, oltretutto perché ci sono due casi con l'eponimato di Tiglat-pileser, e sembra strano che il re abbia voluto inaugurare il suo regno con questa novità. Non è quindi escluso un tale uso in un periodo precedente.

[25] Ved. anche l'elenco degli eponimi riportati nella Parte IV, 4.

[26] Potrebbe anche essere il padre di Ištu-Aššur-ašāmšu, sicuramente eponimo, come abbiamo visto (*nota* 24), durante il regno di Tiglat-pileser.

[27] Non contrasta per il parallelo la lieve differenza dei nomi, essendo ben attestate le abbreviazioni nei nomi di persona mA; cf. in *OMA* II, 81 sgg. ed anche sotto Etel-Aššur e Etel-pî-Aššur, Parte III, 7 e 9.

[28] Ma potrebbe anche essere il padre di Ninurta-apla-iddina (Parte IV, 4), il che escluderebbe questa identificazione.

[29] Ved. i casi dei due eponimi Aššur-iddin e Ninurta-apla-iddina, che non possono essere identificati con i *līmu* omonimi perché sono conservati i nomi dei padri, che non coincidono, o di Mudammeq-Bēl e Ninu'āju, sicuramente eponimi nel periodo di regno di Tiglat-pileser.

ADAD-UMA''I

Eponimo in *Assur* 18771 aw (tavoletta non pubblicata; citazione in *AfO* 16, 215*a* N. 11):

(*līmu*) ᵈIM-*ú-ma-i*

Eponimo in *VAT* 14455 = *Assur* 18764 g (tavoletta non pubblicata; citazione come sopra). Ved. sopra (premessa all'elenco della parte IV, 5) per una ipotetica identificazione.

APLĪJA?

Eponimo in *LTBA* 1, 60. Linee 1'-2' del verso (data):

ITU ᵈNI[N-É.GAL^{li} U_4 N. KÁM *li-mu*]
ᴵIBILA-*j*[*a*

AŠŠUR-ABUK-AḪA

Eponimo in *Assur* 13058 bw (tavoletta non pubblicata; citazione in *AfO* 16, 215*a* N. 12 e *RLA* 2, 442*a*):

(*līmu*) ᵈ*A-šur-a-bu-uk-*[P]AP!

Eponimo in *Assur* 18784 bz (tavoletta non pubblicata; citazione in *AfO* 16, 215*a* N. 12):

(*līmu*) *Aš-šur-a-bu-uk-*PAP

Ved. l'eponimo]PAP, ma anche la parte IV, 4.

AŠŠUR-AḪA-IDDINA

Eponimo in *AfK* 1, 52 85 = *Assur* 2623 a. Linea 4 del verso IV (data):

l]*i-mu* ᴵ ᵈ*A-šur-*ŠEŠ-SUM^{na}

Eponimo in *AOTU* 2/1, 72*a* = Assur 4533 p:

ITU GAN U_4 VIII KÁM *li-mu* ᴵ ᵈ*A-šur-*ŠEŠ-SUM^{na}

Eponimo in *KAR* 14 = *Assur* 4538; Col. IV, linea 30 del verso (data):

]*li-mu* ᴵ ᵈ*A-šur-*ŠEŠ-SUM^{na}

Eponimo in *KAR* 15. Linea 21 del verso (data):

li]*-mu* ᴵ ᵈ*A-šur-*ŠEŠ-SUM^{n[a]}

Eponimo in *KAR* 16 = *Assur* 4631. Linea 35 del verso (data):

U_4] XIX KÁM *li-mu* ᴵ ᵈ*A-*[*šur-*ŠEŠ-SUM^{na}][30]

Eponimo in *MAOG* 11/1-2, 98 (data, in trascrizione):

]ᴵ*Aš-šur'-aḫ-*[*idd*]*i-na*

Aššur-aḫa-iddina potrebbe essere il padre dell'eponimo Ištu-Aššur-ašāmšu (ved. oltre, in questa stessa parte IV, 5). Ved. sopra (premessa all'elenco della parte IV, 5) per un'altra ipotetica identificazione.

AŠŠUR-ĀLIK-PĀNA figlio di Aššur-išmânni

Eponimo in *MKT* 1 46 = *Assur* 4563+4428 h (data):

li-mu ᴵ ᵈ*A-šur-a-lik-pa-na* [*apil*] ᵈ*A-šur-iš-ma-ni*

[30] Per l'integrazione ved. *AfO* 16, 207*b*.

Aššur-ālik-pāna potrebbe essere il figlio dell'eponimo Aššur-išmânni (ved. oltre, in questa stessa parte IV, 5). Ved. sopra (premessa all'elenco della parte IV, 5) per un'altra ipotetica identificazione. Forse è fratello di Aššur-kēna-šallim (ved. oltre).

AŠŠUR-IDDIN figlio di Mudammeq-Bēl?

Eponimo in *Assur* 18767 aa (tavoletta non pubblicata; citazione in *AfO* 16, 215*a* N. 14):

(*līmu*) ^{d}*A-šur-i-din* DUMU ^{m}SIG$_5$-E[N]?

Aššur-iddin potrebbe essere figlio dell'eponimo Mudammeq-Bēl (ved. oltre, in questa stessa Parte IV, 5).

AŠŠUR-IŠMÂNNI ved. oltre, sequenza B.

AŠŠUR-KĒNA-ŠALLIM figlio di Aššur-išmânni

Eponimo in *Assur* 6719 (duplic. *Assur* 18474; tavoletta non pubblicata; citazione in *AfO* 13, 312*a*). Data:

[IT]U *Kal-mar-tu* U$_4$ XVIII KÁM [*l*]*i-mu* ^{I}*Aš-šur-ke-na-šal-lim* [DUM]U *Aš-šur-iš-ma-ni*

E. F. Weidner (*AfO* 13, 312 *a*) data l'eponimo in un periodo immediatamente precedente o seguente il regno di Tiglat-pileser; più probabilmente si tratta del periodo seguente, se suo padre è l'eponimo Aššur-išmânni (in questa stessa Parte IV, 5). La collocazione di Aššur-kēna-šallim in questa parte, che tratta del periodo di regno di Tiglat-pileser, è quindi solo indicativa.
Forse l'eponimo è fratello di Aššur-ālik-pāna (ved. sopra).

AŠŠUR-KETTĪ-ŠĒṢI

Eponimo in *Assur* 13058 af (tavoletta non pubblicata; citazione in *AfO* 13, 312*b*):

(*līmu*) *Aš-šur-ke-ti-še-ṣi*

Forse identificabile con lo *šakin māti* di *Assur* 18771 bg (tavoletta non pubblicata; citazione in *AfO* 13, 312*b*, datata con l'eponimato di Tiglat-pileser):

Aš-šur-ke-ti-še-ṣi šá-kìn KUR

AŠŠUR-ŠALLIMŠUNU

Eponimo in *Assur* 18784 bd, *Assur* 18784 e, *Assur* 18784 m (tavolette non pubblicate; citazione in *AfO* 16, 215*a* N. 16):

(*līmu*) *Aš-šur-šal-lim-šu-nu*

Eponimo in *MARV* 54 = *Assur* 13058 ar. Linee 5-6 (data):

⌜ITU⌝ *Mu-ḫur-*[DI]NGIR^{MEŠ} U$_4$ [x]+II KÁM
[*l*]*i-mu* ^{I}*Aš*+*šur-šal-li*[*m-š*]*u-*[*nu*]

Ved. anche l' eponimo]-*nu*

AŠŠUR-ŠUMA-AṢBAT

Eponimo in *Assur* 18782 g (tavoletta non pubblicata; citazione in *AfO* 16, 215*a* N. 17):

(*līmu*) ^{d}*A-šur*-MU-*aṣ-bat*

Ved. sopra (premessa all'elenco della parte IV, 5) per una ipotetica identificazione.

AŠŠUR-ŠUMA-ĒRIŠ ved. oltre, sequenza D.

BĒLU-LIBŪR ved. oltre, sequenza B.

BERÊ[31] *šakin* **Arbā-ili**

Eponimo in *Assur* 23128 (tavoletta non pubblicata; citazione in *AfO* 13, 313*b* e *AfO* 16, 215*a* N. 19):

(*līmu*) *Be-re-e*

Eponimo in *KAR* 152 = *Assur* 4531 (a). Linea 36 (data):

l] *i-mu* ᴵ*Be-re-e šá-kín* KUR! ᵁᴿᵁIV-DINGIR

KAR 152 ha lo stesso colofone di *AfO* 16, Tav. 12a (ved. l'eponimo Ištu-Aššur-ašamšu) e di *AfO* 22, 61 (eponimo Tiglat-pileser).

BĒR-NĀṢIR[32]

Eponimo in *Assur* 18777 k (tavoletta non pubblicata; citazione in *AfO* 16, 215*a* N. 20):

(*līmu*) ᵈ*Be-er*-PAP

Eponimo in *VAT* 14461 = *Assur* 18764 r (tavoletta non pubblicata; citazione come sopra). Ved. anche l'eponimo]-PAP.

BŪNĀNU ved. s. v. Buṭnu, Parte IV, 2

DA''ĀNĪ-NINURTA

Eponimo in *Assur* 18771 at (tavoletta non pubblicata; citazione in *AfO* 16, 215*a* N. 21):

(*līmu*) DI.KU$_5$^{ni}-ᵈ*Ninurta*

ERĪB-AŠŠUR *šakin māti*

Eponimo in *Assur* 13058 ad (tavoletta non pubblicata; citazione in *AfO* 13, 314*a* e *AfO* 16, 215*a* N. 22):

(*līmu*) SU-*Aš-šur*

Eponimo in *VAT* 14458 = *Assur* 18764 t (tavoletta non pubblicata; citazione come sopra).

Eponimo in *VAT* 14459 = *Assur* 18764 (a) (tavoletta non pubblicata; citazione come sopra).

Eponimo in *VAT* 14463 = *Assur* 18764 e (tavoletta non pubblicata; citazione come sopra).

Eponimo in *MARV* 30 = *Assur* 13058 ad (citazione già in *AfO* 13, 314*a* e *AfO* 16, 215*a* N. 22). Linee 21-22 (data citata nel testo):

ša li-me ᴵSU-*Aš+šur*
šá-kín KUR

Erīb-Aššur potrebbe essere il padre dell'eponimo Ninurta-apla-iddina (ved. alla Parte IV, 4), ed in tal caso sarebbe *šakin* Isani. Ved. anche oltre, eponimo]-Aššur.
Per *MARV* 20, ved. Erīb-Aššur nella Parte II, 2.

ḪABURRĀRU

Eponimo in *Assur* 13058 i (tavoletta non pubblicata; citazione in *AfO* 20, 123*a*):

li-mu ᴵ*Ḫa-bu-ra-r*[*u*]

[31] Oppure Bērê, ipocoristico da ᵈBēr ? Per altre possibili derivazioni ved. *NPN*, 114-115, 245*b*.

[32] Per questa lettura, piuttosto che Bēr-uṣur, ved. i paralleli in *OMA* II, 143.

Eponimo in *VAT* 14474 = *Assur* 18764 z (tavoletta non pubblicata; citazione in *AfO* 16, 215*a* N. 23): ed in un altro testo inedito (citazione *ibidem*):

(*līmu*) *Ḫa-bur-ra-ru/ri*

ḪAJAŠAJU / ḪIJAŠAJU

Eponimo in *Assur* 18783 aa (tavoletta non pubblicata; citazione in *AfO* 16, 215*b* N. 24):

(*limu*) *Ḫi-ja-ša-ju*[

Eponimo in *MARV* 10 = *Assur* 18783? as (citazione già in *AfO* 16, 215*b* N. 24). Linee 21-22 (data):

ITU *A-bu*-MAN$^{\text{MEŠ-}ni}$ U$_4$ XXVIII KÁM
li-mu Ḫa-ja-ša-ju

Eponimo in *MARV* 62 = *Assur* 18782?/3?/4? bg. Linee 9-10 (data):

⌜ITU⌝ *sá ke-na'-a-tu* ITU BÁR U$_4$ VI KÁM
[*l*]*i-mu* ^{I}*Ḫi-ja-ša-ju-ú*

IKKARU

Eponimo in *KAV* 218 = *Assur* 4488. Linea 41 del verso (pag. 124, data):

l]*i-mu* ^{I}*Ik-ka-ru*

Eponimo in *MARV* 43 = *Assur* 13058 o (citazione già in *AfO* 16, 215*b*, N. 25). Linee 36′-37′ (data):

ITU *Kal-mar-tu* U$_4$ XXVI KÁM
li-mu ^{I}*Ik-ka-ru*

Eponimo in *MVAG* 18/2, 71. Linea 87 (data):

IT]U ŠE U$_4$ I KÁM *li-mu* ^{I}*Ik-ka-ru*

Eponimo in *VAT* 14471 = *Assur* 18764 h (tavoletta non pubblicata; citazione in *AfO* 16, 215*b* N. 25):

(*līmu*) *Ik-ka-ru*

Ved. anche Parte IV, 4.

INA-ILĪJA-ALLAK ved. oltre, sequenza A.

IPITTE ved. Upitte (sequenza C)

IPPARŠIDU *rab kiṣri*, **figlio di Barruqu**

Eponimo in un testo non pubblicato (proprietà C. H. Hunzinger; citazione in *AfO* 18, 299):

ITU NE U$_4$ XIII KÁM
li-mu Ip'-pár-ši-du

Eponimo in *Assur* 13058 kz (tavoletta non pubblicata; citazione in *AfO* 18, 299):

(*līmu*) *Ip-pár-ši-d*[*u*]?

Eponimo in *Stelenreihen* 58 = Stele 17708. Testo completo:

ṣa-lam
^{I}*Ip-pár-ši-di*
A ^{I}*Bar-ru-qi*
GAL *ki-iṣ-ri*

Datazione in *AfO* 18, 299, sulla base della possibile identificazione con l'eponimo]DU di *KAV* 21, III:4′, che verrebbe dunque integrato: Ip-pár-š]i-du. Ved. oltre, s.v.]du, ma anche la Parte IV, 4.

IŠTU-AŠŠUR-AŠĀMŠU figlio di Aššur-aḫa-iddina

Eponimo in *Assur* 18784 ly[33] (tavoletta non pubblicata; citazione in *AfO* 13, 315*a*):

(*līmu*) *Iš-tu-Aš+šur-a-šàm-šú*

Eponimo in *AfO* 10, 28 *nota* 213 = *Assur* 18766 = *VA* 5035. Linee 5-6 (data):

ITU *Ṣi-pu* U⁴ XX KÁM *li-mu* ¹*Iš-tu-aš-šur-a-šàm-šu*
DUMU ¹*Aš-šur*-ŠEŠ-SUM*na*

Eponimo in *AfO* 16, Tav. 12a = Rm 2, 101. Linea 21′ del verso (data):

ITU DU₆ ITU <*Qar*> *-ra-a-tu* U₄ XX KÁM *li-mu* ¹TA-ᵈ*A-šur*-ŠÀM-*šu*

Eponimo in *MARV* 21 = *Assur* 18784? k. Linee 24-25 (data citata nel testo):

[*i*]*š*?-⌈*tu*?⌉ ITU *Mu-ḫur*-DINGIR^MEŠ U₄ XII? KÁM
[*li-m*]*e* ¹*Iš-tu-Aš+šur-a-šàm-šu*

Ištu-Aššur-ašāmšu potrebbe essere il figlio dell'eponimo Aššur-aḫa-iddina (ved. sopra). È sicuramente del periodo di Tiglat-pileser perché con il suo nome è datata una breve iscrizione di Pirḫu-lēšir, servo di Tiglat-pileser (*AfO* 10, 28 *nota* 213). Inoltre *AfO* 16, Tav. 12a, porta lo stesso colofone di *AfO* 22, 61 (eponimo Tiglat-pileser). Ved. anche *ARI* II, 42.

MARDUK-AḪA-ĒRIŠ

Eponimo in *Assur* 18773 m (tavoletta non pubblicata; citazione in *AfO* 16, 215*b* N. 26):

(*līmu*) ᵈAMAR.UD-ŠEŠ-KAM

Eponimo in *Assur* 18778 o (tavoletta non pubblicata; citazione come sopra).

Eponimo in *VAT* 14464 = *Assur* 18764 b₂ (tavoletta non pubblicata; citazione come sopra).

Ved. sopra (premessa all'elenco della Parte IV, 5) per una ipotetica identificazione.

MARDUK-APLA-UṢUR

Eponimo in *VAT* 14475 = *Assur* 18764 d (tavoletta non pubblicata; citazione in *AfO* 16, 215*b* N. 27):

(*līmu*) ᵈAMAR.UD-*apla*-PAP[34]

Ved. anche l'eponimo]-PAP.

MARDUK-UBALLISSU [funzionario] di Tiglat-pileser, *šaknu* di Isani, figlio di Ninurta-apla-iddina e nipote di Erīb-Aššur

Funzionario in *Stelenreihen* 57 = stele 17707. Testo completo ved. Cap. I, Parte III *nota* 6.

Incerto se si tratti di un funzionario di Tiglat-pileser I o di Tiglat-pileser II. Ved. *RLA* II, 439*a*, "Assur" 1/2, 7. Sicuramente è il figlio di Ninurta-apla-iddina della Stele 67. Se suo nonno è l'eponimo Erīb-Aššur la datazione nel regno di Tiglat-pileser I è da escludere.

MUDAMMEQ-BĒL ved. oltre, sequenza C.

NINUĀJU ved. oltre; sequenza D.

[33] Forse = *Assur* 18784 by, citazione in *AfO* 16, 214*b* N. 4 s.v. Ištu-Aššur-ašāmšu (errore di stampa)?
[34] Per *aplu* è qui più probabile il segno A, piuttosto che IBILA; ved. *OMA* II, 104.

NINURTA-AḪA-IDDINA

Eponimo in *Assur* 18771 as (tavoletta non pubblicata; citazione in *AfO* 16, 215*b* N. 29).

Eponimo in *MARV* 25 = *Assur* 18782 ab (citazione già in *AfO* 10, 28 e *AfO* 16, 215*b* N. 29). Linee 21-22 e nell'involucro (data):

> ITU *Qar-ra-a-tu* ITU BÁR U_4 XVIII KÁM
> [*li-mu*] $^{I\,d}$MAŠ-ŠEŠ-SUM^{na}

NINURTA-APLA-IDDINA ved. oltre, sequenza E.

NINURTA-AŠARĒD

Eponimo in *Assur* 18775 b (tavoletta non pubblicata; citazione in *AfO* 16, 215*b* N. 31.

Eponimo in *AfO* 11, Tav. 8. Linea 17 del verso (data):

> ITU SIG$_4$ U_4 VII+[II] KÁM *li-mu* $^{I\,d}$MAŠ-SAG

Ved. *AfO* 16, 210*a* (N. 70) sulla possibile identificazione di questo eponimo con il Ninurta-ašarēd del periodo di regno di Šamši-Adad V.

PA'UZU ved. oltre, sequenza F.

PIŠQIJA

Eponimo in *Assur* 13058 fu (tavoletta non pubblicata; citazione in *AfO* 16, 215*b* N. 32):

> (*līmu*) *Piš-qi-ja*

Eponimo in *Assur* 18782 x (tavoletta non pubblicata; citazione in *AfO* 16, 215*b* N. 32):

> (*līmu*) *Piš-qi-ja*

Eponimo in *KAJ* 306 a = *Assur* 18777 ci. Linee 1-3 (data citata nel testo):

> *iš-tu* ITU *Qar-ra-te* U_4 XXII+[II? KÁM]
> *li-me* ^{I}*Piš-qi-ja i-na* U_4 XX+[V? KÁM]
> *ù i-na* U_4 XXVI KÁM

Eponimo *ibidem*. Linee 5-6 (data citata nel testo):

> *iš-tu* ITU *Qar-ra-te* U_4 XXVII KÁM
> *li-me* ^{I}*Piš-qi-ja*

Eponimo *ibidem*. Linee 15-16 (data citata nel testo):

> *iš-tu* ITU *Kal-mar-tu* U_4 XV KÁM *li-me*
> ^{I}*Pi*[*š-q*]*i-ja*

Eponimo *ibidem*. Linee 19-20 (data):

> ITU *Kal-mar-tu* U_4 XV KÁM *li-mu*
> ^{I}*Piš-qi-ja*

Eponimo in "Sumer" 24, 38 = *Assur* 18777 l. Linee 7-9 (data citata nel testo):

> *iš-tu* ITU *Ku-zal-l*[*i*]
> U_4 VI KÁM *li-me*
> ^{I}*Pis-qi-ja*

Eponimo in *VAT* 14468 = *Assur* 18764 o_1 (tavoletta non pubblicata; citazione in *AfO* 16, 215*b* N. 32):

(*līmu*) ^I^*Piš-qi-ja*

Ved. anche la Parte IV, 4.

RAGIŠŠĀNU ved. oltre, sequenza E.

SAGGI'U

Eponimo in *AfO* 12, Tav. 4 (cf. *KAV* 1, Col. VIII). Linee 64-65 (data):

ITU *šá sa-ra-a-te* U_4 II K[ÁM]
li-mu ^I^*Sa-⌜gi⌝-ú*

Eponimo in *VAT* 14465 = *Assur* 18764 e (tavoletta non pubblicata; citazione in *AfO* 12, 48 e *AfO* 16, 215*b* N. 33):

ITU *Muḫur-ilāni* U_4 N. KÁM *līmu Sa-gi-ú*

Eponimo in *VAT* 14466 = *Assur* 18764 m (tavoletta non pubblicata; citazione come sopra).

Eponimo in *VAT* 14473 = *Assur* 18764 o (tavoletta non pubblicata; citazione in *AfO* 12, 49 e *AfO* 16, 215*b* N. 33); come sopra. Il nome [Ninurta?/Ašarēd]-apil-Ēkur *šarru* in *AfO* 12, Tav. 4 (=*KAV* 1, Col. VIII) 63, i, può forse spostare la datazione di Saggi'u.

SÎN-APLA-IDDINA

Eponimo in *AfO* 12, Tav. 7 = *Assur* 4463. Linea 6' del verso (data):

[ITU NM U_4 N. KÁM *li-mu* ^I d^X]XX-IBILA-SUM^*na*^

Per la lettura del nome dell'eponimo ved. anche Weidner, *AfO* 17, 292. Sîn-apla-iddina potrebbe essere il padre dell'eponimo Būnānu (ved. Parte IV, 2, s.v. Buṭnu).

ŠULMĀNU-AḪA-IDDINA ved. Parte III, 4

ŠULMĀNU-ŠUMA-IDDINA ved. oltre, sequenza F.

ŠULMU-LĒŠIR

Eponimo in *VAT* 14467 = *Assur* 18764 a (tavoletta non pubblicata; citazione in *AfO* 16, 215*b* N. 34):

(*līmu*) *Šulmu*^*mu*^*-le-šir*

Ved. anche]MU-lēšir per una possibile identificazione.

TAKLĀK-ANA-AŠŠUR ved. oltre, sequenza D.

TUKULTĪ-APIL-EŠARRA (TIGLAT-PILESER) ved. oltre, sequenza A.

UPITTE ved. oltre, sequenza C.

Per]AŠŠUR,]DAUMTI,]DÎ,]DU,]IBŠI,]NU,]PAP,]SUNU, ved. oltre, sequenza F.

]-ADAD-[(eponimo o padre di un eponimo)

In *MARV* 52 = *Assur* 18771 v. Linee 2'-4' (data citata nel testo):

[*i*]*š-tu* ITU *šá sa-ra-*[*te*
U_4 x]+II KÁM *li-me*[
]x-dX-x[

Datazione ipotetica, basata sul fatto che gli unici tre testi dell'archivio *Assur* 18771 finora sicuramente databili portano come eponimo il re Tiglat-pileser.

]MU/ŠUMU-LĒŠIR

Eponimo in *VAT* 14462 = *Assur* 18764 b_1 (tavoletta non pubblicata; citazione in *AfO* 16, 215 a N. 10):

(*līmu*) [ ]-MU-*le-šir*

Possibili sia l'identificazione con Adad-šumu-lēšir sia l'identificazione con Šulmu-lēšir (ved. sopra).

[NP] *sukkallu*, figlio del *sukkallu rabi'u* Ninurta-nādin-apli

Eponimo in *AKA* 126 (n. 3 di p. 125, K 2815:r.6). Ved anche *ARI* II, 20 sgg. Il *-ma* enclitico prova che anche l'eponimo era *sukkallu*. *AKA* 125 è un testo storico di Tiglat-pileser.

TESTI SENZA EPONIMO

KAJ 302 = *Assur* 18784 ga. Senza data. Datazione in *AfO* 16, 213, basata sul fatto che il testo (unico pubblicato, insieme a *KAJ* 306 a) fa parte di un gruppo di tavolette risalenti tutte o in massima parte al periodo di Tiglat-pileser (dieci recipienti ritrovati nell'area del tempio di Assur).

Per i testi della Biblioteca di Tiglat-pileser, pubblicati o ancora inediti, senza eponimo, rimandiamo al completo elenco che E. F. Weidner ha dato in *AfO* 16, 206 sgg.[35] Citiamo qui solo i testi che conservano almeno in parte la data ed i testi che sono stati pubblicati dopo il lavoro del Weidner:

LTBA I, 17 = *Assur* 3067 a (*AfO* 16, 209*b* N. 63). Data:

ITU *Ku-z*[*al-lu* U_4 N. KÁM]
li-mu ^I^*x*[

AfO 16, Tav. 13 = *Assur* 17344 (*AfO* 16, 210*a* N. 77). Linea 11 del verso (data):

⌜ITU APIN ITU *Ṣi*⌝*-ip-p*[*u* U_4 x]+II KÁM *li-m*[*u*] ⌜I⌝x x x[

KAR 464. Data:

ITU *A-bu*-LUGAL⌜MEŠ *li*⌝[*mu* NP]

MARV 16 = *Assur* 18771 x. Data scomparsa. Per la datazione ved. sopra,]*-Adad-*[.

"*Sumer*" 24, 35 = *Assur* 18782 o: data scomparsa.

"*Sumer*" 24, 37 = *Assur* 18782 n: senza data.

(il numero di archivio dei testi in" *Sumer*" 24 indica il periodo di Tiglat-pileser; sotto il regno di questo re sono stati redatti anche gli altri testi medioassiri pubblicati in "Sumer" 24, datati con gli eponimi Ninu'āju, Aššur-šuma-ēriš e Pišqija).

VAT 16394 (inedito; sarà prossimamente pubblicato in *MARV* II, 3). Data (cortese informazione di H. Freydank):

1'. ITU *Al-la-*⌜*na-te*?⌝ [U_4 N. KÁM]
2'. ⌜*li-mu*⌝ x-*na*-x-[

[35] *Die Tafeln der Bibliothek Tiglat-pilesers I*. Tale elenco comprende ovviamente anche i testi che hanno l'eponimo, e che citiamo in questa sede sotto ciascun nominativo.

Elenco degli Eponimi secondo la sequenza cronologica o comunque in reciproca corrispondenza

A. Re Tiglat-pileser, presumibilmente eponimo nel suo primo anno di regno. Ina-ilīja-allak, stando alla tipologia delle liste neoassire, fu presumibilmente eponimo durante il terzo o quarto anno di regno.

TUKULTĪ-APIL-EŠARRA *šar māt Aššur*

Eponimo in *AfO* 22, 61 = *Assur* 4530. Linea 49 del verso (data):

ITU DU_6 U_4 XI KÁM *li-mu* $^{I\,GIŠ}$TUKUL^{ti}-IBILA-É.[ŠAR.RA]

Eponimo in *Assur* 18771 w (tavoletta non pubblicata; citazione *AfO* 10, 28 e *AfO* 16, 214*b*). (data):

[ITU *Mu*]-*ḫur*-DINGIR^{MEŠ} *ša tar-ṣi* ITU *du'ûzi līmu Tukultī-apil-Ešarra šar māt Aš+sur*

Eponimo in *Assur* 18783 m (tavoletta non pubblicata: citazione in *AfO* 16, 215 *a*): *li-mu šarri*

Eponimo in *VAT* 14460 = *Assur* 18764 p_2 (citazione come sopra)

Eponimo in *MARV* 49 = *Assur* 18771 ba (citazione già in *AfO* 16, 215*a* N. 8). Linee 22-23 (data):

[rasura] ITU ^{d}XXX$^{!}$ U_4 XVIII KÁM *li-mu*
$^{I\,GIŠ}$TUKUL^{ti}-IBILA$^{!}$-É.ŠÁR.RA MAN ^{KUR}*Aš+šur*

Eponimo in *MARV* 70 = *Assur* 18771 s. Linee 2-3 (data citata nel testo):

ša iš-tu ITU x[
li-me ^{I}IZKIM-[IBILA-É.ŠÁR.RA

Eponimo in *MARV* 73 = *Assur* 18771 bg s? (citazione già in *AfO* 10, 28 e *AfO* 16, 214*b*). Linee 4-7 (data citata nel testo):

ša li-me ^{I}IZKIM-IBILA-É.ŠÁR.RA
i+na ITU *Ḫi-bur* ITU IZI U_4 XX KÁM
li-me ^{I}IZKIM-IBILA-É.ŠÁR.RA
MAN$^{!}$ ^{KUR}*Aš+šur*

Eponimo in *VAT* 16394 (inedito; sarà prossimamente pubblicato in *MARV* II, 2). Data (cortese informazione di H. Freydank):

1'. [ITU *Mu-ḫ*]*ur*-DINGIR^{MEŠ} *ša tar-ṣi* ITU ŠU.N[UMUN.NA(?)
2'. [*li-mu*] ⌜^{I}ISKIM⌝-IBILA-É⌜ŠAR.⌝R[A

INA-ILĪJA-ALLAK *rab šaqi'ē*

Eponimo in *AKA* 108. Ved. anche *ARI* II, 3 sgg. Linee 89-90:

ITU *Ku-zal-lu* U_4 XXIX (con varr.) KÁM *li-mu*
^{I}*I-na*-DINGIR-*ja-al* (var.:*a*)-*lak* GAL KAŠ.LUL^{MEŠ}

Eponimo in *Assur* 18778 t (tavoletta non pubblicata; citazione in *AfO* 10, 29 e *AfO* 16, 214*a* N. 3), con data:

i-na ITU ^{d}NIN-É.GAL^{li} *ša tar*-[*ṣ*]*i* ITU *Šabâti* U_4 XXV KÁM

Eponimo in *Assur* 18773 bc e *Assur* 18782 aa (tavolette non pubblicate; citazione in *AfO* 16, 214 *a* N. 3).

Eponimo in *Stelenreihen* 49 = stele 17898. Testo completo (cf. Holma, *OLZ* 16, 494-495):

⌜*ṣa-lam*⌝
I+na-[DINGIR]-*ja-a*[*l*]-*lak*
GAL [KAŠ.LUL]^{MEŠ}
(due linee con segni incomprensibili)

Eponimo in *VAT* 18021 (inedito; sarà prossimamente pubblicato in *MARV* II, 24. Linee 12-21 (data, e date citate nel testo; cortese informazione di H. Freydank):

> *li-me* ^{I}] *I+ na*-DINGIR-*ja-al-lak*
> *i+ na* ⌜ITU⌝ *Ḫi-bur* x [ ] x x x [ ] ⌜U$_4$⌝ [x] ⌜KÁM⌝
> ⌜*li-me*⌝ ^{I}[*I+ n*]*a*-⌜DINGIR-*ja-al-lak*⌝
> ITU *Ḫi-bur* U$_4$ VI KÁM *li-mu* ^{I}*I+ na*-DINGIR-⌜*ja-al-lak*⌝

Eponimo *ibidem*. Linea 6′ del verso dell'involucro:

> ITU *Ḫi-bur* U$_4$ VI KÁM ⌜*li-mu*⌝ ^{I}*I+ na*-[DINGIR-*ja-al-lak*]

Ved. anche l'eponimo]DU. *AKA*, 108 è un testo storico di Tiglat-pileser.

B. Aššur-išmânni è precedente a Bēlu-libūr, secondo un testo non pubblicato, citato da E. F. Weidner in *AfO* 13, 312*b* e *AfO* 16, 215*a*, N. 15, dove si può leggere:

> *iš-tu li-me* ^{I}*Aš-šur-iš-ma-ni a-di li-me* ^{I}E[N] -*l*[*i*] -*bur šá* 5 MU^{MEŠ}

AŠŠUR-IŠMÂNNI figlio di Abī-ilī

Eponimo in un testo non pubblicato (ved. sopra).

Eponimo in *MAOG* 3/3, 55 = *Assur* 2559. Linee 23-24 (data):[36]

> U$_4$ N.] + VII KÁM *li-mu*
> *Aššur-iš-ma*] -*ni* DUMU *A-bi*-DINGIR

Eponimo in *MAOG* 5/2, 70 = *Assur* 4427 (o 4585 p?). Linea 59 (data):

> ITU DIR ITU BÁR U$_4$ VII KÁM *li-mu* $^{I\,d}$*A-šur-iš-ma-ni*

Aššur-išmânni potrebbe forse essere il padre degli eponimi Aššur-kēna-šallim ed Aššur-ālik-pāna (ved. in questa stessa parte IV, 5).

BĒLU-LIBŪR

Eponimo in un testo non pubblicato (ved. sopra).

Eponimo in *Assur* 18771 d (tavoletta non pubblicata; citazione in *AfO* 16, 215*a* N. 18):

> (*līmu*) EN-*li-bur*

Eponimo in *Assur* 18775 bn (tavoletta non pubblicata; citazione come sopra).

Eponimo in *VAT* 10466 = *Assur* 4428$^{(c)}$ (tavoletta non pubblicata; citazione in *AfO* 16, 209*b* N. 66). Data:

> [IT]U *Ṣip-pu* U$_4$ XXVI KÁM [*l*]*i-mu* ^{I}EN-*li-bur*

Eponimo in *VAT* 14432 = *Assur* 18784 f (tavoletta non pubblicata; citazione in *AfO* 16, 215*a* N. 18).

C. Upitte e Mudammeq-Bēl sono citati nel medesimo testo *Assur* 18773 aa (non pubblicato; citazione in *AfO* 16, 215*b* N. 28); linee 3-6 del verso:

> ^{URU}*A-ma-sa-ki ša li-me* ^{I}*Ú-pi-te i-na* ITU *Ku-zal-li* U$_4$ XVII KÁM *li-me* $^{I\,mu}$SIG$_5$-EN

UPITTE / IPITTE

Eponimo in *Assur* 18773 aa (tavoletta non pubblicata; citazione in *AfO* 16, 215*b*, N. 35):

> *ša li-me Ú-pi-te* (cf. sopra)

[36] Integrazione secondo *AfO* 16, 209*a*, N. 52.

Eponimo in *Assur* 18775 ag (tavoletta non pubblicata; citazione come sopra):

(*līmu*) *I-pí-it-te*

Eponimo in *VAT* 14457 = *Assur* 18764 f (tavoletta non pubblicata; citazione come sopra):

(*līmu*) *Ú-pi-te*

MUDAMMEQ-BĒL

Eponimo in *Assur* 18771 ah (tavoletta non pubblicata; citazione in *AfO* 16, 215*b* N. 28):

(*līmu*) $^{I\ mu}$SIG$_5$-EN

Eponimo in *Assur* 18773 aa (tavoletta non pubblicata; citazione come sopra): Linea 6 del verso:

i-na ITU *Ku-zal-li* U$_4$ XVII KÁM *li-me* $^{I\ mu}$SIG$_5$-EN

Eponimo in *Assur* 18783 f (tavoletta non pubblicata; citazione come sopra).

Eponimo in *Assur* 18784 d, *Assur* 18784 bl, *Assur* 18784 cb, *Assur* 18784 dt (tavolette non pubblicate; citazione come sopra).

Eponimo in *MARV* 11 = *Assur* 18777 o (citazione già in *AfO* 16, 215*b* N. 28). Linee 1-3 (data citata nel testo):

i+na ITU ^{d}NIN-É.GAL^{li}
U$_4$ II KÁM *li-me*
$^{I\ mu}$SIG$_5$-EN

Mudammeq-Bēl precede l'eponimo Aššur-iddin se costui è suo figlio (ved. in questa stessa parte IV, 5).

D. Aššur-šuma-ēriš e Ninuā'ju sono gli eponimi di due anni durante i quali Tiglat-pileser ha combattuto e vinto il re di Karduniaš; ved. *AfO* 18, 351*a*, linee 49-50 (testo datato con l'eponimo Taklāk-ana-Aššur):

... *i+na li-me/mi* ^{I}*Aš+šur*-MU-KAM
i+na li-me ^{I}*Ni-nu-a-je* 2-*šu* ...

AŠŠUR-ŠUMA-ĒRIŠ

Eponimo in *AfO* 18, 351*a* (ved. per i NN. *Assur*): ved. sopra.

Eponimo in *Assur* 18782 q (tavoletta non pubblicata; citazione in *AfO* 16, 214*a* N. 2):

(*līmu*) ^{d}*Aš-šur*-MU-KAM

Eponimo in *Assur* 21101 s (tavoletta non pubblicata; citazione come sopra).

Eponimo in "Sumer" 24, 36 N. 3 = *Assur* 18782 i. Linee 10-12 (data):

ITU *Kal-mar-tu* ITU x (ras.?)
U$_4$ XII$^{?}$ K[ÁM] *li-m*[*u*]
$^{I\ d}$*A*-[*šur*]-MU-KAM

↓

NINU'ĀJU *rab mākisi*^{MEŠ}**, figlio di Aššur-apla-[**

Eponimo in *AfO* 18, 344 (ved. pag. 343 per i NN. *Assur*). Ved. anche *ARI* II, 22 sgg. Linee 50-51 (data):

ITU *Ku-zal-lu* U$_4$ XIII KÁM *li-mu* ^{I}*Ni-nu-a-ju*
DUMU *Aš-šur* (var. ^{d}*A-šur*)-IBILA- x x -*di* GAL *ma-ki-si*^{MEŠ}

Eponimo in *AfO* 18, 351 (ved. pag. 347 e 348 per i NN. *Assur*). Linea 50:

i-na li-me ^{I}*Ni-nu-a-je* (ved. sopra, D.)

Eponimo in *Assur* 18782 t (tavoletta non pubblicata; citazione in *AfO* 16, 214*b* N. 5):

(*līmu*) *Ni-nu-a-ju* (= Parte III,9? Cf. anche p.128, *Abī-ilī Assur* 18782 t).

Eponimo in "Sumer" 24, 34 = *Assur* 18782 f. Linee 19-21 (data):

ITU [*Ku-za*]-*al*-[*lu*]
U$_4$ XI KÁM *li-mu*
^{I}*Ni-nu-a-ju*

Eponimo in *VAT* 14433 = *Assur* 18782 r (tavoletta non pubblicata; citazione in *AfO* 16, 214*b* N. 5):

(*līmu*) *Ni-nu-a*-JA

Per *VS* I, 104:18 ved. s.v. Ninu'āju, parte III, 9.

↓

TAKLĀK-ANA-AŠŠUR

Eponimo in *KAH* 2, 73 = *Assur* 5838+5879 (cf. *AfO* 18, 353). Linea 2 del verso (data):

ITU *Ḫi-bur ša tar-ṣi* ITU GAN U$_4$ XVIII KÁM *l*[*i-mu* ^{I}*Tà*]*k-lak-a-na-*^{d}*A-šur*

Eponimo in *MARV* 23 = *Assur* ? ip. Linee 13-14 (data):

⸢ITU⸣[NM U$_4$ x]+⸢II KÁM *li-mu*⸣
⸢^{I}*Tàk-lak*⸣*-a-na-*^{d}*A-šur*

Ved. anche]-Aššur, sequenza D.

E. La sequenza Ninurta-apla-iddina ⟶ Ragiššānu è dovuta al testo inedito *VAT* 18901 = *Assur* 13058 (prossimamente pubblicato in *MARV* II,22; cortese informazione di H. Freydank), datato con l'eponimo Ragiššānu. Nell'interno del testo compare la sequenza alle linee 24-26:

iš-tu ⸢ITU *A-bu*-MAN$^{MEŠ\text{-}ni}$⸣
U$_4$ II KÁM *li-me* $^{I\,d}$⸢MAŠ-IBILA⸣SUM⸢^{na}⸣
a-di ITU *Al-la-na-*⸢*te*⸣ U$_4$ XX KÁM *li-me* ^{I}⸢*Ra-giš-šá-ni*⸣

Il testo, in cui è citato ^{KUR}Muški, è dell'epoca di Tiglat-pileser I.

NINURTA-APLA-IDDINA [*rab*?] ^{LÚ}DIB x ^{MEŠ} *ša ekalli*, figlio di Bukruni

Eponimo in Assur 13058 ar (tavoletta non pubblicata; citazione in *AfO* 13, 316*b* e *AfO* 16, 215*b* N. 30):

(*līmu*) ^{d}MAŠ-IBILA-SUM^{na}

Eponimo in Assur 13058 gf (tavoletta non pubblicata; citazione in *AfO* 16, 215*b* N. 30):

[ITU] ŠU ITU *Kal-mar-te* U$_4$ XV KÁM *li-me* $^{I\,d}$*Ninurta-apla*-SUM^{na} *apil Bu-uk-ru-ni* [GAL?] ^{LÚ}UDUR.AMAR^{MEŠ} (così la citazione) *ša* É.GAL^{li}

Eponimo in *VAT* 18901 = *Assur* 13058. Linea 25 (data citata nel testo): ved. sopra, E.

↓

RAGIŠŠĀNU

Eponimo in *VAT* 18901 = *Assur* 13058. Linea 26 (data citata nel testo): ved. sopra, E.

Eponimo *ib.*, linea 28 (data):

ITU *Al-la-na-t*[*u* U$_4$ XX+X K]ÁM *li-mu* ^{I}*Ra-giš-ša-nu*

F. Sequenza di eponimi dell'ultimo periodo di regno di Tiglat-pileser I. (*KAV* 21, Col. III).

]-PAP

Eponimo in *KAV* 21, III. Linea 1′:] -PAP

Potrebbe trattarsi sia di Aššur-abuk-aḫa, sia di Bēr-nāṣir, sia di Marduk-apla-uṣur. Ved. all'inizio delle Parte IV, 5.

]NU

Eponimo in *KAV* 21, III. Linea 2′:] -*nu*

Potrebbe trattarsi di Aššur-šallimšunu.

]DÎ

Eponimo in *KAV* 21, III. Linea 3′:] -*di-i*

Senza paralleli con eponimi dello stesso periodo.

]DU

Eponimo in *KAV* 21, III. Linea 4′:] -*du*/DU

Potrebbe trattarsi sia di Ina-ilīja-allak, sia di Ipparšidu.

]-AŠŠUR

Eponimo in *KAV* 21, III. Linea 5′:] -*Aš+šur*

Potrebbe trattarsi sia di Erīb-Aššur sia di Taklāk-ana-Aššur. Quanto rimane del primo segno potrebbe essere (ma non necessariamente)[37] il determinativo divino.

]DAUMTI

Eponimo in *KAV* 21, III. Linea 6′:]-*da-um*⌉-*ti*.

Senza paralleli con eponimi dell stesso periodo. Ved. anche il seguente.

[NP] *šakin māti*

Eponimo in *KAV* 21, III. Linea 7′:] . I due segni, che possono essere letti sia *šá-kìn* sia (meglio) GAR KUR (*šakin māti*) riportano forse il titolo dell'eponimo[38] più che la finale del suo nome. Non è escluso che il titolo si riferisca al nome precedente (]daumti)

]SUNU

Eponimo in *KAV* 21, III. Linea 8′:] -*su-nu*

Senza paralleli con eponimi dello stesso periodo

ŠULMĀNU-ŠUMA-IDDINA

Eponimo in *KAV* 21, III. Linea 9′: [ᴵ ᵈ*Šù*]*l-ma-nu*-MU-AŠ

[37] Manca infatti davanti al nome Aš+šur negli antroponimi di *KAV* 21 con questo elemento divino.
[38] Così come forse nello stesso testo l'altro esempio in V:24 (*RLA* 2, 436, V:24).

PA'UZU

Eponimo in *KAV* 21, III. Linea 10′: *P*]*a-'u-zu*

Eponimo in *VAT* 18066 (inedito; sarà prossimamente pubblicato in *MARV* II,21; cortese informazione di H. Freydank). Linea 31 del verso (data nel testo):

⸢U$_4$ XXII+X KÁM⸣ *li-*[*mu* ᴵ*Pa*]-⸢*'u*⸣-*zu*

Eponimo *ibidem*, linea 32 del verso (data):

li-me ᴵ*Pa-'u-zi*

Il testo presenta un formulario tipico del regno di Tiglat-Pileser.

]IBŠI

Eponimo in *KAV* 21, III. Linea 11′:]  *-ib-ši*

Senza paralleli con eponimi dello stesso periodo.

PARTE V

TESTI ED EPONIMI DI DATAZIONE SCONOSCIUTA

BĒR-NĀDIN

Eponimo in *VAT* 15503. Ved. *OMA* I, 178. Forse è l'abbreviazione di Bēr-nādin-[o di Bēr-nādin-aḫḫē o di Bēr-nādin-apli (ved. rispettivamente alle Parti III, 3, I, 3, III, 7).

SĪQI-ILĀNI

Eponimo in *MARV* 44. Linee 8-10 (data):

ITU ^{d}XXX U$_4$ XXV KÁM
li-mu
^{I}*Si-qi*-DINGIR$^{MEŠ\text{-}ni}$

ŠULMĀNU-ŠUMA-IQĪŠ? *šakin Aššur*, figlio di MU-[

Un funzionario attestato in *Stelenreihen* 73 = Stele 17758

U/ŠAMI

Eponimo in *MARV* 57 = *Assur* 18789(?). Linea IV 47′ del verso (data):

ITU ^{d}XXX U$_4$ XIX KÁM ⌜*li-mu*⌝ ^{I}⌜Ú/*Šam*⌝-[

TESTI SENZA EPONIMO

AfO 21, Tav. 8 (cf. *KAV* 139 e 141)

AfO 18, 370. Senza data.

BE 17, 77. Data scomparsa.

BE 17, 91. senza data.

KAJ 259. Data scomparsa. Né il numero di archivio né altri dati servono a darci indicazioni per la datazione.

KAJ 297. Come sopra.

KAV 118 (mA?), 123 (mA?), 125-129, 139 e 141 (cf. *AfO* 21, Tav.8), 164, 175.

MARV 32 = *Assur* 14987 ad. Data scomparsa. Il numero di archivio, per cui ved. *OMA* II, 33-34, 39, 45, non dà indicazioni utili, se non forse il suggerimento che il testo è stato scritto in un periodo posteriore al regno di Tukultī-Ninurta.

MARV 58. Senza data.

MARV 66 = *Assur* 18773 v. Data scomparsa.

MARV 69 = *Assur* 20041. Senza data.

RIAA 307. Data scomparsa.

RIAA 315. Data scomparsa.

PRU 4, Tav. 81. Data scomparsa.

PRU 4, Tav. 84. Data scomparsa.

PRU 4, Tav. 90. Data scomparsa.

"Syria" 16, 189. Senza data. Ved. "*Ugaritica*" 5, 13, *n.* 2.

"Sumer" 15, Tavv. 1-5. Date scomparse.

"*Ugaritica*" 5, 382, 22. Senza data.

VS 1, 102. Senza data.

VS 1, 105. Senza data.

AGGIUNTA

Sebbene non compreso nel periodo di tempo considerato in questo studio, perché posteriore al regno di Tiglat-pileser I, segnaliamo qui l'eponimo Ilī-iddina, già noto dal cosiddetto "Broken Obelisk" (ved. J. A. Brinkmann, *A Political History of Post-Kassite Babylonia*, Analecta Orientalia 43, 383-386, *ARI* II, 50 sgg.; *AKA*, 136, linea 20: ^{I}DINGIR-SUM^{na}). Con il suo nome infatti è datato un testo pubblicato nell'opera *MARV*, che raccoglie testi medioassiri e che più volte è citata in questo volume. Il testo è *MARV* 42 = *Assur* 21101 s, con l'eponimo nella data alle linee 14-15:

ITU *Ḫi-bur* U$_4$ XIII KÁM ⌜*li*⌝-*mu*
^{I}DINGIR-SUM^{na}

Inoltre con Ilī-iddina è datato il testo *VAT* 10044, già pubblicato ma senza data da Kocher in *BAM* 263; linee 16-17:

[ITU *Qa*]*r-ra-tu* U$_4$ XXI KÁ[M]
[*l*]*i*$^{?}$-[*mu* ^{I}]DINGIR-SUM^{na}

Ved. W. Farber—H. Freydank, *Zwei medizinische Texte aus Assur*, *AOF* 5 (1977), 255 sgg.
Nel medesimo "Broken Obelisk" è citato l'eponimo Aššur-rīm-nišēšu.

ELENCO DEGLI EPONIMI

AŠŠUR-[f.Lullāju	74	III,6
AŠŠUR-ABUK-AḪA	151	IV, 5
AŠŠUR-AḪA-IDDINA	67	III, 4
AŠŠUR-AḪA-IDDINA	151	IV, 5
AŠŠUR-ĀLIK-PĀNI	87	III, 6
AŠŠUR-ĀLIK-PĀNA f. Aššur-išmanni	151	IV, 5
AŠŠUR-ĀMIRĪ	38	II, 4
AŠŠUR-APLA-IQĪŠA	147	IV, 4
AŠŠUR-BĒL-APLI	38	II, 4
AŠŠUR-BĒL-ILĀNI	115	III, 9
AŠŠUR-BĒL-KALA	35	II, 2
AŠŠUR-BĒL-LĪ'TE	146	IV,2
AŠŠUR-BIRTĪ ved. Aššur-pirḫī-ēriš		
AŠŠUR-DA''ĀN	116	III, 9
AŠŠUR-DA'ISSUNU	89	III, 6
AŠŠUR-DAMMEQ f. Urad-ilāni	57	III, 1
AŠŠUR-DAMMEQ	62	III, 3
AŠŠUR-DAMMEQ f. Abī-ilī	88	III, 6
AŠŠUR-ĒRIŠ	45	II, 5
AŠŠUR-RIŠ f. Abattu	57	III, 1
AŠŠUR-IDDIN f. Aššur-rēmanni	45	II, 5
AŠŠUR-IDDIN f. Mudammeq-Bēl?	152	IV, 5
AŠŠUR-IŠMANNI	160	IV, 5
AŠŠUR-KABTA?-ERĪBA?	46	II, 5
AŠŠUR-KĀŠID	75	III, 6
AŠŠUR-KĒNA-ĪDE	46	II, 5
AŠŠUR-KĒNA-ŠALLIM	152	IV, 5
AŠŠUR-KĒNA-UṢUR	67	III, 4
AŠŠUR-KETTĪ-ĪDE	75	III, 6
AŠŠUR-KETTĪ-ŠĒṢI	152	IV, 5
AŠŠUR-LE'I f. Ibašši-ilī	33	II, 2
AŠŠUR-LE'I? f. Adad-nāṣir	55	II, 6
AŠŠUR-MU/ŠUMU/ŠUMA-[	33	II, 2
AŠŠUR-MU/ŠUMU/ŠUMA-[	52	II,5
AŠŠUR-MUDAMMEQ	62	III, 3
AŠŠUR-MUDAMMEQ f. Aššur-zēra-iddina	131	III, 12
AŠŠUR-MUŠABŠI f. Adad-bān-kala	36	II, 3
AŠŠUR-MUŠABŠI f. Anu-mušallim	76	III, 6
AŠŠUR-MUŠAKŠID	35	II, 2
AŠŠUR-MUŠĒŠIR	38	II, 4
AŠŠUR-MUŠĒZIB f. Kidin-Ellil	34	II, 2
AŠŠUR-MUŠĒZIB f. Adad-ḪAL	77	III, 6
AŠŠUR-MUŠĒZIB f. Napše-x-ja	77	III, 6
AŠŠUR-MUŠĒZIB	77	III, 6

AŠŠUR-MUŠTĒPIŠ	46	II, 5
AŠŠUR-MUTAKKIL f. Adad-ēriš	29	I, 1
AŠŠUR-MUTAKKIL f. Aššur-da''ān	47	II, 5
AŠŠUR-NĀDIN-APLI	116	III, 9
AŠŠUR-NĀDIN-ŠUMĒ	54	II, 5
AŠŠUR-NĀDIN-ŠUMĒ f. Aššur-le'i	77	III, 6
AŠŠUR-NĀṢIR	39	II, 4
AŠŠUR-NĪRĀRĪ	71	III, 4
AŠŠUR-PIRḪĪ?-ĒRIŠ?	101	III, 8
AŠŠUR-QARRĀD	39	II, 4
AŠŠUR-RA'IM-KETTI	67	III, 4
AŠŠUR-ŠAD-NIŠĒŠU	95	III, 6
AŠŠUR-ŠALLIMŠUNU	152	IV, 5
AŠŠUR-ŠĒZIBANNI f. Adad-nāṣir?	55	II, 6
AŠŠUR-ŠĒZIBANNI f. Pa'uzi	135	IV, 2
AŠŠUR-ŠUMA-AṢBAT	152	IV, 5
AŠŠUR-ŠUMA-ĒRIŠ	161	IV, 5
AŠŠUR-ŠUMA-UṢUR	53	II, 5
AŠŠUR-ŠUMU-LĒŠIR	58	III, 1
AŠŠUR-ZĒRA-IDDINA	117	III, 9
ĀTAMMAR-DĒN-AŠŠUR	146	IV, 2
BĀBU-AḪA-IDDINA	62	III, 3
BĒL-AŠARĒD	39	II, 4
BĒL-BALĀṬA-UṢUR ved. EN.TI-nāṣir		
BĒL-MUŠALLIM	67	III, 4
BĒL-MUŠĒZIB	39	II, 4
BĒL-QARRĀD	29	I, 2
BĒL-QARRĀD f. Erīb-ilī	47	II, 5
BĒLU-LIBŪR	160	IV, 5
BĒR-[	102	III, 8
BĒR-[	128	III, 9
BĒR-BĒL-LĪTE	93	III, 6
BERÊ	153	IV, 5
BĒR-IŠMANNI	67	III, 4
BĒR-MU/ŠUMU/ŠUMA-[	102	III, 8
BĒR-NĀDIN	165	V
BĒR-NĀDIN-[	62	III, 3
BĒR-NĀDIN-AḪḪĒ	30	I, 3
BĒR-NĀDIN-APLI	98	III, 7
BĒR-NĀṢIR	153	IV, 5
BĒR-ŠUMA-IDDINA	78	III, 6
BĒR-ŠUMU-LĒŠIR	102	III, 8
BĒRŪTU	56	II, 8
BŪNĀNU ved. Buṭnu		

IŠME-AŠŠUR	49	II, 5
IŠTAR-ĒRIŠ	81,89	III, 6
IŠTAR-ĒRIŠ f. Šamaš-aḫa-iddina	80	III, 6
IŠTAR-ĒRIŠ f. Šulmānu-qarrād	80	III, 6
IŠTAR-IDĀJA?	68	III, 4
IŠTAR-LĀBA	41	II, 4
IŠTAR-TŪRA?	134	IV, 2
IŠTU-AŠŠUR-AŠĀMŠU	155	IV, 5
IŠTU-ILI-AŠĀMŠU	103	III, 8
ITTABŠI-DĒN-AŠŠUR	103	III, 8
ITTI-ILI-AŠĀMŠU	59	III, 1
JĀKU-LIMMER	41	II, 4
KASTILIAŠU	119	III, 9
KIDIN-ELLIL	68	III, 4
KIDIN-ILĀNI	63	III, 3
KIDIN-KŪBE	49	II, 5
KIDIN-MARDUK	41	II, 4
KIDIN-SÎN	82	III, 6
KURBĀNU	59	III, 1
KURBĀNU ved. Buṭnu		
LIBUR-[	54	II, 5
LIBŪR-ZĀNIN-AŠŠUR	105	III, 8
LULLĀJU	93	III, 6
MANNU-BAL-AŠŠUR	29	I, 2
MARDUK-[	68	III, 4
MARDUK-AḪA-ĒRIŠ	68	III, 4
MARDUK-AḪA-ĒRIŠ	155	IV, 5
MARDUK-APLA-UṢUR	155	IV, 5
MARDUKĪJA	132	III, 14
MARDUK-LE'I	41,50	II, 4
MARDUK-NĀDIN-AḪḪĒ	50	II, 5
MARDUK-UBALLISSU	155	V, 5
MĀR-SĪKI	106	III, 8
MUDAMMEQ-BĒL	82	III, 6
MUDAMMEQ-BĒL	161	IV, 5
MUDAMMEQ-MARDUK	68	III, 4
MUDAMMEQ-NUSKU	106	III, 8
MUNNABITTU	63	III, 3
MUŠABŠI-AŠŠUR	36	II, 3
MUŠABŠI'Ū-SIBITTA	83	III, 6
MUŠALLIM-ADAD	125	III, 9
MUŠALLIM-AŠŠUR	87	III, 6
MUTAKKIL-AŠŠUR	147	IV, 4
NABÛ-[/ILĪ-IḪAD[DA]?	63	III,3

ELENCO DEI TESTI

(Per i testi della Biblioteca di Tiglat-pileser 1 ved. anche pag. 158 e l'elenco in AfO 16,206 sgg.)